谨以此书献给首届二十位中国优秀企业家中最长寿的企业家——双星集团总裁汪海！

汪海是双星最好、最真的形象代言人

20世纪60年代，汪海是英姿飒爽的军人

1988年国家评出首届全国优秀企业家，并授予"全球奖"（第二排右六为汪海总裁）

1992年8月，双星在美国纽约召开新闻发布会，汪海当场脱鞋，向媒体介绍双星鞋，此举轰动美国商界

汪海在美国微软公司进行主题演讲

汪海在全国各高校就文化、创新等进行主题演讲，所到之处均反响强烈

走进北京大学　→
走进南开大学　↙
走进清华大学　↘

汪海在全国各高校就文化、创新等进行主题演讲，所到之处均反响强烈

↖ 走进复旦大学
↗ 走进集美大学
← 走进重庆邮电大学
↓ 走进青岛科技大学

2011年9月9日，双星辉煌九十周年庆祝大会隆重举行，第九届、第十届全国人大常委会副委员长许嘉璐和第十届全国人大常委会副委员长顾秀莲出席

中外一百多家媒体聚焦双星九十年发展成就

双星打破轮胎百年黑色历史，引领轮胎进入彩色时代。图为双星彩色轮胎进市场新闻发布会现场

汪海总裁与作者在双星辉煌九十周年中外记者新闻发布会上的合影

双星集团汪海总裁四十年管理经验独家授权出版

市场将军的商战之道

汪海的ABW理论

张秀玉◎编著

北京大学出版社
PEKING UNIVERSITY PRESS

图书在版编目(CIP)数据

市场将军的商战之道:汪海的 ABW 理论/张秀玉编著.—北京大学出版社,
2013.1
ISBN 978 – 7 – 301 – 21842 – 6

Ⅰ.①市…　Ⅱ.①张…　Ⅲ.①体育用品 – 制造工业 – 工业企业管理 – 经
验 – 青岛市　Ⅳ.①F426.89

中国版本图书馆 CIP 数据核字(2012)第 311231 号

书　　　名:**市场将军的商战之道:汪海的 ABW 理论**
著作责任者:张秀玉　编著
策 划 编 辑:叶　楠
责 任 编 辑:叶　楠
标 准 书 号:ISBN 978 – 7 – 301 – 21842 – 6/F・3456
出 版 发 行:北京大学出版社
地　　　址:北京市海淀区成府路 205 号　100871
网　　　址:http://www.pup.cn
电 子 信 箱:em@pup.cn　　QQ:552063295
新 浪 微 博:@北京大学出版社　　@北京大学出版社经管图书
电　　　话:邮购部 62752015　发行部 62750672　编辑部 62752926
　　　　　　出版部 62754962
印 刷 者:北京大学印刷厂
经 销 者:新华书店
　　　　　　787 毫米×1092 毫米　16 开本　4 插页　24.25 印张　366 千字
　　　　　　2013 年 1 月第 1 版　2013 年 1 月第 1 次印刷
印　　　数:0001—5000 册
定　　　价:59.00 元

贺　信

（代序）

双星集团全体员工：

在双星集团建厂九十周年之际，我向全体双星员工致以诚挚的问候和祝贺！

双星经过了九十年的风风雨雨，从中国最早的制鞋企业发展成为综合性的特大型企业集团，创出了中国自己的民族品牌，取得了令人瞩目的成绩。

改革开放以来，汪海同志和全体双星职工积极探索，与时俱进，完成了适应市场经济发展的转型变革，走出了独具双星特色的发展路子。在实践中创造出了新的管理模式，促进了双星不断发展，履行了企业社会责任，取得了有益的经验，值得企业界研究、思考和借鉴。

希望双星在今后的发展中，能一如既往，不断创新，敢于突破，取得更大的成绩，实现更好的发展，为中国民族工业的发展作出新的贡献！

袁宝华

2011 年 9 月 9 日

目录

第十二个战术：环境是基础

前言 中国式管理的一个杰出典范

双星始建于 1921 年,是中国历史上最早的民族制鞋企业。20 世纪 50 年代初期,被国家命名为"国营第九橡胶厂",成为中国最早的国有制鞋企业。

九十年来,在中国社会制度的复杂变迁中,在中国民族经济的艰难发展中,双星经历了半殖民地、半封建社会的沧桑岁月,经历了计划经济和"文化大革命"的风风雨雨,经历了改革开放的艰难曲折和巨大变革,顽强地生存、发展、壮大起来。特别是改革开放三十多年来,在中国由计划经济向市场经济转型的过程中,在经济过冷、过热的起伏波动中,双星人率先冲破旧观念、旧传统、旧体制的束缚,实现了由计划经济向市场经济的转变。双星从单一制鞋的微利企业发展成为横跨鞋业、轮胎、服装、机械、热电、印刷、三产配套等二十三个产业的综合性、特大型企业集团,创造了市场经济的"双星特色"、"双星体制"、"双星文化"、"双星精神"、"双星模式"、"双星现象",闯出了一条国有企业进市场的成功之路,打出了一面鲜亮的民族工业旗帜,谱写了双星史册辉煌的篇章。

在从计划经济向市场经济转型的征途中,如何结合中国的国情,走出一条具有中国特色的企业管理之路? 这是中国很多企业家在实践中不断探索的问题。

奉献给读者的这部新著《市场将军的商战之道:汪海的 ABW 理论》,就是双星集团汪海总裁在长期管理实践中创造的中国式管理理论。它以中国改革开放三十多年的宏观形势为背景,以汪海领导的双星集团三十多年来所取得的卓越成就和成功经验为渊源,以政治学、经济学、军事学、历史学、战略学、管理以国学、哲学、成功学、工效学、心理学和宗教学等多学科的综合理论为指导，将理论与实践相结合，全面、系统、深入、具体地诠释了汪海的"ABW理论"的丰富内涵。

长期以来，在中国的企业界、学术界、教育界和政府部门等领域，纷纷流传着以下舆论：

一曰："国有企业搞不好，原因来自于生产资料公有制。要想搞好国有企业，唯一的出路就是搞私有化。"

二曰："传统加工产业是'夕阳产业'，没有发展前途。企业要想不断发展，必须经营高科技产业。"

三曰："'微利行业'是没有前途的，企业要想不断发展，必须跳出'微利行业'，选择回报丰厚的高利润行业。"

……

凡此种种，不一而足。

本书所描述的事迹和揭示的规律，与上述舆论恰恰相反。本书的主人公汪海领导的企业——双星集团，不仅是一个国有企业，而且是一个经营制鞋、轮胎、机械、服装、热电等传统加工产业的国有企业，特别是制鞋业和轮胎业，历史最悠久，工艺最复杂，技术最落后，劳动条件最差，竞争最激烈，利润最微薄，员工素质水平低，经营管理难度大，汪海就是在这样艰苦的行业环境下，运用他创造的"ABW理论"，打响了商战中管理的人民战争，将一个微利的、濒临倒闭的国有制鞋企业发展成为一个国内外著名的多产业、跨区域、跨国界、综合性、特大型的企业集团。双星集团现拥有 6 万名员工，140 余家成员单位，直接或间接养活了几十万人，创造了巨大的经济效益和社会效益；资产总额从 20 世纪 80 年代初不足 1 000 万元，增长到 67 亿元；销售收入从 3 000 万元增长到 124 亿元；出口创汇从 175 万美元增长到 3 亿多美元，20 年间累计上缴利税 30 多亿元，相当于在没有向国家伸手要一分钱的情况下，向国家上缴了 300 多个当年的橡胶九厂的总资本；双星专业运动鞋、双星旅游鞋、双星皮鞋和双星轮胎荣获"中国名牌"，是中国橡胶行业唯一同时拥有四个中国名牌的企业，双星品牌价值达 492.92 亿元。

由于汪海创造和实施了"ABW理论"，在双星集团所属的各个公司、工厂、研发中心、销售平台、连锁店以及集团所有的管理服务部门,到处都呈现出二十个变化:(1)从"要我管"到"我要管";(2)从"被动干"到"主动干";(3)从"恨设备"到"爱设备";(4)从甘当"落后人"到争做"第一人";(5)从安于"平庸人"到力争"当能人";(6)从"局外人"到"做主人";(7)从"国有式管理"到"家族式管理";(8)从"大锅饭"到"四自一包";(9)从"估算承包"到"精打细算";(10)从"碌碌无为"到"青春闪光";(11)从"外出打工"到"以厂为家";(12)从"市场与我无关"到"市场就是饭碗";(13)从"以罚代管"到"诚信自律";(14)从"制度管理"到"亲情管理";(15)从"人治管理"到"文化管理";(16)从"文化无用"到"文化是魂";(17)从"空喊政治"到"四结合政治";(18)从"追随模仿"到"自主创新";(19)从"不问名牌"到"关心名牌";(20)从"创造名牌"到"发展名牌"。

伴随着企业的蓬勃发展,从 1959 年起,汪海曾先后荣获全国"五一"劳动奖章和全国优秀共青团员、全国优秀经营管理者、全国劳动模范、首届全国优秀企业家、对国家有突出贡献的中青年管理专家、全国十大扶贫状元、中华十大管理英才、十大化工风云人物、全国质量管理先进工作者、首届中国石油化学工业风云人物、中国服饰业最有影响力企业家、中国经济十大新闻人物、最受关注企业家等上百个荣誉称号。继 1993 年被载入"世界五千伟人录"、1995 年继邓小平之后被评为"世界风云人物"后,又先后获得"国际优秀企业家贡献奖"和"世界杰出人士"称号,并成为大型文献纪录片《共和国外交风云录》中唯一入选的中国外交企业家。汪海总裁的企业家身价已高达 321.42 亿元,成为中国企业家第一人。

1988 年,全国第一次评出了二十位优秀企业家,在中南海受到党和国家领导人的亲切会见。如今,这二十位首届全国优秀企业家,有的荣升,有的落马,有的出逃外国,有的锒铛入狱……汪海,作为当时青岛第九橡胶厂厂长、现在的双星集团总裁,依然在原来的企业奋斗着,被称为"市场将军"、"长寿总裁"、中国企业界的"常青树"。

汪海在领导双星集团三十多年的管理实践中,始终坚持"实事求是"的原则,不唯书、不唯上、不唯洋、不唯古,一切从实际出发,坚持"继承传统优秀的,借鉴外来先进的,创造自己特色的"的创新方针,勇于实践,善于总结,敢于创新,善于创新,创造了"博采众长、自成一家"的管理理论——ABW 理论。

长期以来,人们一直在探索"中国式管理"。那么,何谓"中国式管理"呢?所谓"中国式管理",既不同于改革开放以前高度集中的计划经济体制下的企业管理,又不同于资本主义高度发达的市场经济条件下的企业管理,它应当是能够适应中国经济、社会和文化的实际发展水平,能够体现国有企业的社会主义性质,能够发扬生产资料公有制的优越性,能够体现职工的主人翁地位,能够发挥企业家的创新精神和统帅作用,有律有情、生动活泼、优势组合、功能齐全的企业管理新模式。而由十八个战术综合组成的 ABW 理论,正是"中国式管理"的一个杰出典范。

本理论包含的十八个战术是:(1)文化是灵魂;(2)理论是指南;(3)战略是龙头;(4)机制是动力;(5)领导是榜样;(6)创新是活力;(7)制度是天条;(8)质量是生命;(9)成本是关键;(10)细节是艺术;(11)竞赛是杠杆;(12)环境是基础;(13)亲情是纽带;(14)钱管是保证;(15)名管是升华;(16)考核是要害;(17)市场是标准;(18)企业家是核心。

马克思主义的基本原则是:实践是检验真理的唯一标准。ABW 理论不是学者们在学院中杜撰的"中国式管理",而是中国首届优秀企业家汪海在三十多年的改革和管理实践中创造的,产生于实践,又指导实践,并经实践证明是行之有效的中国式管理。美国人评价"双星是世界上管理最好的工厂",日本人主动到双星工厂学习,韩国人开出高薪找汪海总裁"要厂长"。双星凭自己过硬的管理赢得了市场的认可,赢得了行业的尊重,赢得了外国人的佩服!双星不仅获得了辉煌的成就,而且为国家争了光,为民族争了气,不愧为中国名牌、世界名牌!

回顾过去,欢欣鼓舞;展望未来,信心百倍。今天的双星,即将掀开历史发展转折的序幕;今天的双星,将在汪海总裁的决策指挥下,在民族精神的鼓舞下,在商战中人民战争的推动下,继续完善市场经济发展的新路子,创出市场经济发展的新特色,创出中国式管理的新模式,实现"树百年品牌、建百年老店"的宏伟目标,推动双星事业走向新的胜利!再造双星品牌新的辉煌!

张秀玉

2012 年 12 月

绪论　市场经济的 ABW 理论

一、ABW 理论的形成

任何理论的产生都是历史发展的必然产物,任何理论的形成也有其时代背景和历史渊源,同样,汪海的 ABW 管理理论是在我国从计划经济向市场经济的转型过程中,在经济过冷、过热的起伏波动中,在市场经济体制机制调整变革中,在历史、社会、市场、行业、企业发展变迁的大背景下,提出的科学的、符合市场和时代发展的、经过实践检验的、具有中国特色的管理新理论。

回顾中国经济发展的历史:1978 年,党的十一届三中全会召开,邓小平提出"建设有中国特色的社会主义",确立了党的工作重点转移到经济建设上来,中国逐步从计划经济转向市场经济,我们从不承认私有制到承认私有制,从不承认市场经济到承认市场经济,在体制机制上发生了根本性转变。虽然计划经济的旧体制、旧模式被打破了,但相对于市场经济的发展速度,我们的市场理论已经明显落后于市场发展,虽然天天在喊改革开放,在说改革开放,但我们仍然沿用 20 世纪五六十年代以阶级斗争为纲的旧思维,导致了理论严重落后于实践,在巨大的落差面前我们应该反思。既然承认了私有制,承认了市场经济,就需要我们探讨总结出一套符合历史发展的、适应时代变革的市场经济的理论观点,来指导当前时代市场经济的改革实践。

纵观中国社会发展的现状:改革开放不仅给中国的经济建设带来了腾飞和发展,也把人们从计划经济的"空喊政治"引向了"金钱至上"的市场,社会出现了三种现象:一种是"唯金钱论",一切向"钱"看,认为"钱"可以解决一切问题;一种是"唯经济论",形式主义的政治、脱离现实的政治、空喊口号的政治引起人们的强烈反感，社会上出现了只讲经济不问政治的思潮，形成了政治和经济的"两张皮"；一种是"唯西方论"，改革开放之初，人们刚刚从计划经济的桎梏中解脱出来，从闭关锁国到打开国门，很多人陷入极端的崇洋媚外之中，认为外国的东西一切都好，甚至连外国的月亮都比中国的圆，包括企业管理也都是外国的好。在这股思潮影响下，MBA 进入中国并在全国上下掀起了一股"MBA"热，几乎每所大学都办 MBA 班，大家都争着读 MBA，把 MBA 变成了"镀金"，当成了"招牌"，作为了炫耀的资本，成为了提拔升官的条件，没有人深入研究中国的管理。试想，MBA 进入中国近二十年，究竟有多少人是学了 MBA 以后，指导企业发展壮大的？又有哪位中国企业家是读了 MBA 以后取得成功的？MBA里面既没有中国特色，也没有中国国情，更没有中国文化，读再多的 MBA，如果不结合中国的实际，也解决不了中国企业发展的实际问题。中国是历史文化最久远的国家，中华民族是世界上最优秀的民族，中国是世界制造业大国，有着巨大的市场发展潜力，改革开放初期学习国外的模式可以理解，但是，改革开放三十多年过去了，我们为什么还在盲目沿用西方的管理理论？为什么还要按照资本主义国家的理论来指导和发展社会主义国家的市场经济？出现经济危机的西方国家不正是 MBA 的发源地吗？我们在发展经济的同时，应该总结出一套适应市场发展、具有中国特色的市场理论体系。

分析国际市场竞争的形势：改革开放初期，中国迫切想通过敞开国门尽快融入全球经济，在全球经济一体化的进程中，有些所谓专家学者和个别高官就经济而经济，主张中国做"世界的加工厂"就行了，不要再提"民族工业"了。面对社会上的崇洋媚外，面对经济繁荣背后民族精神的缺失，面对有些官员、理论家、经济学家似乎丢弃了政治经济学这个共产党人的传家宝，我们应该清醒地认识到：我们用市场换技术，用资源换外汇，用优惠政策换政绩，用廉价劳动力换投资，用土地换 GDP，付出了巨大的代价，这些在改革开放初期可以理解，但现在我们已经有了经济基础，不能再这样持续下去了。我们应该清醒地认识到：西方发达国家靠金融业、房地产业这些"虚拟经济"带动了经济发展，但也因此造成了经济危机。中国是有着 13 亿人口的大国、大民族、大市场，中国经济发展离不开基础工业，发展金融业、房地产业固然重要，但国家真正 GDP 的增长必须靠发展基础工业。我们应该清醒地认识到：发达国家为了遏制中国的快速发展而设置了技术壁垒、反倾销制裁和打压、跨国集团对资源的控制和侵略、品牌剥削的"四座大山"，加剧了国际市场的贸易争端和摩擦。在这个世界上，永远是强权经济、强权军事支撑强权政治。因此，我们的"虚拟经济"不能再"虚拟"下去，到了该解决"实体经济"发展问题的时候了。当前，我国受到冲击最早、最大的莫过于劳动密集型、行业门槛低的制造加工业，而与国外企业最大的差距与其说是在技术上，不如说是在管理上。中国要想在世界上具有话语权，必须在经济崛起的同时实现强大的思想崛起。改革开放已经30多年，中国经济发展不能再没有自己的理论和自己的管理，不能一切按照国外的理论和方法走下去，必须创造出中国人自己的管理理论、管理方法，才能指导具有中国特色的市场经济健康有序的发展下去。

中国第一代优秀企业家，双星集团总裁汪海最早认识到：中国发展市场经济需要与政治经济相结合，需要一种全新的理论来引导和解决人们思维观念的问题、人心浮躁的问题。汪海最早在20世纪80年代就提出了"创名牌是市场经济中最大的政治"、"用好钱就是最好的思想政治工作"，总结了自己的管理方法——"双星九九管理法"和自己的企业文化理念——"汪海语录"，从某种意义上讲这正是中国市场经济管理理论的雏形。当大家都沉浸在发展"虚拟经济"的热潮中，汪海却一直坚守于"实体经济"，带领双星人在国有3 000家制鞋企业纷纷垮台倒闭的背景下，实现了"一枝独秀"：最早获得"中国驰名商标"；最早创立专业运动鞋、旅游鞋、皮鞋、轮胎四个"中国名牌"，成为橡胶行业唯一同时拥有四个中国名牌产品的企业，并从给人做鞋成功转型到给汽车做"鞋"，产业链延伸到机械、热电等23个产业，创造了"小吃大（做鞋的兼并做轮胎的）、快吃慢（发展快的兼并发展慢的）、国有吃国有（国企双星收购国企东风轮胎）"的新奇迹；生产出世界第一条彩色轮胎、世界第一台四模硫化机、中国第一条具有自主权的"V"法造型线、中国第一台不锈钢带抛丸清理机、中国最大的树脂混砂机；鞋业和轮胎同时实现了胶料"由冷到热"的工艺革命，并实现了工艺零距离，创造了世界制鞋业史上用人最少、效率最高的流水线；研发出神六、神七航天鞋和靓丽时尚的个性化鞋，在全球高端市场上扬中国名牌之

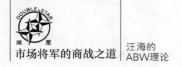

威……

所有这些正是对邓小平同志提出的"建设有中国特色的社会主义"在企业中的具体实践。

汪海结合自己近四十年探索的诸多管理理论和创造民族品牌的实践经验，以马克思主义、毛泽东思想、邓小平理论"实事求是"的标准和原则，以及中国传统文化儒、道、佛"行善积德"的精髓思想做基石，"继承传统优秀的，吸收外来先进的，创造自己特色的"，不断总结提炼市场经济的思维观念、市场经济的企业文化、市场经济的管理理论，创造出市场经济的 ABW 理论。

在全球经济高度融合的新形势下，中国经济要强盛，基础产业要发展，需要弘扬民族精神，需要发展民族经济，更需要一大批民族企业家，而汪海的"ABW理论"正是成功的中国式管理理论。

让我们来共同解读汪海的"ABW 理论"十个方面的完整体系和丰富内涵。

二、ABW 理论的基本框架

1. ABW 理论的含义

继承中国传统象形文化，以民族文化智慧和独特的民族精神为内涵，形成了汪海的 ABW 中国式管理理论。

"A"就是老大，英语 26 个字母中 A 是第一个，我们中国人也说它是老大、第一、塔尖，寓意中国的企业家和企业要站得更高，看得更远、更全面，敢为天下先，勇于争一流。

"B"由两部分组成，拆开就是 1 和 3，就是有着 13 亿人口的大国、大民族、大市场。"1"像顶梁柱，寓意我们企业家要有顶天立地的精神，要有市场经济的"三性"（个性、人性、党性）观；"3"形似人俯身弯腰，寓意企业家要脚踏实地，扎扎实实，才能把企业搞好。

"W"形似雄鹰展翅，W 也是汪海名字的汉语拼音的第一个字母，寓意企业家带领他的团队搏击长空，永不满足，敢于挑战。

2. ABW 理论的基础

"八个字"：实事求是、行善积德。"实事求是"是马克思主义、毛泽东思想、邓小平理论的精髓。"行善积德"是中国传统儒、道、佛三大文化核心的汇成。

"一句话":建设有中国特色的社会主义企业。双星认真践行邓小平同志提出的"建设有中国特色的社会主义"理论,立足实际,走出了一条具有双星特色的社会主义国有制造加工业成功之路。

3. ABW 理论的主线

市场经济的新"三民主义":民族精神、民族品牌、民族企业家。

市场经济需要振奋民族精神,创造民族品牌,培育民族企业家队伍,以此发展民族工业,振兴民族经济。

4. ABW 理论的核心

ABW 理论的核心就是"人"。

不管是什么样的管理,都需要人,我们的管理核心要解决人的问题。"管人是高科技的高科技"、"人管人累死人,文化管人管灵魂"、"打一场商战中的人民战争"。

5. ABW 理论的精髓

继承传统优秀的,吸收外来先进的,创造自己特色的。

继承传统优秀的,是指继承民族文化优秀思想所倡导的"行善积德"。吸收外来先进的,是指借鉴国内外一切有益于企业发展的管理经验。创造自己特色的,是指在继承传统优秀、吸收外来先进的基础上,提出了"干好产品质量就是最大的行善积德"、"今天不创新,明天就落后;明天不创新,后天就淘汰"、"企业什么都可以改革,唯有质量第一不能改革"等文化理念,创造出一套独具双星特色的管理理论。

6. ABW 理论的特色

政治经济一体化。

政治和经济从来就是不可分割的,越是市场经济越要讲政治,"创名牌是市场经济中最大的政治","创名牌是最好的爱国主义","用好钱就是最好的思想政治工作"。

7. ABW 理论的原则

跟着市场走,围着市场转,随着市场变。

"市场是企业的最高领导"，"市场是检验企业一切工作的标准"，"市场无止境，管理无句号"。

8. ABW 理论的方法

坚持文化的领先、全员的创新、管理的创新、制度的改革、奖罚机制等五个方面相结合；采取了文化管、承包管、严管理、细管理、用钱管、诚信管、用情管、竞赛管，相互配合，相互促进；创造了"自己管、自己干、自己减、自己降"的家庭消费式管理。

9. ABW 理论的目的

挑战市场，决战市场，打赢市场。

企业吃的是市场饭，端的是市场碗，只有在变化无常、起伏不定的市场中挑战市场、决战市场，才能打赢市场。

10. ABW 理论的战略和战术

五大战略：名牌战略、多元化战略、国际化战略、差异化战略、"双鞋联动"战略。

十八个战术：（1）文化是灵魂；（2）理论是指南；（3）战略是龙头；（4）机制是动力；（5）领导是榜样；（6）创新是活力；（7）制度是天条；（8）质量是生命；（9）成本是关键；（10）细节是艺术；（11）竞赛是杠杆；（12）环境是基础；（13）亲情是纽带；（14）钱管是保证；（15）名管是升华；（16）考核是要害；（17）市场是标准；（18）企业家是核心。本书的中心内容就是对 ABW 理论十八个战术的诠释。

"越是民族的、越是自己的、越是最好的、越是国际的"。汪海在一个企业干了近四十年的厂长、书记、董事长、总裁，经历了市场经济的各种变化和起伏，在最早创出"双星九九管理法"的基础上，总结提炼并运用 ABW 管理理论，创造、发展、壮大了民族品牌，为中国人争了光，为中华民族争了气，也为搞好中国特色社会主义企业提供了宝贵的经验。

第一个战术：
文化是灵魂

文化是灵魂

企业文化管理是现代化企业管理的重要内容。没有文化的企业注定是一个没有希望的企业。企业如此，国家、民族也是如此。如果没有一种优秀文化作支撑，这个国家或民族的前途是不堪设想的。对企业来讲，市场是企业的根，管理是企业的本，文化是企业的魂。

——汪海

2000 年 1 月 6 日，由人民日报报社主办的报告文学《布尔什维克的思想者》暨双星理论研讨会在人民大会堂召开，由汪海总裁创造的适合当前国企改革发展的市场理论受到了与会者的极大关注和高度评价

挂满车间的双星企业文化理论标语，对教育员工、鼓舞员工爱岗敬业、认真工作起到了积极的作用

一、汪海语录

（一）企业文化的重要意义

- 企业文化管理是现代化企业管理的重要内容。没有文化的企业是一个没有希望的企业。企业如此，国家、民族也是如此。如果没有一种优秀文化做支撑，这个国家或民族的前途是不堪设想的。

- 市场是企业的根，管理是企业的本，文化是企业的魂。

- 文化理念的经营是一种高层次的经营，文化的管理是企业最高层次的管理、最顶尖的管理。

（二）双星企业文化的内涵和精髓

- 双星精神：爱厂、求实、拼搏、兴利、开拓、前进；树立民族志气，弘扬民族精神，创造民族品牌。

- 双星人座右铭：有人就穿鞋，关键在工作；有车就用胎，关键在工作。

- 双星企业文化核心：实事求是，行善积德。

- 双星人世纪宣言：客观地想，科学地创，认真地做，务实地干，愉快地过，潇洒地活。

- 诚信是企业文化的铺路石，企业文化是企业的助推器。

（三）企业文化的作用

- 双星能够"一枝独秀"，存在的原因是多方面的，但是文化的东西、灵魂的东西、精神的东西是起主导作用的。

- 文化不仅是知识和学问，而且文化就是精神，文化是看得见的，必须重视文化的重要作用，看到文化在改变人们的思想观念，弘扬民族精神、树立民族志气、创造民族品牌、推动社会经济发展中的关键作用。

- 双星独有的、无形的企业文化理念和有形的创新、技术升级工作与员工位置、价值的体现达到有机结合，起到了凝聚员工的作用，起到了增强企业凝聚力、向心力和战斗力的作用。

- 一个企业的成败关键取决于什么？取决于管理。而文化理念是最顶尖的管理，用文化理念去教育人、改造人、团结人，是双星政治工作的纲。
- 运用双星文化理念，创造双星民族品牌。
- 管人是高科技的高科技。管人最重要的是文化管，人管人累死人，文化管人管灵魂。

（四）成功创新企业文化的关键

- 继承传统优秀的，借鉴外来先进的，创造自己特色的。
- 企业文化根植企业实际，文化才有强大生命力。
- 企业文化是不断发展的，其发展离不开时代的影响。

二、做法和效果

（一）主要做法

双星企业文化建设的主要做法可以概括为"四个坚持、四个结合"：

1. 坚持文化创新基本原则与创造独特的双星文化相结合

（1）继承传统优秀的

首先，继承中国古代儒家、道家、佛家的优秀思想及其所倡导的"行善积德"精神，法家的"以法治国"方略，以及老子、孙子为代表的战略战术思想等。

→ 1995年3月，汪海总裁在新加坡演讲，阐述"双星将佛教文化精髓应用于现代企业管理"

其次，继承中国共产党领导中国人民进行革命和建设的长期实践中创造的革命精神和成功经验，如"井冈山精神"、"长征精神"、"南泥湾精神"、"铁人精神"、"鞍钢宪法"、"三老四严"、"关心群众生活，注意工作方法"、"两参、一改、三结合"等。

（2）借鉴外来先进的

即借鉴以美国、日本和欧洲等为代表的发达国家和地区的先进管理理论和管理经验。

（3）创造自己的特色的

双星通过实践的摸索，结合企业的实际情况，形成了独具双星特色的九大系列、三千多条文化理念的企业文化体系，是中国"土生土长"，但非常符合国情、非常实用的"草根文化"。同时，双星员工不断打破旧工艺、旧标准、旧操作规程，编写了朗朗上口、便于记忆、便于理解和掌握的"三字经"、"七字诀"等工艺口诀，共分五大类、1892条、2.9万字，成为双星企业文化的重要组成部分。双星继承中国传统文化"行善积德"的精髓，坚持"实事求是"的核心，吸收西方先进的管理方法，创造了社会主义市场经济的新文化、新理念，成为中国工业文明的重要内容。

2. 坚持民族精神与创建中华民族新文化相结合

汪海认识到，能够不断去粗取精的民族文化，是民族进步的根，也是培育民族品牌最好的土壤。任何一个成功的民族品牌，比别人更胜一筹的，是其独特的文化内涵。在中国民族资本主义的发展中，曾创造了许多品牌，这些品牌以"童叟无欺"的诚信观、以"质量为上"的利益观、以"行善积德"的道德境界，成为中国商业史上的骄傲，成为西方世界向往东方文明的化身。这些散发着浓郁中国民族文化气息的品牌精神，应该为中国现代企业发展所传承。尤其是应该看到，民族精神是民族品牌之魂，民族精神是民族文化的深层内涵，是一个民族在历史活动中表现出来的富有生命力的优秀思想、高尚品格和坚定志向，具有对内动员民族力量、对外展示民族形象的重要功能。民族精神是一个民族自立于世界先进民族之林的必要条件。这种精神需要通过结合传统优秀的、结合当前时代的现实情况，创造新文化去教育、培育和引导。用优秀的民族文化和民族尊严与市场竞争结合起来，就能创造出新文化，就可以创造出民族品牌。

3. 坚持与时俱进的精神与现在的新时代相结合

汪海深知，文化与现实的人性、现实的社会、现实的状况相结合，这种文化影响力和推动力产生的力量是不可估量的；它是一种思想，是看不见的东西，是

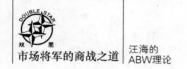

灵魂的东西,是最具有凝聚力、推动力的东西。

在整个中华民族五千年的历史时期,每个朝代都有一种非常重要的文化在决定着这个朝代、决定着社会、决定着这个民族的振兴和衰弱。在 20 世纪 20 年代,以李大钊为代表的中国最早的马克思列宁主义者创建了中国共产党。后来,以毛泽东为代表的中国马克思列宁主义者发展了中国共产党。为什么说以毛泽东为代表的马克思列宁主义者发展了中国共产党?很重要的一条就是毛泽东创造了新文化,结合中国实际、结合了当时的社会现象。当年毛泽东提出"打土豪分田地"、"抗日救国救民"、"美帝国主义是纸老虎"等文化理论,在当时发挥了重要作用。所以,中国共产党领导人民解放了全中国,建立了新中国。邓小平同志在改革开放初期所提出的"实事求是,解放思想"、"不管白猫黑猫,抓住老鼠就是好猫"等文化理论,扭转了我们共产党执政以来近三十年的"以阶级斗争为纲"的局面,转向了以经济建设为中心的发展思路,改变了中国,发展了中国。在每个时代,文化都起了很重要的作用,文化必须与现在的新时代相结合。

4. 坚持企业的生存和发展与企业的实际需要相结合

汪海创造的双星文化是市场逼出来的,是双星人在步入市场的实践当中不断总结、不断探索出来的大实话,也是汪海结合传统优秀文化创出来的。它源于市场,又指导了双星人在市场经济中的实践。最初,在新文化和旧思想碰撞的时候,是一场你死我活的斗争,每向前推动一步都是相当难的。

比如"有人就穿鞋,关键在工作"、"等着别人给饭吃,不如自己找饭吃"、"市场是企业的最高领导,是检验企业一切工作的标准"这几句话,就是在 1983 年双星生产的黄胶鞋因国有商业系统拒收、积压达两百多万双、全厂人心惶惶的紧要关头时提出的,当时这些惊人的口号遭到了许多领导的强烈反对。正是这些话,使双星人成功摆脱了计划经济的束缚,成为最早搏击在中国市场经济大潮中的弄潮儿。又比如,在 20 世纪 80 年代中期,当国外品牌大举进军中国市场、对中国民族工业造成巨大冲击时,汪海总裁又提出"创中国人自己的民族名牌"、"中国人站着不比外国人矮,躺着不比外国人短"。从此以后,双星便进入了名牌发展阶段,仅用十年时间就创出了中国人自己的民族品牌。而在企业进入名牌战略过程中，汪海又提出"创名牌是市场中最大的政治"、"名牌是商战中的'原子弹'"、"创新是商战中永恒不变的主题"、"今天不创新，明天就落后；明天不创新，后天就淘汰"，并始终坚持"自己拿自己当骨干，自我感觉良好"、"不管说三道四，双星发展是硬道理"的双星发展理念。这些饱含哲理的语言，简单而鲜明，给员工以明确而激情的号召，很快形成了全员都创新、人人出成果的喜人局面。

双星下海进市场创业时，就把企业精神浓缩为"爱厂、求实、拼搏、兴利、开拓、前进"12个字，体现了汪海总裁和双星人实事求是、不断进取的精神。随着双星人市场意识的增强和市场实践的丰富，双星理念也不断地丰富，如"用户是上帝，市场夺金牌"的市场精神，"只有疲软的产品，没有疲软的市场"的市场意识，"有情的领导，无情的纪律"的管理方法，"牌子越响、影响越大，形象越重要"的名牌形象意识，"市场是最好的开发部，市场是最大的样品室"的市场开发思路，"多为名牌想办法，少为失误找理由"的进取意识，"做双星高级人、做市场能人、做新时期的双星新人、做代表双星形象的好人"的双星人自律意识，"客观地想、科学地创、认真地做、务实地干、愉快地过、潇洒地活"的世纪宣言等，涵盖了管理、品牌、发展、科技、市场、人才等企业管理的方方面面。这些理念又有一个明确的核心，那就是市场，始终坚持"市场是企业的最高领导，市场是检验企业一切工作的标准"，有效地统一了双星人的思想。

汪海的这些格言警句都是在他的实践中随时总结提炼出来的，被人们誉为"汪海语录"，得到了原化工部部长顾秀莲的肯定和支持。许多企业到双星学习后，都把"汪海语录"作为治企法宝，就连中国台湾地区和韩国的老板都跑到双星"偷语录"，回去挂在自己的厂子里教育员工。这些看似通俗直白的"语录"包含着治企真经，不分国界、不分所有制，甚至不分行业，几乎对市场经济下的企业都具有指导作用。

优秀的文化是商战当中不可缺少的精神支柱。双星在全国各地的近30家生产厂、20多家物流平台、5 000家连锁店的管理都是一个模式，靠的就是文化的管理。双星成功涉足轮胎、机械产业，并在短时间内发展壮大，创出民族品牌，靠的也是文化的管理。

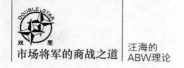
（二）主要效果

大量事例说明,市场是企业的根、管理是企业的本、文化是企业的魂。双星在产业扩张中,在企业管理上主要靠的就是企业文化,改变企业面貌靠的也是文化管理,因此,文化管理是双星的顶尖管理。

通常我们说的文化,是指人类在社会历史发展过程中所创造的物质财富和精神财富的总和。我们这里介绍的双星企业文化,是指双星的精神财富。

企业文化是处于一定经济社会文化背景下的企业,在长期生产经营过程中逐步形成和发育起来的日趋稳定的独特的企业价值观,企业精神、行为规范、道德准则、生活信念以及在此基础上形成的企业经营意识、经营指导思想、经营战略等。

双星企业文化是一种价值观,这个价值观的核心是实事求是、行善积德。它是在双星发展中产生和逐渐形成的特色文化体系。它是双星实事求是总结出的理论和理念,是把传统的儒、道、佛优秀文化融为一体,以马列主义、毛泽东思想、邓小平理论为基石,并融入了双星企业自身发展的实际所形成的。

双星企业文化是中国企业文化建设的一个杰出典范,是汪海总裁的最大贡献和最高成果,它的成效体现在以下各个方面:

1. 实现了四大突破

汪海总裁以"敢为天下先"的精神,在企业文化建设上做到了四大突破:

（1）突破了政治工作的旧标准,找到了政治工作的新标准

"市场是检验企业一切工作的标准",坚持"不管说三道四,双星发展是硬道理"的发展观,双星找到了政治工作的新标准。在激烈的市场竞争中,双星人的思维和行动始终以市场为标准,跟着市场走、围着市场转、随着市场变,这也是新时期条件下国有企业谋求发展唯一有用的武器。

（2）突破了政治工作的旧内容,明确了政治工作的落脚点

"创名牌是市场经济中最大的政治"。把创名牌作为政治工作的最终目标,创造性地把政治工作运用到经济建设上来,以此来指导全体双星人的行动,明确了政治工作的落脚点。

（3）突破了政治工作的旧形式，找到了政治工作的突破口

"用好钱就是最好的思想政治工作"，使双星人找到了政治思想工作的突破口，用物质的东西来调整和平衡精神的东西，精神、物质一起抓，并使之达到最佳结合，使双星政治工作的内涵更丰富，更加充分地调动起了员工的积极性和能动性。

（4）突破了政治工作的旧方法，找到了政治工作的新途径

"干好产品质量就是最大的行善积德"，大胆汲取了儒、道、佛传统文化的精髓并用于现代企业管理，创造了独具双星特色的"道德管理"，以此教育员工自信、自强、自律和爱业、敬业、乐业，找到了政治工作的新途径。

2. 塑造了五大亮点

双星有浓厚的文化氛围。在生产厂可以看到到处悬挂着简洁明快的格言警句和生产线上美观、做工精细的鞋子；在连锁店不仅能享受到双星 200% 的超值服务，还可以从"文化角"领略到双星文化的精粹；在度假村有一尊尊颂扬民族气节的英雄塑像，有弘扬中国传统孝道的二十四孝亭；在双星总部脚踩双星鞋的中国狮，以及全国各地双星工厂、双星连锁店门口两边勤劳务实的黑猫和假大空的白猫等，这些有形的文化载体让人处处感受到双星是充满生机和活力的企业，也是洋溢着文化气息的企业。当你深入接触每一位双星人时，从他们的言谈话语中、从他们一丝不苟的操作中，更能感受到双星人爱厂敬业的精神、振兴民族工业的理想和拼搏奋斗、不断超越的风格，双星展现出巨大的凝聚力和战斗力。

这里着重介绍双星无形文化以及服务、形象等部分有形文化的亮点。在双星文化的整个理念体系中，有五大亮点：理念文化、品牌文化、战略文化、营销文化和产品文化。

（1）理念文化

通俗地说，理念是企业在长期发展过程中形成的具有独特个性的价值体系，是企业不断成长的根本驱动力。一个企业的理念可以用一篇文章或一部著作来回答和阐述，如汪海总裁编写的《市场·企业·创新》《市场·企业·名牌》《潇洒的奥秘——双星》和《市场是企业的根》等著作，都是对不同时期双星

各方面的企业理念的集中论述。但是为使广大公众了解、认识,并产生共鸣,他往往将理念用关键语句概括和表达,这些关键性的语句成了企业的基本理念。这些语句不是凭空想象的,也不是靠华丽词句堆砌的,而是企业理念的浓缩,是企业全体员工的行为准则和奋斗目标,同时让供应商和顾客了解企业,增强对企业的记忆和忠诚度。

(2)品牌文化

在市场经济中,品牌之于企业,就像一个人的脸,是一个企业的标志;不仅如此,品牌还是企业在竞争中最具杀伤力的武器。汪海总裁说"名牌是市场经济中的原子弹",这充分体现了品牌对于一个企业的重要性。

在全球经济一体化的今天,国与国之间的竞争实际上就体现在大企业与大企业之间,体现在名牌企业与名牌企业之间,名牌就代表一个企业的实力,拥有名牌的多寡,在一定程度上也体现了一个国家的实力。每年,有些媒体和统计部门会联合对品牌进行价值评估,对世界上最有影响的企业进行排序,美国、日本、德国等发达国家总有较多的企业跻身前列,可见经过几百年市场经济的发展,它们已经培育起了一大批在世界上有巨大影响的名牌企业。名牌在市场上就是具有优先权,就是容易获得顾客的青睐,这就是名牌的威力。2005年,双星品牌及汪海市场理论无形资产价值发布会在北京召开,双星的品牌价值已达492.92亿元,汪海总裁个人的品牌价值也达321.42亿元,这些都是双星巨大的无形资产。

(3)战略文化

作为一个有竞争力的企业,要时时刻刻对企业的未来发展有所设计,不能随波逐流,应该有颗清醒的头脑,明确地知道企业在哪个阶段应该干什么、应该怎么干,也就是应该有目标、有措施、有办法,这样企业才能从容应对突如其来的大风大浪。

战略思想是企业精神、企业价值观和道德观的综合体现,战略思想的确立对企业的长远发展有着重要的影响。战略的制定是一项具有重要经济意义的文化工程,不能朝令夕改,又不能一成不变,应该是稳定性和动态性的辩证统一,体现了企业领导人的综合素质。

　　双星进入市场三十多年来，经历了中国经济过冷过热的三次大起大落，一直没有受到大的影响，一直没有大的失误，而是按市场和行业规律稳步前进，创造了中国劳动密集型传统制造加工业发展的奇迹，就是得益于以汪海总裁为代表的集团领导在每一个阶段都制定了符合规律的发展战略规划。

　　双星最早下海进市场，不仅没有国家任何政策作为依据，没有任何模式可遵循，做的更是当时的"红头文件"明令禁止的事，企业领导人如果没有大无畏的胆识和气魄，没有对改革方向的敏锐洞察力和把握，是无法做到的。

　　80 年代初，汪海总裁带领双星第一个打破城市工厂不能下农村的旧框框，实行横向经济联合，把老产品转移了出去，解决了上新产品无资金、无厂房、无设备的困难，开创了双星崭新的发展空间。

　　90 年代初，深山里的军工厂纷纷迁到城市，领略外面精彩的世界，汪海总裁却作出了"出城、上山、下乡"的决定。"出海越洋是开放，上山下乡也是开放"、"东部发展，西部开发"战略的实施，在现在看来是无比英明和超前的举措，但当时却被人认为双星在城市干不下去了才上山。当年建在沂蒙山区的鲁中、瀚海公司是今天双星与以乡镇企业和个体户为主的"游击队"竞争的骨干生产基地。现在环顾周围纷纷倒闭关门的国有企业，很难想象，如果双星也是依然固守青岛西部的黄金地段继续做鞋，今天会是个什么状况。双星战略转移的过程也是双星品牌运营、低成本扩张的过程。品牌运营发展战略为双星拓展了更广阔的空间。双星战略转移的过程也是多元化发展的过程。不间断地战略转移和多元化发展，使双星在中国制鞋业脱颖而出，一枝独秀，成为大双星、大名牌。

　　进入 21 世纪，经济一体化的市场经济新时期，以汪海总裁为代表的双星集团党委一班人制定了双星新战略决策，即双星名牌发展的高级阶段和新时期树新形象做双星新人。这两大战略决策是双星新时期发展的纲领；是双星新时期的奋斗目标；是双星发展为强双星、强名牌，与世界名牌同步，与国际水平接轨的强有力的措施和保证。由此可见，正确超前的企业发展战略关系企业的生死存亡。

　　（4）营销文化

　　经营是企业的龙头，经营决策、经营手段、经营效果直接关系企业的经济效益。在近四十年与市场的搏击中,双星形成了自己独特的营销文化。双星营销文化的核心是市场,随着市场的发育,随着消费特点的变化,调整营销策略,想市场所愿,做市场所喜,投消费者所好,成为驾驭市场的弄潮儿。

从下海进市场时一张嘴两条腿的"上门推销",到设立自己的经营分公司进行"阵地战",再到大建连锁店,形成遍地开花的"地雷战",双星逐渐构建起点、线、面结合的营销网络。

网络的形成若只是具备硬件,没有软件相匹配,市场也只会成为一潭死水。双星的软件就是其独特的 200% 服务。可以说,服务是营销文化极其重要的部分,也是双星文化独具特色的部分,在商战中发挥了其他策略不可比拟的作用。

进入新世纪,面临国内众牌群起、国外名牌更多涌入,竞争日趋激烈的市场,如何锁定顾客,扩大我们的顾客群,汪海总裁又提出了"心理营销、情感营销、个性营销"和"双鞋联动营销"的办法,不断增加服务的灵活性和多样性,不断增加服务的内涵,做到令消费者满意,利润自然会跟着来,这就是双星 200% 服务的理论基础。

(5)产品文化

产品是指任何能满足用户和消费者需求的物品。产品文化包括技术、质量、价格、包装等各个方面。产品文化是企业文化重要的组成部分,是体现一个企业整体形象的最重要的要素。

在阐述名牌高级阶段理论时,汪海总裁曾说:高级阶段的代表是产品。任何时候,消费者都是从产品认识、熟悉一个企业的,只有不断推出适合消费者需求的产品,企业才可能长久生存发展下去。

双星在这个善变的市场中之所以一直走在了前列,在于他们从淘汰解放鞋开始就确立了正确的产品开发方针:生产一代、储备一代、开发一代、研制一代,做到"人无我有、人有我新、人新我优、人优我特",永远领导消费潮流。

双星产品得到消费者青睐的另一关键因素在于过硬的质量。"干好产品质量是最大的行善积德",用这一朴素的理念教育员工,使员工的心愿与企业的目标统一起来,达到了良性互动,双星产品质量合格率一直都保持在 99.99% 以上。"产量是钱,质量是命,双星人要钱更要命"这一通俗的理念又使员工深刻理解了产量和质量的辩证关系,质量永远是第一位的。双星通过第一个打出质量"反广告",到公开焚烧不合格鞋,形象地教育员工认识质量对于企业生存的意义,使质量观念深入到每个员工心中。持久的质量第一意识,使双星在行业中第一个通过了 ISO 9001 国际质量体系认证,成为唯一一个国家级产品出口免检企业,成为世界最大的鞋类经销商 PSS 公司认定的唯一一个国有企业"核心工厂"。

"品种繁多、款式新颖、品质超群、高中低档兼备"是双星产品给消费者留下的美好印象,也是双星产品文化在市场上的综合反映。

3. 突出了五个特色

企业文化是企业财富的结晶。双星企业文化反映双星人的价值追求、精神风貌,反映企业的整体层次、个性特色和奋斗历程。双星文化有五个明显特色:

（1）人格特色

企业文化实质上就是企业家文化。双星文化首先是企业领导人——汪海总裁人格化的反映。汪海总裁以其创造性思维,提炼概括双星人下海闯市场的实践经验,形成双星独具特色的价值观念、市场理论、企业精神、管理思想;汪海总裁以其正直的品格、模范的行为影响着全体双星人,在实践中培育起双星文化;汪海总裁以其新颖的构思、严谨的策划,组织一个个活动,建设一个个工程,构建起双星文化大厦。双星"敢为天下先,争创第一流"的精神,双星拼搏奉献、忘我工作的作风,双星处处超前、时时领先的举动,双星立志创名牌、为国争光的追求,无一不是汪海总裁民族责任感、大无畏精神和强烈事业心的反映。汪海总裁就是双星文化之魂,无论是硬件的文化载体,还是软件的精神创新,都是其本人博大精深的思想宝库的结晶。

其次,双星文化又十分强调人的价值实现的重要性。双星第一家设立民主管理委员会,职工参与管理;双星第一个举办产品设计大奖赛,提倡全员性、群众性的教育培训竞赛;双星打破僵化的用人机制,提倡"不拘一格选人才、进入市场用人才",注重员工的自尊和自我价值实现的高层次心理需求,这都是"以人为本"理念的体现。汪海总裁的人生观、价值观逐渐地渗透并影响到全体双星人的人生观、价值观,进而形成一致性,双星企业文化体现了其浓厚的人格

魅力。

（2）中国特色

双星企业文化的产生是根植于中国改革开放的大环境的,是邓小平理论指导的,是吸收了中国优秀传统文化精髓综合形成的、具有独创性的,而不是从资本主义所谓"现代管理理论"脱胎而来的、生搬硬套的,双星文化具有鲜明的中国特色。

（3）时代特色

企业文化是不断发展的,其发展离不开时代的影响。如双星文化是在中国市场经济的实践中产生发展的,双星文化的丰富和完善展现出企业由计划经济向市场经济转轨变型的艰难历程,双星的管理、质量、科技、市场、人才、机制等各方面的理论、文化都离不开市场的特色,都反映了市场经济时代的要求,也都打上了中国改革开放时代的烙印。因此,双星企业文化是具有鲜明的时代特色的。

（4）模式化特色

双星由一个濒临倒闭的微利企业,现在已发展成为6万人的大集团;由原来的只占据青岛西部的100多亩地到现在生产基地、营销网络遍布全国,远驻海外;由原来单一生产解放鞋到现在不仅生产各类鞋,而且涉足轮胎、机械、服装、热电、印刷、三产等23个产业领域,虽然集团大了、人多了、行业多了,但无论在双星的哪个生产厂,你都会看到统一的管理模式;无论在双星的哪个连锁店,你都不会发现巨大的差异,双星的管理模式已经贯穿到生产经营的每一个角落,模式化管理正是企业文化模式化特色的反映。

（5）创新特色

企业文化在生产经营实践中应不断地丰富和完善,展现新的思想、新的面貌,推动事业不断发展。在前面分析双星文化的内涵时就已经能够明确看到其创新特色。从爱厂,到爱名牌,到爱国,"名牌是双星人的金饭碗","创名牌是最大的爱国主义";从坚持"市场为导向"到"市场领导工厂"、"市场是检验企业一切工作的标准";从"用200%的服务弥补非100%的产品质量"到"任何行业都是服务业的一个分支";从"人是兴厂之本,管理以人为主"到"市场无止境,管理无句号"等等,双星人对市场经济规律的认识和把握都是一步步深入的,都是不断实事求是超越创新的结果。双星在改革中勇闯禁区,敢于科学冒险,不断前进的源泉都是双星文化不断创新的反映。双星文化的核心和灵魂是创新。

4. 发挥了五大作用

一个企业的基本纲领、宗旨、精神驱动力远比技术、经济资源、组织结构等因素与其所取得的成就之间的关系密切。也就是说,某种程度上讲,精神力量更重要。双星企业文化在企业发展中起到了非常巨大的作用。主要是:

（1）决定企业的基本特征

企业文化决定企业的发展方向,决定企业的个性特征,使这个企业具有与众不同的特色。比如,企业从长久发展目标出发进行决策,就会考虑企业利益与国家利益、社会利益的关系,自觉营造一种利国、利民、利企的发展环境,取得三者利益的统一,从而避免陷入只顾眼前利益、见利忘义、弄虚作假的不正当竞争中。很显然,不同的文化将把企业导向不同的发展道路,塑造不同的企业形象。

双星从下海进市场起就以创世界名牌为目标,为实现这个目标,他们倡导道德管理、诚信经营、遵纪守法,积极运用科技创新、制度创新、管理创新等正当手段提升企业竞争力,在市场上取得了一个又一个的胜利。而有些企业则专门钻国家法律政策的空子,自己不努力,以生产假冒伪劣商品赚取眼前利益,没有长久的谋发展、树信誉、立形象、创品牌的意识,这样的企业最终将随着市场经济的发展和完善、竞争的加剧而销声匿迹。

（2）指导企业的经营决策

一个企业的成功离不开正确的决策。企业文化有着积极的功能,它既反映企业整体的最终的目标,又规划着不同阶段各个方面的运行、协调和发展方向;企业文化不仅决定企业发展的物质指标,更重要的是能够产生精神动力,激励员工克服前进道路上的一切困难去实现目标。从双星文化内涵的各个方面能清晰地看到企业文化在企业决策中的作用。

（3）激发员工的进取精神

企业文化所阐述的企业价值观、企业精神、企业发展目标可以感召广大员工,使员工看到企业的希望,从而增强对企业的信心。员工也通过了解认同企业价值观来修正自己个人的奋斗目标,修正自己的人生观、价值观,把自己的命运、追求和企业的命运、追求统一起来,不断进取。

（4）规范员工的基本行为

企业对每一个岗位的员工都有行为要求,对全体员工的整体形象也有自己的标准。企业文化在规范员工行为时有着积极的有效的作用。首先,它具有导向作用,就是为员工提供工作方向和精神动力;其次,它具有约束作用,使员工知道应该怎么做,企业提倡什么、崇尚什么,通过文化的传播、灌输,员工逐渐自觉自愿地用它来约束、控制自己的言行;最后,它具有融合作用,使来自不同地域、不同文化背景、不同生活环境的员工逐渐统一到企业的行为规范、道德标准中去,这个作用是潜移默化的。

（5）统一企业的总体形象

双星的生产厂和连锁店具有鲜明的特征,让人一看就知道是双星,置身其中,能感受到强烈的双星特色。这既有硬件的统一所给人的视觉效果,也有双星人独特气质所给人的影响。这都是双星企业文化起的作用。

双星企业文化是建设有中国特色的社会主义理论在企业实践的产物,是在双星发展进程中形成的群体意识。双星文化以其深邃的思维水平、独特的人格魅力和强大的辐射能力,影响和推动着双星事业的发展,并将在双星名牌的发展壮大中不断丰富、不断完善,在世界制鞋业和加工制造业的舞台上闪烁着自己独特的、迷人的光辉。

三、典型实例

（一）"汪海语录"风波

一提起语录,人们肯定会想起红色年代里的"毛主席语录"。没想到,时隔三十多年,竟又在双星见到了"汪海语录"。汪海真的是在搞个人迷信和个人崇拜吗?"汪海语录"对双星企业发展发挥了什么样的重要作用呢?

一进入双星的生产车间,满车间到处都是标语:"有人就穿鞋,关键在工作"、"名牌是市场经济的原子弹"、"创名牌是最好的爱国主义"、"用好钱是最好的思想政治工作"、"市场无止境,管理无句号"、"今天不创新,明天就落后;明天不创新,后天就淘汰"……这么多的标语竟全都出自汪海之口。所以,人们都称之为"汪海语录"。

有一次,双星的考察人员来到韩国的一家制鞋企业,竟然在车间看到了"有人就穿鞋,关键在工作"、"用户是上帝,市场夺金牌"等标语。一问,韩国人很不好意思地说,我们把你们的"汪海语录"给偷来了。2004 年 5 月 26 日,法国客户克里丝汀先生一行到访双星,客人对双星的现场管理、品质管理、资金管理大加赞赏,对双星浓厚的企业文化更是感到新奇。客人每到一个车间,对宣传栏上和墙上的"汪海语录"都详细询问其含义,并记录下来,表示要将双星企业的文化应用于他们的公司。

但"汪海语录"在国内却招来了一场轩然大波,有人说汪海是在"搞个人迷信和个人崇拜"。第十届全国人大常委会副委员长、原化工部部长、原全国妇联主席顾秀莲听到反映后,亲自到双星来看看颇受争议的"汪海语录"。没想到,她看后却禁不住连声称赞:这些语录不都是汪海从市场中总结出来的治厂之道吗?有什么不好的! 于是,部长也成了"汪海语录"的传播者。

双星的"指航针"

大海航行靠舵手,而再好的舵手也离不开指航针。双星这支巨大的联合舰队在市场中劈波斩浪,靠的正是"汪海语录"这枚精确的"指航针"。

"汪海语录"总是在最关键的时候,给双星人指点迷津,重新调整航向。如1983 年,双星生产的解放鞋因国有商业系统拒收,积压达两百多万双,搞得人心惶惶。紧急关头,汪海说"等着别人给饭吃,不如自己找饭吃"。正是这句话,使双星人成功地摆脱了计划经济的束缚,成为中国市场经济大潮中最早的搏击者。

三十多年来,双星每走一步几乎都能从"汪海语录"中找到注解。80 年代中期,国外名鞋如潮水般涌入中国市场,对中国制鞋业冲击很大,双星也不例外。这时,汪海说:"中国人站着不比外国人矮,躺着不比外国人短"、"中国人要有自己的名牌"。从此,双星进入了实施名牌战略时期。2002 年,双星鞋荣膺"中国名牌";2004 年,双星全钢子午线轮胎荣膺"中国名牌"。汪海又提出

"创国际名牌,当世界名厂,做双星名人"、"名牌是市场经济的原子弹"……所以,如果把"汪海语录"贯穿起来,无疑就是一本最生动的双星创业史!

"汪海语录"的精髓

"汪海语录"是市场的产物,它源于市场,又指导了双星人在市场经济中的实践行动。所以,"汪海语录"的最大精髓就是"实事求是"、"行善积德",这也是双星成功的奥秘。

汪海有一句大实话,也是双星人的座右铭:"有人就穿鞋,关键在工作"。汪海的解释是:中国有 13 亿人,而全球则有 60 亿人,谁都离不了鞋,关键是穿谁的鞋。尽管双星不可能让每一个人都穿上双星鞋,但双星人的工作却要朝这个方向努力,至少要让每一个穿过双星鞋的人都感到:要穿就穿双星鞋。

汪海还说:"干好产品质量就是最大的行善积德"。汪海的解释是:现在职工与企业的关系发生了根本性的变化,很多人来双星的目的就是打工挣钱,所以就不能再沿用以前的那种说教式的教育方法了。而是将过去的"权威管理"升华到"道德管理",利用"行善积德"这种人之本性,反而教育效果更好,职工们更乐于接受。所以,双星的产品质量一直被公认为世界一流水平。

1994 年,双星撤销了原设在各大城市、各地区的所有维修服务站。因为汪海说:"质量是干出来的,而不是检查出来的"。所以,如果出了问题再修,就会给名牌的声誉造成恶劣的影响。因此,发现质量问题的,一律要由责任人自己掏钱买回去。现在,双星人有了这样的共识:虽然双星拿到了国家质量免检证书,但在双星内部是永远没有免检之说的。纵观一下"汪海语录",虽然汪海不是一个哲学家,但其语言中的哲理性,却让人感到丝毫不比哲学家们逊色,而只能是更现实一些、更让人易于接受。

哲学家们的相对论与绝对论,深奥得让很多人无法理解,而汪海提出的"价格的竞争是暂时的,而质量的竞争是永恒的",让人一看就明明白白。

哲学家们说量变可以促使质变,但汪海却对职工们说,双星在日产量达到 60 万双的时候,如果出现万分之一的质量问题,一天就是 60 双,一年就会有上万名消费者对双星鞋不满,长此以往,名牌就会发生质变。因此,汪海说:"愈是名牌愈要重视质量,愈是名牌愈要提高质量"。

"只有疲软的产品，没有疲软的市场"、"只有没管好的企业，没有管不好的企业"……相信一个没有哲学家头脑的人是说不出这样的话来的。

汪海提出："市场是企业的最高领导"、"市场是检验企业一切工作的唯一标准"、"市场领导工厂"。这些话一出，就惊动了不少人，很多企业到现在才开始理解。汪海认为，企业如果只会找部长、找市长，是找不来市场的；所以，企业不能靠天，也不能靠地，只有靠自己去创市场。

"汪海语录"始终体现出一种创新精神。汪海提出，作为企业家在市场上就必须喜"新"厌"旧"、"创新是企业发展的源泉，创新是企业发展的灵魂和动力"。双星将创新作为检验每个岗位、每个人是否进入市场的最好体现，全体双星人积极进行理论创新、科技创新、体制创新、机制创新、管理创新、经营创新等全方位创新，勇于破除旧思想、旧观念、旧传统、旧框框、旧方法，树立新思维、新观念、新思路、新做法；按照汪海总裁提出的"反思维是人类成功的开始，只有反思维才能创造奇迹"的科技创新意识，双星创造出新、奇、特、优的产品，在激烈的市场竞争中创出了中国人自己的民族名牌。

进入新世纪，汪海总裁又提出"领导、工程技术人员、一线员工三位一体的创新"、"岗位是市场、竞争在机台、全员都创新、人人出成果"、"打一场创新的人民战争"的创新观点。双星人高擎"创新"大旗，以不懈进取的创新意识，全员投身创新大潮，靠全员创新，打造企业核心竞争力。

双星人的一剂"良药"

对于双星人来说，"汪海语录"是一剂"良药"，它能使双星人越是在困难时越是"自己拿自己当骨干"、"自己给自己加压力"、"自己给自己出题目"，在别人不理解时又"自我感觉良好"；它又在时刻激励着双星人要"为国家争光、为民族争气、为双星增辉"；它还让双星人的心中警钟长鸣："没有危机感的名牌是最危险的名牌，没有危机感的员工是没有希望的员工"。

汪海说，所谓"汪海语录"，其实是双星人集体智慧的结晶，是对双星人多少年来的理论和实践的总结和升华，所以才能受到职工的热爱，从而深深地刻在每个员工的心灵和头脑之中，被理解、相信和实践，才会有那么多的人见到后如获至宝……

如果我们的国有企业、民营企业都能有自己的一套"汪海语录"，又会怎么样呢？真希望在市场经济的中国能多看到一些像"汪海语录"这样的企业家语录，那样，中国的企业就一定会大有希望。

（二）双星文化进"东风"——双星并购东风轮胎成功的关键

老国有企业东风轮胎公司靠与马来西亚企业的合资并没有看到生的希望，而双星集团作为一个老的国有企业入主东风轮胎后，仅仅在短短两年多的时间，就使东风轮胎这家负债累累的企业重现生机。双星创出了中国企业兼并中"快鱼吃慢鱼"、"国企吃国企"、"国企超外企"的经典成功案例，这个案例说明一个真理——文化融合，即从"形合"到"心合"是并购成功的关键。

2007年12月25日上午，湖北省省委书记罗清泉与十堰市市委书记赵斌、市长陈天会等一行前往双星东风轮胎公司视察调研，所到之处一派热火朝天的生产场面。双星托管东风以来，走过了2005年、2006年恢复生产的艰难时期，2007年快速发展，出现了产销两旺的良好局面，全年各项经济指标均比2006年实现翻番，特别是出口创汇全年达到了1 800万美元，为拉动十堰地方经济做出了较大贡献。湖北省省委书记罗清泉充分肯定了双星用文化、用理念、用管理改造一个倒闭的老国有企业的成功经验，鼓励公司再接再厉、加快发展，争取把双星东风建设成为全国乃至全球的现代化明星企业，并代表湖北省委、省政府表示，将一如既往地支持双星东风的发展。

实际上，双星入主东风轮胎前，东风轮胎在与马来西亚企业合资时，曾得到了2.8亿元的资金支持，也输入了先进的技术与外国的管理方法，但最终还是失败了。而双星又是如何在短短两年多的时间使一个老的国有企业起死回生的呢？

整合愿景，明确方向

2005年，双星重组东风对外引起了社会的轰动，对内引起了强烈的反响。市场经济的冲击使多年来依靠政府而生存的源头面临断炊，企业吃国家大锅饭、职工吃企业大锅饭的慵懒日子面临结束，计划经济体制下的优越感和安全感荡然无存，东风人对重组这一市场经济的新生事物和必然规律产生了恐惧，产生了模糊认识和偏差，不理解、不认同、不支持，甚至是赫然悬挂"双星滚回去，汪海滚回去！"的大标语，公然抗议双星的到来。对此，双星用文化理念教育人、改造人、管理人、激发人，东风人从不认识、不理解、不接受到认识、理解、接受并主动融入双星名牌，完成了与双星文化的对接，开创了自我革命、自我突破的新纪元。

2005年3月双星重组东风轮胎后，在双星东风轮胎公司第一期培训动员大会暨恢复生产誓师大会上，双星总裁汪海就"为什么重组东风，怎样重振双星东风雄风"作了长达两个半小时的演讲，提出："谁能救东风？只有自己救自己"。双星重组东风，就是要联合东风一道同国际品牌竞争，为国有轮胎行业争光，保住毛泽东主席亲自给"东风"命名的这一中国民族品牌。汪海的讲话使东风员工明确了目标，看到了希望，赢得了多达49次的掌声。

双星决策者在实践中认识到，在并购后，被并购企业的员工大多会感到企业和自身发展的不确定因素增加，恐惧、不安会对员工的工作效率及情绪产生影响，由此会加剧对并购方整合战略的抵制。只有在新企业的发展愿景非常明确，能够被企业中的领导骨干和员工所认可和接受，才能有助于企业整合战略的逐步实施，减少可能的阻力和抵制。

输入双星文化，从"形合"到"心合"

在重组东风轮胎时，汪海深情地说："一个企业的成败关键取决于什么？取决于管理。而文化理念是最顶尖的管理，用文化理念去教育人、改造人、团结人，是双星政治工作的纲。"

对于东风职工来说，计划经济的旧体制禁锢他们的思想已经太久了，老国有、老军工的旧思维束缚他们的思想太久了，粗放式管理的旧习惯影响他们的思想太久了。单靠输入外资以及所谓模式化的管理，企业怎么会出现转机？汪海审时度势，向双星东风人提出了"为谁干、怎么干"的大讨论，希望他们与过去的旧思想、旧习惯、旧作风彻底决裂。

战争年代之所以弱能打败强，靠的就是精神，精神和文化是不可分割的。双星把优秀的双星文化渗透到双星东风员工的思想和企业的实际，产生了巨大的力量。双星托管以来，东风公司全面开展了员工的教育培训，组织领导、员工到双星集团总部及双星各生产厂参观学习，特别是"实事求是、行善积德"、"树立民族志气、弘扬民族精神、创造民族品牌"具有民族精神的双星特色企业文化教育,使大家亲身感受到名牌企业的管理,大家的思想观念、精神面貌逐步发生大的变化。

双星并购东风后,企业的领导和管理人员几乎全是原来那些人,无非就是进行了调整,给每个人提供了最适合发挥作用的岗位,给每个人换成了市场经济的"脑袋"。可以说,双星东风人就是在不断渗透的双星文化理念的熏陶下,经历了一场思想解放、观念变革、头脑洗礼的过程,终于浴火重生,在生产经营中表现出了从未有过的积极性。

树立市场化观念,改变机制增活力

体制和机制是决定企业生死存亡的大问题,没有良好的体制和机制作保证,企业就不能实现健康发展,更谈不上做大做强。

双星东风轮胎公司坚持"以市场为标准,以企业发展为标准,以调动全体员工积极性为标准"的原则,结合公司各单位实际,不断总结、不断调整、不断对原企业计划经济的旧体制进行改革,实施了奖罚分明的考核机制,实行了全员市场化利润招标承包体制,变企业的市场竞争为全员的内部竞争,实现了"事事有人管,人人都管事",解决了"过去吃企业、拿企业、靠企业"的老问题,改变了"干好干坏一个样,干与不干一个样"的坏作风,达到了激励员工积极性和提高生产效率的目的,实现了员工精神面貌的大变化,初步建立起一支双星名牌的"三铁"(铁的意志、铁的纪律、铁的作风)员工队伍。双星东风轮胎公司的现场管理、产品开发、产品质量、员工精神面貌等发生了深刻变化,企业突破了时间紧、任务重的困难,短时间内恢复了全钢胎生产,月产量也突破了原东风历史上的最高水平;突破了原东风只重配套一个市场的局限,做到了维修市场、配套市场、国外市场、定牌市场多条腿走路,为市场经营工作迈大步打下了坚实的基础;突破了创新和技术开发水平的落后局面,打破了百年来轮胎只有黑色的历史,研发出世界独有的、个性时尚的彩色轮胎;通过推行现场质量看板管理等新的质量管理模式,使员工树立起了"质量精益求精,服务尽善尽美"的质量意识。双星东风轮胎公司为十堰本地的一位出租车用户装配了4条双星东风半钢轿车胎,在各种复杂道路的使用环境下，达到了 10 万公里无损坏，实现了产品质量的大提高，树立了企业的新形象，增强了企业的市场竞争力。

管理为本，竞争力强

管理是企业发展和市场竞争永恒的主题。特别是在鞋类、轮胎行业，"三分靠技术，七分靠管理"已成为一个不争的事实。双星并购企业的成功很大程度上就在于加强对并购企业的管理。

汪海总裁告诉东风轮胎职工，所有的破产企业都是"垮在管理上，败在市场上，输在文化上"。我们端的是市场的碗，吃的是市场的饭，因此，我们的工作一定要务实，不能务虚。双星不是"救世主"，真正的"救世主"是双星东风员工自己。双星将"文化管、钱管、道管、情管、制度管"等管理模式与市场化承包体制机制结合输入到双星东风轮胎公司，使企业很快融入了双星市场管理理念，使双星东风员工树立和增强了质量意识、市场意识、竞争意识、发展意识。

看一个轮胎企业的现场管理水平，密炼车间最具代表性。双星东风通过坚持不懈地抓各项基础管理，使以密炼车间为代表的生产一线、各个工厂的现场管理发生了深刻变化。原企业的部分退休老干部、老职工 2007 年 9 月参观了密炼车间后说："以前这里从来没人来参观过，只要进来一趟，出去全身就黑乎乎，而现在真是比家里收拾得还要干净呀！"

在双星东风办公大楼的显眼位置，"市场是检验企业一切工作的标准"的大标语格外引人注目；在工厂车间和厂区内，关于市场的横幅随处可见，如"全员转向市场，人人关心质量"、"干好产品质量是最大的行善积德"、"两眼盯在市场上，功夫下在管理上"等等。双星东风从强化管理和优化人员配置入手，领导骨干主动深入一线，既是宣传员，又是指挥员，还是战斗员，充分激发和调动了每个分厂、车间、部门和岗位员工的积极性，把干好工作和珍惜自己的未来联系在一起，极大地促进了管理、产量、质量的提高。

如今，双星把已经运转成熟的"工序链条索赔"、"厂币采购供应"、"承包管理"、"家庭消费式"等双星成功的管理方式完全渗透到了双星东风的管理体系之中。

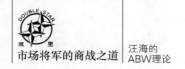

（三）汪海走上微软讲坛①

当地时间 2007 年 8 月 16 日,在美国西雅图全球最大的电脑软件公司——微软公司,百名管理、技术、工程人员聚集在一起,带着疑惑和好奇,迎接一位来自中国的著名企业家——双星集团总裁汪海。一场由微软公司举办的"双星集团与微软公司企业文化交流活动"正式拉开序幕。

汪海是第一个走进微软讲坛的中国企业家,能够登上微软讲坛是许多人的梦想。

头戴双星帽、身着 T 恤衫、脚穿旅游鞋,一身双星装备的"中国鞋王"一进讲坛就给人们以惊叹。

作为全球最成功的企业之一——微软公司是世界 PC(个人计算机)软件开发的先导,汇集了世界各国最优秀的高科技人才。

而随着全球经济的快速发展,中国已成为全球制造加工基地中心,在激烈的国内外市场竞争中,在国有制鞋企业纷纷倒闭的情况下,双星能够"一枝独秀",能够长盛不衰,必然有其独到和独特的地方。作为一个竞争性极强、受国外品牌冲击最早的国有制鞋企业,双星的生存是个特例,双星成功的原因是多方面的,但独具双星特色的企业文化和管理理论起了很重要的作用。

而正是汪海创造了独具双星特色的企业文化、管理理论和哲学思想,才让双星走出了制造加工业由"中国制造"升华为"中国创造"的成功之路,也让汪海走进了世界级企业——微软。

第一个实现科技与制造业的碰撞,作为中国传统制造加工业中竞争最激烈的鞋业和轮胎业,双星创造了一个又一个发展奇迹。"双星的发展由各种因素促成,最重要的一点就是企业文化发挥了作用。目前,无论是高科技产业还是制造加工业,没有自己的文化和理念,企业就没有希望;只有对文化和理念进行不断创新,企业才能更好地发展"。

这位来自东方的企业家的演讲极具感染力,在微软公司两个小时的演讲中,他用真实生动的事例、幽默诙谐的语言、独特思辨的方式,汇通古今、贯穿中

---

① 苏金生:"汪海走上微软讲坛",《招商周刊》,2007 年第 20 期,总第 273 期。

西地对中国文化和企业管理的关系，以及东西方文化的共同点与差异性进行了阐述和分析。

汪海创造性地提出的"干好产品质量就是最大的行善积德"、"诚信做人、200%服务"等道德理念，与微软公司"责任至上，正直诚信，服务客户"的行为规范不谋而合；"打一场商战中创新的人民战争"、"今天不创新，明天就落后；明天不创新，后天就淘汰"等创新观点，与微软公司"对新技术充满热情，勇于迎接挑战，坚持不懈创新"的创新精神不谋而合；"道管、情管、钱管、制度管、文化理念管"等管理理念，与微软公司"以德服人，用钱激励，重视和留用人才"的人才管理措施不谋而合；"以人为本，想员工之所想，急员工之所急"的以人为中心的理念，与微软公司"给员工提供一个宽松、舒适的工作环境"的和谐氛围不谋而合。

而由于东西方文化的差异、所处环境的差异、从事行业的差异，又造就了双方企业文化和管理形式的差异性。汪海谈到：双星改革开放发展到今天，文化理念在企业发展中起到了关键作用，但是因为企业性质不同、文化理念的内涵不同，所以高科技产业松散型的工作环境在劳动密集型的制造加工行业不可能实现，而双星"有情的领导"的人性化管理与西方程序化的制度考核和标准考核也会产生碰撞，但不管是东方的还是西方的，由文化理念产生的管理形式和管理方法能够促进企业发展才是硬道理。汪海先生的演讲让所有人都更加深刻地感受到了这一点。

汪海谈到：作为劳动密集型行业，人为因素直接影响着质量、产量和成本，双星提出了"干好产品质量就是最大的行善积德"的道德标准，抓住了"用文化理念教育人、引导人、管理人"这个最顶尖的管理核心，发扬了"工人阶级吃苦耐劳、顽强拼搏、忘我工作"的奉献精神，创造了"九九管理法"、"ABW理论"等独特的管理理论，并创出了"小吃大"、"快吃慢"、"国有吃国有"的成功案例。

最后汪海说："文化是思想、是灵魂、是精神，可以教育人、启发人、引导人，只有创造新文化、新理论、新思想，才能创出新奇迹，推动社会和历史不断发展前进。"

"这次文化交流就是在不同的国情环境、不同的行业领域、不同的文化背景情况下,在高科技 IT 产业的领军企业和劳动密集型、制造加工业的民族优秀企业的相互交流中,如何更好地继承中国传统文化资源,吸收外来先进的绩效、技能考核等程序化的制度标准,创造自己现代特色的企业文化和管理理念",而汪海此行亦有"取经"之意。

作为第一个在微软纵论中国文化与企业管理的中国企业家,在某种意义上向人们证明了中国国有企业完全可以搞好,完全可以创造出中国特色的企业管理文化和管理模式。

四、专家点评

据说在国内、国际上的很多场合,汪海总裁经常会遇到记者和听众提出这样的问题:支撑双星在行业内一枝独秀、脱颖而出,创出民族名牌、世界名牌的秘密武器是什么?

每每遇到类似的问题时,汪海总裁都会首先回报一个爽朗的大笑,接着就说:"双星根本没有什么秘而不宣的绝招。如果有绝招,那么多的人和企业都到双星考察和参观,早就被复制走了。但是往深处说,最根本的一点,或许就是双星的企业文化。"

那么,汪海总裁对中国的最大贡献是什么呢?

国务院前国资委研究中心主任王忠明博士在听了汪海总裁介绍的含有泥土芳香、具有中国特色的企业文化后,感慨地说:"一个企业,最重要的就在于它在思想层面给社会所作的贡献,企业文化作为企业在经营管理中最具有经济学意义上的外溢性,会超越企业、超越行业、超越产业、超越经济,因此它将伟大的企业和一般的企业区别出来,也把企业领导人和真正的企业家区别出来。汪海总裁的观点为什么让人耳目一新,很重要的一点他不是一般意义上的经验介绍,他已经在经营管理思想层面上有了自己的特性。虽然国有企业有经验、有现象、有模式,但国有企业很难创造属于自己的思想。为什么汪海能在此方面有突破?是因为双星已经不是一个传统意义上的国有企业,既有国有企业的外壳,但在经营管理方面实际突破了这个范围,所形成的经营管理思想给社会作出了贡献,成为全社会共享的文化财富,比有形的服务和产品更值得研究和学习。"

世界最著名的成功学大师拿破仑·希尔说得好："思考的力量是人类最大的力量，它能建立伟大的王国，也可使王国灭亡。所有的观念、计划、目的及欲望，都起源于思想。思想是所有能量的主宰，能够解决所有的问题。如果你不学习正确的思考，是绝对成就不了杰出的事情的。"

试想，全世界的工人阶级和人民大众之所以能够从受剥削、受压迫的奴隶成为今天世界上许多国家和地区的主人，最根本的原因就来源于马克思、列宁创造的马克思主义和列宁主义。中国的工人阶级和人民大众之所以能够翻身成为国家的主人，并且能过上小康生活，最根本的原因就来源于毛泽东思想和邓小平理论。同理，双星集团之所以能创造出惊人奇迹，最根本的原因就来源于汪海总裁的市场企业家思想，而这一思想的具体体现就是双星的企业文化。

独具特色的双星企业文化的价值已经不单是汪海总裁个人的无形资产，也不单是双星集团的无形资产，更重要的是，它将会成为中国企业家共同的精神财富。中国的企业家只要能够掌握和运用好这一精神财富，就一定能造就出更多的汪海式企业家，造就出更多的双星式品牌，造就出更多的双星式企业，就一定能更好、更快地增强中国的经济实力、政治实力、军事实力和文化实力，就能为全人类作出更大的贡献！

第二个战术：
理论是指南

理论是指南

　　在每一个历史时期都应该有符合本时期的理论作指导，理论在社会发展当中的作用是不可估量的。没有理论、没有思想的企业是没有希望的企业；没有理论、没有思想的骨干是没有希望的骨干；没有理论、没有思想的员工是没有希望的员工。如果没有好的思想理论，事业就没有方向，不但不能成功，甚至可能惨败。

——汪海

2005 年，双星品牌及汪海市场理论无形资产价值发布会在北京召开，双星品牌价值达 492.92 亿元，汪海企业家价值达 321.42 亿元

2008 年，《汪海三十年》新书北京签售仪式上，汪海总裁向媒体记者和广大读者阐述 "创名牌就是最好的爱国行动"含义

一、汪海语录

（一）双星市场政治理论的重要意义

• 市场政治理论指导市场经济实践，市场理论不更新，企业不会再发展。

• 理论是社会科学和自然科学的综合结晶，它不仅指引着自然科学的发展，同时还推动着整个历史的前进。在每一个历史时期都应该有符合本时期的理论作指导，理论在社会发展当中的作用是不可估量的。

• 没有理论、没有思想的企业是没有希望的企业；没有理论、没有思想的骨干是没有希望的骨干；没有理论、没有思想的员工是没有希望的员工。如果没有好的思想理论，事业就没有方向，不但不能成功，甚至可能惨败。

（二）双星市场政治理论的重大作用

• 信仰是一种信念和意识，是信念最集中、最高的表现形式，是贯穿在人的世界观、价值观、人生观中的一种意识规范，而道德是在信仰支配下的一种行为。

• 理论创新是创新中的灵魂，是企业持续稳定发展的根本，是动力中的核动力。

• 双星市场理论是员工的行动指南，不断激发活力、激情和斗志，它所产生的凝聚力和向心力，对人的思想起到重要的引导作用。

• 理论是文化的体现，代表了一个时代的潮流和发展规律，双星市场理论是双星企业文化的高层次体现，是对社会发展的一大贡献。

（三）双星市场政治理论的特色

• 双星市场政治理论特色：以市场为主线，以名牌为核心。

• 双星市场经济三原则：市场是企业的最高领导，市场是检验企业一切工作的标准，市场是检验企业的最好天平。

• 树立民族志气、弘扬民族精神、创造民族品牌。

（四）怎样创新市场政治理论

• 继承传统优秀的、借鉴外来先进的、创造自己特色的。

- 发挥好老传统、新精神、好作风的优势。我们只有发挥好老传统、新精神、好作风的优势，员工在工作中才会更加认真负责，整个企业才会更有凝聚力。

- 信仰是一切行为的根本原则，根据每个时期的发展形势不断丰富和提升。在现实生活中，面对目前创业精神、奉献精神淡化，一切向钱看、拜金主义、享乐主义盛行的社会现象，如何引导广大员工树立正确的人生观、价值观，已经成为我们企业思想政治工作的首要任务。

（五）怎样贯彻双星市场政治理论

- 用好双星理论，学好双星政治，讲好双星正气。
- 生产经营的难点就是思想政治工作的重点。
- 现场做政治工作，现场解决处理问题，要做到"四个不分家"：政治工作要和创名牌这个市场当中最大的政治不分家，要和各种岗位竞赛、技术比武不分家，要和解决管理、质量、成本、经营这四大要素不分家，要和解决目前企业存在的主要矛盾和问题不分家，就是政治工作要和企业实际不分家。

二、做法与成效

（一）主要做法

1. 坚持三条理论创新基本原则

即继承传统优秀的，借鉴外来先进的，创造自己特色的。这三个原则的内涵在"第一个特色：文化是灵魂"中已经阐述，此处不再赘述。

2. 遵循"实事求是"的基本原则

汪海认为，作为共产党人来讲，不管是什么思想、什么理论、什么主义，之所以能够被社会认可，能够推动历史发展，引导事业前进，都是遵循了"实事求是"这个基本原则。大至国家社会，小到企业个人，都偏离不了这个轨道。

作为双星来讲，同样也违背不了这个规律，同样也是本着"实事求是"的原则创立了双星市场理论，换句话说，双星市场理论的核心就是"实事求是"。正是在这一基本原则指引下，在进入市场初期，在当时集团账面上分文不剩、发工资借贷无门的艰苦条件下,在社会由"精神代替一切"的极"左"思潮向"金钱高于一切"的极右思想过渡条件下,在人们精神恍惚、失掉信仰、徘徊不前的历史条件下,作为劳动密集型,而且负债大、欠账多的微利国有企业来讲,面对这种局面,在精神方面继续得到发扬、物质方面逐步提高的前提下,要想生存、要想发展,更重要的是要创造一套符合现实的理论来武装人们的头脑、指引我们前进。同时,在实践当中过去不承认的私有制、市场经济、价值规律、资本市场等,现在全都认可了。观念变了,理论不变行吗? 正是基于这种思考与压力之下,在改革实践当中,汪海以"敢为天下先"的胆识与魄力,通过反思维的创新,在当时别人不认可、不理解,甚至看着不顺眼的条件下,逐步创造了一套符合双星发展的理论,可以说双星之所以能够在商海大战中取得成功,正是得益于汪海所创造的这套具有双星特色的社会主义企业的市场理论。

3. 坚持产生于实践,又指导实践,实践是检验理论真理性的唯一标准

汪海创建的双星市场理论不是凭空捏造出来的,它是在现代市场经济的客观条件下,在双星人进入市场的实践过程中,在总结双星人参与市场竞争胜利和挫折的经验教训后逐步形成和发展起来的,是全体双星人共同的财富,它来源于市场,实践于市场,并且是经过三十多年的实践证明是正确的理论,是符合双星实际的理论。因此,双星市场理论具有现实的指导意义,是双星企业和双星人最宝贵的精神财富。也正是由于他们具备了符合自身发展的理论,使得全体双星人在工作当中精神有支柱、行动有方向、干劲有保障,并迅速完成了由计划经济向市场经济过渡的全过程。

汪海的理论创新实践论证了一个道理:没有理论、没有思想的企业,就是没有方向的企业;没有理论、没有思想的企业,就是没有希望的企业。所以说,双星市场理论的诞生不仅是宏观形势对他们的要求,更是市场发展对他们的要求,也可以说是被市场逼出来的。

(二) 主要效果

汪海总裁是一位具有超前意识和创新胆识的企业家,是在中国改革开放的大气候下,执著地以一个共产党人的崇高责任感和使命感苦苦探索新思想、新理论的成功者,是中国企业界少有的理论家。

汪海创造的企业管理理论很多,这些理论还被编辑成厚厚的几大本书,这里选择几段精辟论述以飨读者。

1. "ABW 论"

很多人热衷读"MBA",汪海看来不如学"ABW"。在英文 26 个字母中,"A"是第一个字母,就是要"敢为天下先",创造最好、创造一流。"B"拆开来,由"1"和"3"组成,"1"代表企业家要顶天立地,要有鲜明的个性;"3"好像一个人俯身弯腰,即企业家要身先士卒、扑下身子,脚踏实地、认认真真地工作。"W"状似雄鹰,要做搏击长空的雄鹰,不随波逐流。

做鞋的国有企业为什么大多数都垮了台,而双星却能够生存、发展、壮大?关键在于企业家。企业家要结合中国社会、市场、政治、民族、经济、行业等的实际情况,特别是要结合企业自身情况的变化和特点来管理,而不能照抄照搬西方的管理理论和模式。

2. "市场论"

双星以市场为导向,从具有中国特色的国有企业管理实际出发,创造了现代化的企业管理理论,提出了"市场是企业的最高领导,市场是检验企业一切工作的标准"的"市场论"。

双星革了计划经济体制下企业只管生产、不顾销售、不问市场的旧观念的命,树立了"市场是企业的最高领导"、"市场是检验企业一切工作的标准"的市场意识。早在 1984 年就以企业名义召开新闻发布会和新产品订货会,率先下海,进入了市场。

80 年代初,中国由计划经济转向市场经济的体制转轨尚在酝酿中。当时农村已经开始联产承包,城市还没有一家国有企业敢于进入市场。当时双星集团的前身——青岛橡胶九厂的产品大量积压,上级主管部门和商业部门都不管。在走投无路的情况下,他们毅然越权闯进市场,成为中国国有企业走向市场经济的先行者。在自己闯市场的同时,也带动了一批先觉的企业走向市场。

双星市场理论是双星人理论创新的杰出成果,是双星企业和双星人最宝贵的精神财富,是双星员工的行动指南,它不断地激发活力、激情和斗志,它所产生的凝聚力和向心力,对双星人的思想和行动起到了重要的引导作用。

3．"规律论"

汪海认为，很多国有企业搞不好，有历史的原因，有现行体制的原因，很复杂，究其原因，是长期以来在人们的意识中形成的误区，这个误区概括起来，主要是违背了三个规律：一是违背了科学社会主义这个规律。对社会主义首先要从本质上来认识。邓小平说："社会主义的本质，是解放生产力，发展生产力，消灭剥削，消除两极分化，最终达到共同富裕。"①社会主义的本质决定了社会主义经济制度的特征，符合并反映社会主义本质、发挥了社会主义优越性的才是社会主义经济制度，否则就不是。二是违背了市场规律。实践证明，政府控制市场必然失败，企业没有了自主性，也就没有了责任感。政府在市场经济条件下也应转变意识和职能，掌握市场规律，理顺政企关系，把宏观调控与市场经济有机的结合起来。三是违背了行业规律。每个行业都有自己的运作规律，但我们很多企业的领导并没有真正去研究和掌握，不研究市场，不掌握行业规律，很快就会垮掉。双星80年代开始"出城"转移到郊区，90年代又"上山下乡"向贫困地区转移，这些战略决策都是遵循了行业规律乃至国际制鞋业发展规律之所为，从而客观上起到了扶贫的效果，也实现了企业可持续发展。

4．"猫论"

汪海说："我在双星集团总部、生产基地大门口、双星连锁店门口，不放石狮，而是放了一黑、一白两只猫的雕塑。一只是正紧紧抓住老鼠、眼睛仍瞪着前方寻找新目标的'黑猫'，另一只是任由老鼠在脚边安然端坐却无动于衷仍口若悬河的漂亮的'白猫'。为的是什么？我就是要宣传'不管白猫黑猫，抓住老鼠就是好猫；不管说三道四，双星发展是硬道理'的企业理念。"可以说，这两句话淋漓尽致地道出了双星人的企业发展观。正是这一管理哲学指导了双星的改革实践，使一个资不抵债的亏损小厂发展成世界鞋业里实际生产规模最大的跨国集团。

对企业来说，国有企业要发展，关键是解决国有企业领导班子问题。企业家要成为一只"好猫"，就要积极主动去捕抓"老鼠"，抢抓机遇求发展。对双星

---

① 邓小平："在武昌、深圳、珠海、上海等地的谈话要点"，《邓小平文选》（第3卷），人民出版社，1993年10月，第373页。

的骨干来说，不是犯了错误才下去，而是干不出成绩就要被淘汰；对双星员工来说，干出好活就是好"猫"，双星为每名员工创造了平等的机会，只要胜任、能干出成绩，农民工也可以当厂长。

企业要发展，企业家就要做"黑猫企业家"。"双星猫"是双星企业文化的独特代表，而成熟市场的竞争最终体现为文化的竞争。双星的文化经营造就了一方市场，拉动了经营，促进了企业发展。

5."三民观"

面对世界经济一体化，一些专家学者和个别高官提出"不要再提民族工业了，中国做世界的加工厂就行了"。他们没有看到中国现在的情况和30年前已经大不一样，我国不仅是一个大国家，拥有13亿人口的大市场，而且是全世界最优秀的民族之一，目前，我们经济上又有了一定的实力，工业水平也有了很大提高，在这种情况下，我们必须以全新的理念和眼光来看待企业的发展目标和国家经济的发展方向。因此，中国首届优秀企业家、一位具有强烈民族责任感的企业领军人物、一位经历了中国改革开放全过程并在这个过程中一直站在前沿阵地拼杀取得巨大成就的实践者和成功者，双星集团总裁汪海提出了"民族精神、民族品牌、民族企业家"在这个变革时代的重要性，提出要振奋民族精神、创造民族品牌、培育民族企业家队伍，以此发展民族工业、振兴民族经济。汪海所提的"民族精神、民族品牌、民族企业家"的观点被媒体称为新时代汪海的"三民观"，认为对引导目前中国的意识形态和长远的经济发展具有深刻的现实意义和深远的历史意义。

民族精神就是具有强烈的民族责任感和自信心，它是民族尊严的标志，是民族进步的灵魂。无论在什么时代，民族精神都是鼓舞人民奋斗的原动力，是一个国家、一个民族的灵魂。那么，在当今时代又怎么体现民族精神呢？汪海提出"在市场商战中，发扬民族精神、振兴民族工业、创造民族品牌就是最大的爱国，就是民族精神最好的体现"，确立了双星在市场经济中的航向。

民族品牌是支撑民族工业的主要力量，民族品牌是民族经济振兴的标志，民族品牌体现民族精神，民族品牌代表民族形象，民族品牌维护民族利益，民族品牌体现民族尊严。因此，我们也必须创造自己的民族品牌。

民族企业家是民族精神的体现者,是民族品牌的缔造者,是民族工业的掌舵人。我们应该充分认识民族企业家对于振兴民族经济的重要作用,建立一套有利于民族企业家成长成熟的体制机制,保护我们的民族企业家人才,培育民族企业家队伍。只有在民族企业家的带领下,才能振奋民族精神、创造民族品牌、发展民族工业、壮大民族经济。

6."矛盾论"

50年代,毛泽东主席发表了著名的《矛盾论》。在市场经济条件下,双星把毛主席的矛盾论发扬光大,并用在市场上。汪海认为:

首先,在市场经济中,矛盾是客观存在的,是无法回避的,是一种正常现象。我们在竞争中遇到的一切难点都是矛盾,在工作中遇到的一切问题都是矛盾,无非这些矛盾有别于阶级矛盾和敌我矛盾等以阶级斗争为"纲"的矛盾。这些矛盾处理好了,是人民内部矛盾;处理不好,就有可能使小矛盾变成大矛盾,大矛盾不断发展恶化,出现更大的问题和矛盾。

其次,在市场经济中,矛盾的表现形式是多方面的,并且具有辩证性。有内部矛盾和外部矛盾,有主要矛盾和次要矛盾。具体到企业当中,有生产与经营的矛盾,也有质量与产量的矛盾;有供应与资金的矛盾,也有价格与成本的矛盾;有管理与处理人、解决人的矛盾,也有市场与技术设计和研发的矛盾。一句话,有企业不适应市场时产生的矛盾,也有企业适应市场后出现的新矛盾,但凡事都有规律性,包括矛盾也如此。这就要求大家在解决处理企业产生的矛盾时,一定要按主次去解决、按规律去操作。

最后,在市场经济中,企业本身就是一个小社会,而且由于竞争、生存、生计等因素的存在,大家有不同的观点、不同的看法,甚至对某一个人有不同的认识,产生一些不同的说法,这都是正常的,但这不是矛盾。

总之,在市场经济中,有外部矛盾和内部矛盾,特别是当外部矛盾和内部矛盾发生冲突时,我们首先要解决处理好内部矛盾;而内部矛盾当中,又有主要矛盾和次要矛盾,这时我们就要抓住主要矛盾,解决处理好主要矛盾,主要矛盾解决了,次要矛盾也就迎刃而解了。如果分不清主要矛盾,什么矛盾都想抓,结果什么矛盾都解决不了,而且是越抓越乱,可以说,解决处理矛盾的水平,也是衡量我们每一位领导、每一个骨干能力大小最好的"试金石"。

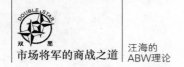

7. "三情论"

汪海对双星的领导、管理骨干和广大员工,论述了市场经济条件下感情、热情、激情的标准和要求。他认为:感情是基础,热情是表现,激情是升华。一个人只有对企业有感情,对工作有热情,对岗位有激情,企业才能不断发展壮大,越做越强。

感情、热情和激情,是搞好企业管理、保证产品质量、降低生产成本最基本的条件,是衡量企业有没有正气和活力、有没有竞争力和战斗力最基本的标准,是在市场经济中每一个基层管理骨干都应该大力提倡和发扬的东西。缺乏感情、热情、激情,企业就会缺乏生机和活力。

市场如战场,竞争如战争,在市场的商战中,要有不惧怕竞争对手、竞争一定能成功的信心和决心。因此企业要不断教育领导、管理骨干和广大员工,在市场竞争中树立好、结合好、运用好这"三情"——增强名牌感情、提高工作热情、提升工作激情,精神抖擞,朝气蓬勃,带着对企业的感情、热情和激情投身到自己的实际工作中去。

8. "三性论"

作为企业家要认识到党性、人性、个性三者之间相辅相成、不可分割的整体关系。

所谓"党性",从大的方面来讲,是阶级性最高、最集中的表现,是执政党的一种政治纲领和政治需要。具体到共产党而言,就是无产阶级阶级性最高、最集中的表现,比方说共产党提出的"无私无畏、勇于奉献,为共产主义奋斗终生"等,都是为了全心全意为人民服务的政治需要所确定的目标,尽管不是每个人都能达到的,但却是所有共产党人的努力方向,这就是党性。

谈到人性,就不能回避一个"私"字、一个"情"字,而这往往又是人们最忌讳、最不愿意谈,甚至感到最神秘的东西。企业家还要讲人性,因为人是一个有着丰富情感的高级动物,所以对人的管理,就不能只用一种办法或一把尺子。除了硬性的规章制度的约束、道德管理的要求之外,还要有善意的说服教育,还要给他温暖、给他情感,做到"无情的纪律,有情的领导"。所谓有情的领导,就是要尊重人、关心人、理解人、体贴人。

个性是个人特有的能力、气质、兴趣、性格等心理特性的总和，是在一定社会环境和教育的影响下，通过长期的社会实践逐渐形成和发展起来的。个性不光有以上解释所赋予的含义，它更是一个人与生俱来的性格和秉性。将个性与不听话、骄傲自满、蛮干、胡干、乱干混为一谈是极其错误的，也是不公平的。个性的东西是一个人才能和智慧、职位和才干的体现，它不光要求你具有超前意识，更要具有冒险精神，其目的就是为了创出一番事业，走出一条新路，体现自身价值。个性的东西绝对是一个企业家能否走向成功的关键所在。

人性可以体现善良友爱，凝聚人心；个性可以推动人类发展，社会进步；党性则是确保人性和个性有序发展，不越界、不犯法、不出格的保证。作为企业家要认识到党性、人性、个性三者之间相辅相成、不可分割的整体关系，努力平衡、把握好三者之间的关系，在为党的事业奋斗的过程中，真正体现出自己的人生价值。

9. "三赢论"

汪海认为企业发展要始终坚持利国、利企、利民的"三赢"。双星在20世纪80年代初确立"爱厂、求实、拼搏、兴利、开拓、前进"的企业精神时，第一个提出了"兴利"的目标，冲击了计划经济的陈旧观念；在别人争着进城时，第一个开辟出"东部发展、西部开发"的广阔大道，进入沂蒙山，并相继在全国各地建起了二三十个生产基地，形成了覆盖全国的大框架，变国家的"输血"扶贫为企业的"造血"扶贫，不仅找到了企业的发展空间，而且结出了扶贫的累累硕果，为劳动密集型制造加工产业找到了一条新的发展思路。这也说明，要搞好自己的企业，发展民族品牌，做大民族品牌，就必须增强社会责任感。

10. 市场经济的"孝、忠、义"

"孝、忠、义"是中国传统优秀文化——"儒、道、佛"文化的核心，是中华民族特有的一种文化表现形式，是构建、维系血缘关系和社会关系的一种特殊情感。五千年来，"孝、忠、义"的观念规范着人们的行为，是中华民族的宝贵精神财富和道德良心之本。

"孝、忠、义"的继承和发展不仅是当前构建和谐社会的需要，更是市场经济健康发展的需要。我们看到：在中国由计划经济向市场经济转型的过程中，由于"孝、忠、义"传统道德的缺失,导致一些人的精神信仰和理论追求出现混乱,一切向"钱"看、一切以利益为纽带成为当时人们做人做事所遵循的标准,代替甚至超越了人品、道德和良心。我们认为,市场经济的发展不仅需要现代化的技术和管理,更需要以"孝、忠、义"为核心的职业道德水准的提升,没有"孝、忠、义"良好道德风尚的市场,只能是一个没有公平竞争的市场,是一个充斥着欺骗和讹诈的市场,因此"孝、忠、义"的继承和发展是市场经济的必然要求。

11. "老虎论"

中国加入 WTO,国外品牌大量涌入,很多人喊"狼来了",汪海却喊出了"我是老虎我怕谁?"

在中国加入 WTO 之际,街头巷尾大报小报动辄称中国人世就是"狼来了"。而汪海认为,中国人力资源丰富,劳动密集型产业是中国的优势产业,加入 WTO 对于中国并不可怕,尤其是制鞋行业,只要加强管理、改进技术、提高效率,完全可以跟国外名牌一竞高低。

靠着"老虎论"这个支撑,精神不倒,双星屹立于国内外市场。双星借鉴了邓小平同志提出的"农村责任制"的做法,把岗位变成每个人的"责任田",实现了员工"自己管理、自己算账、自己减人、自己降耗"的"四自一包";建立了股份、个体、国有多种所有制的市场经营构架,形成了参与市场竞争的强大合力。

12. "代言论"

企业请"代言人"是当前市场经济形势下各企业竞争的一个有效手段。在前几年,当通过请形象代言人树立企业形象、推广企业品牌成为一种潮流的时候,汪海喊出:"我就是双星最好、最真的形象代言人。"当有记者问汪海:"你不怕年轻人不穿你的双星鞋吗?"他回答:"肯德基的代言人就是个老头,难道全世界的人都不吃肯德基了吗?"又有记者问:"为什么中国改革开放三十多年了,一些企业今天是明星,明天是流星,后天就不见了?"汪海告诉记者:"名牌不是请形象代言人请出来的,而是企业家干出来的,是广大骨干员工做出来的,是在市场上卖出来的。"

企业家是品牌的缔造者,为什么不能做企业的"代言人"呢! 双星坚持企业家就是品牌最好的形象代言人,独辟蹊径,用政治广告、单品种广告树形象取得了巨大成功,颠覆了企业必须依靠商业广告创牌子的传统模式。

13.“大质量论”

早在 1986 年,汪海就提出了“大质量”的概念,大质量包括产品质量、工作质量、服务质量。产品质量指的是产品的好坏,是否适合社会和人们需要所具备的特性,它包括内在质量和外观质量;工作质量指的是工作的好坏,是企业各方面工作的质量水平,它是产品质量的保证和基础;服务质量指的是服务的好坏,是按照用户的需要设计、制造出用户满意的产品,并在用户购买和使用过程中做好服务工作。

质量是全员性的、全方位的。产品质量反映企业整体管理水平,是检验工作质量、服务质量的标准;工作质量是核心、是重点、是关键、是大局,它和服务质量是产品质量的保证和基础。这三个质量相辅相成,互为联系,缺一不可。

14.“大科技论”

“大科技”是什么? 大科技就是管理科技、政工科技及技术科技三者并举,达到最佳时所表现出的科技,三者是相辅相成,缺一不可的。大科技的概念还包括行业科技,每个行业都有自己不同的科技,生产厂有科技,配套厂也有科技,二产有科技,三产也有科技。只有在抓了大科技的基础上,才能充分发挥科技优势,我们才会在市场竞争当中立于不败之地。

发展科技必须同新的思想、新的意识、新的思维、新的方法、新的管理、新的技术、新的工艺、新的设备进行综合配套。

就习惯意义上的技术而言,不管是工艺、配方、设备、原材料,还是医疗、基建,称为技术上的科技;就企业管理的方法、手段,企业体制、机制调整转换而言,称为管理上的科技。企业的各项生产经营管理活动都存在科技进步,双星集团之所以能取得巨大的成就,同双星把技术与管理都放在科技的观点下,使三者有机结合息息相关。

15.“大创新论”

双星人的“大创新”涵盖了理论创新、政工创新、管理创新、技术创新、经营创新、市场创新、服务创新等企业发展的方方面面。双星人革了计划经济守旧思想的命，提出了"今天不创新，明天就落后；明天不创新，后天就淘汰"、"岗位是市场，竞争在机台，全员都创新"的创新理念，创造了"全员创新、团队创新、联合创新、深层次创新、捆绑创新、渗透创新"的创新模式，"打响商战中创新的人民战争"，实现了从理论创新到创新意识、创新对象、创新模式、创新组织形式、创新内容的新变化，激发了员工的创新潜能。

双星全员创新，一是打破了创新的神秘感，实现了"岗位是市场，竞争在机台，全员都创新"，一场商战中的群众性的、人人参与的"人民战争"打响。二是打破了旧传统、旧模式、旧方法。通过创新，使许多过去根本不敢想、根本不可能、根本办不到的事，不仅敢想了、可能了，而且办到了，外国人能造，我们就能改。

16."三七论"

市场经济条件下，当制造加工业企业的技术水平达到一定高度后，再想提高潜力不大时，汪海认为"市场无止境，名牌无终身，管理无句号"，提出了"三分靠技术，七分靠管理"的"三七论"。

汪海针对中国制造加工业的管理现状和管理实际，针对双星是劳动密集型制造加工业企业的情况，认为"管理的对象首先是人"、"人是兴厂之本，管理以人为主"，提出了"软橡胶，硬管理；硬机械，细管理；小商品，抠管理"、"内部承包股份制"、"精细化管理"等管理新理论，带领双星人敢于彻底冲破计划经济的管理旧体制，创造了市场经济管理新模式，使企业的整体面貌和综合管理水平进入中国乃至世界的前列。

17."红专论"

市场经济的"红"，首先是热爱企业、热爱岗位、热爱名牌，为企业和名牌乐于献身、甘于奉献，这是"红"的基本标准和条件。端的是企业的碗，吃的是企业的饭，拿的是企业的工资，唯一的选择就是要与企业、与名牌紧密联系在一起，要热爱名牌、忠于企业，这就是市场经济中"红"的表现。除此之外，市场经济中"红"的核心是敢拼搏、敢竞争的精神，是在困难面前不低头、敢和强手对着干的士气。假如没有这种精神，没有这种士气，什么事情都干不好、干不成。

市场经济的"红"和"德"是相通的。要想达到"红"的标准，必须把好道德关，领导和管理骨干在工作中，一定要主持公道，坚持正义，树立正气，带好作风，从思想作风和道德素质上真正具备"红"的条件和标准。

市场经济的"专"和"才"是相辅相成的。只有"专"，才能体现出自己的与众不同；只有"专"，才能创造出自己的独有特色；只有"专"，才能体现出比别人的高明和优秀。从技术角度讲，"专"的概念主要是指：掌握了别人没有的核心技术，有自己独特的产品或设计，在制造上精通别人做不到的，这才是真正的核心竞争力。

在世界鞋业里，双星的管理之所以能叫同行信服，之所以能够创出自己的特色，就是因为拥有管理一流的工厂，管理上做到了"专"，达到细、精、认真、严情结合。

18."六多论"

"六多"即多口岸、多渠道、多形式、多客户、多品种、多方法。在80年代中期，双星在积极开拓国内市场的同时，把目标瞄准了国际市场，先后在美国、欧洲、中东地区建立了十几个海外公司，出口的鞋如果连接起来可以围绕地球绕几圈，双星把中国鞋业品牌的新闻发布会开到了纽约，把中国鞋文化演示到了德国，在新加坡的论坛上作了把中国传统文化用于企业管理的演讲。1995年，汪海被美国名人传记协会和国际名人研究会评为该年度"世界风云人物"。

19."关联论"

90年代中期，汪海就从中国乃至世界范围内汽车行业的发展趋势中，看到了轮胎广阔的发展空间。尽管不少人向汪海提议：双星应当在互联网高科技领域和汽车领域有所作为，但他提出了"不熟不做"的品牌扩张理念，提出双星新的效益增长点必须是熟悉的橡胶制造业。随着人们生活水平的提高，汽车需求量的增大，汪海认为轮胎市场大有可为，于是毅然决策：投资轮胎。

双星从给人做鞋到给车做"鞋"，短时间内就使双星轮胎进入国内同行前列，关键是双星发挥名牌、文化、资金等优势，准确把握战略调整机遇，看到给人做鞋和给车做"鞋"二者的互补优势，具有明确的增值取向。这说明作为劳动密集型传统产业的国有企业,要存活必须做大市场,找准机会,突围到技术含量高、附加值高的领域,稳步实现产业升级,实现企业迅速做强的目标。

20. "两手论"

双星之所以横跨23个行业都发展、都成功,就是较早地认识到市场经济更要讲政治,要以市场的观点重新认识政治工作,将经济发展规律和企业实际有机结合;就是较早地运用和掌握了马克思创造的政治经济学,做到一手抓政治、一手抓经济,两手都要抓、两手都要硬,依靠双星独特的企业文化,凝聚了团队精神,树立了团队正气;就是始终坚持从实践中总结的"三句话":继承传统优秀的、借鉴国外先进的、创造自己特色的,"八个字":实事求是、行善积德,"三个经":政治经济学的"经"、一切以市场为中心的"经"、越是我们自己的越是最好的"经"。正是双星传承了马克思的政治经济学,充分发挥政治工作优势,才能在激烈的市场竞争中不断创造发展新的奇迹。

21. "升级论"

汪海认为,管理的深化是有限度的,面对更加严峻的市场形势,要想在竞争中占有优势,必须要靠技术的不断升级。

他还认为,真正的技术是市场逼出来的,是产品暴露的问题逼出来的。可以说,分析解决产品质量问题是提高技术水平最直接、最有效的途径,也是目前实现技术升级的最好方法。

技术升级要从管理技术、工艺技术、操作技术、研发技术四个方面入手。应该看到,研发成功并不等于技术成功,技术的最终检验标准是产品,产品的检验标准是市场,只有得到市场的认可才是真正的技术成功。因此,我们必须要了解市场的需求,掌握市场的变化,一切研究都要围绕着市场进行,与市场接轨,根据市场需求来搞研发、调配方、搞设计,同时要注意整合全集团的技术资源,把这些综合技术充分运用到所有产品中。

市场无止境决定技术无止境,技术升级的步伐永远不能停止,要做到升了再升、改了再改、创了再创,真正做到"材料是最好的,结构是最佳的,工艺是最好的,设计是最合理的,产品也是最好的"。

三、典型实例

（一）理论创新：双星"九九管理法"①

在刚刚改革开放的80年代，国外的先进管理方法还没有被广泛推广，国内适应市场化的企业管理还没有成型的可以借鉴的经验。

企业不能搞无政府主义，更不能处在"无管理"状态，汪海为了解决生产管理现场混乱的问题，提出了"定置管理"，意思就是职工必须掌握每一个生产环节的工作情况。随后，他又创造了"投入产出一条龙管理法"：要求员工把各种原材料、鞋帮、鞋楦及各种工模具从数量、性能到放置的位置的线路一一核准无误；生产流程中推行数字跟踪卡、技术跟踪卡，每条生产线、每个班组在鞋的有关部位标明各自的标记……这一整套厂规厂纪、管

→ 1988年，双星第一个总结出企业的管理理论——双星"九九管理法"，被中国科学院编写为《双星之光》，成为全国推广的十大管理法之一

理标准有255项1 561条，技术标准有42项233种，251个岗位有各自的形象标准，29个部门有各自的部门精神。一位台商到双星参观后连声惊叹：双星的管理真是细到家了。

汪海在管理上经过不断地摸索、总结和改进，使管理上了新台阶，特别是独具特色的双星"九九管理法"，终于在他手中"百炼成钢"。这套崭新的管理办法有着如此丰富的内涵：

"三环"求新路。"三环"是指"继承传统的，借鉴外国的，创新自己的"。通过三环相套，使企业走一条创新之路。"三轮"求效力。"三轮"是指"思想教

---

① 赵晏彪：《汪海三十年》，人民出版社，2008年3月。

育、经济手段和行政措施"。通过三个轮子一起转，使企业发展见成效。"三原则"求效应。"三原则"是指"教育人办实事，一体化全方位，民主开放增加透明"。通过"三原则"，要求职工踏实工作、顾全大局、团结上进。

汪海用这"三环"、"三轮"、"三原则"构成"管人"的经线，而用"三分"、"三联"、"三开发"构成了"管事"的纬线。

"三分"增活力。"三分"是指"分级管理、分层承包、分开算账"。通过"三分"，明确成本和效益的关系。"三联"增实力。"三联"是指"加工联产、销售联营、股份联合"。通过"三联"联合外部力量，发展企业规模。"三开发"增竞争力。"三开发"是指"人才开发、技术产品开发、市场开发"。通过"三开发"，使企业增后劲。

这样一个经纬交织的"九九管理法"构成了一个纵横交错、条理清晰的科学管理体系。这套体系使双星在成本管理、人员管理、技术创新等方面都有了标准和规则，也正是这套实用的、高效的管理方法，使双星走上了市场化经营管理的轨道，在很多企业还不清楚现代管理是怎么一回事的时候，双星已经运用自如了。

汪海创造的这一套实用、先进的管理方法，最初报到企业管理协会参加评比，竟然没通过审查。领导们说，这里头没有吸收借鉴日本，也没有吸收借鉴美国，更没有吸收借鉴德国的经验，所以不能被评为先进管理方法进行推广。汪海一听，当时就火了："我们这个民族有优秀的文化，我们有自己的工业道路，有自己的企业管理模式。我们总结的怎么能比外国人的差呢？我们这一套比'小日本'的好，比外国'大鼻子'的更好。我们为什么非学他们的？"

企业管理协会的人劝他说，只要加上一些"日本的经验"就可以继续参加评选了。汪海斩钉截铁地说："不加！我们双星管理经验里就是没有日本元素。我只知道日本人是在学习我们的管理方法，比如'两参一改三结合'，工人参加管理，干部参加劳动，这是'两参'；'三结合'，是指干部、工人、工程师三结合。日本人是靠毛泽东的这套方法，再加上武士道精神才搞起来的。我们双星的管理方法、双星的精神，是中华民族自强不息的一种志气、一种士气，不能改、不能加，你们爱评不评。"

在那个时代，评选活动是一个官本位的东西。结果，双星的这套管理方法第一批真就没被评上先进管理法。但是,这件事却让汪海坚定了弘扬民族文化的决心,他从骨子里不崇洋媚外。他说,"连美国我们都不怕,还怕日本吗? 一个民族如果不知道弘扬本民族的文化而只是一味地把别人的东西当成经典,崇洋媚外,那么这个民族还有希望吗?!"

几年后,这一套管理体系深深折服了前来调研的中国社会科学院工业经济研究所的专家们。他们在专题考察报告《双星之光——青岛双星集团公司经营管理考察》中,对"九九管理法"给予高度评价,认为是具有中国特色的企业管理方法,丰富和发展了社会主义市场经济理论体系。中国企业管理协会、中国企业家协会这才将其列入了向全国推广的 22 种现代管理方法,在全国的企业界进行推广。

（二）汪海的企业管理百科全书

三十多年来,汪海在领导双星集团改革和管理的实践中,为了解决实践中提出的新问题,大胆地、创造性地进行理论创新,提出了许多新观点、新理论和新思路,既解决了改革和管理中的新问题,又作出了杰出的理论贡献。这些理论成果,集中汇集在他的管理著作中,主要代表作有:

→汪海总裁的治厂之道被编著成多部书籍

（1）汪海:《市场·企业·创新》(36.5 万字),人民出版社,1995 年 9 月。

（2）汪海:《市场·企业·名牌》(35.6 万字),人民出版社,1997 年 9 月。

（3）汪海:《潇洒的奥秘——双星》(四卷)(108.6 万字),黑龙江人民出版社,2001 年 9 月。

（4）汪海:《市场是企业的根》(47.7 万字),社会科学文献出版社,2010 年 2 月。

其中,《潇洒的奥秘——双星》,更是汪海企业管理新理论的总汇。在这部 100 多万字的巨著中,涵盖了汪海如下 15 个方面的论著:(1) 双星论坛;(2) 双星改革发展创新论;(3) 双星市场政治论;(4) 双星市场管理论;(5) 双星市场营销论;(6) 双星科技管理论;(7) 双星质量管理论;(8) 双星名牌管理论;(9) 双星人才管理论;(10) 双星国际市场论;(11) 双星财经管理论;(12) 双星宏观管理论;(13) 双星基础管理论;(14) 双星生产管理论;(15) 双星三产管理论。

四、专家点评

伟大的导师列宁早就指出:"没有革命的理论,就不会有革命的运动。"[1]

双星成功的经验证明,搞革命离不开理论指导,搞建设、办企业,同样也离不开理论指导。汪海说得好:"在每一个历史时期都应该有符合本时期的理论作指导,理论在社会发展当中的作用是不可估量的。市场政治理论指导市场经济实践,市场理论不更新,企业不会再发展。"

他还说:"没有理论、没有思想的企业是没有希望的企业;没有理论、没有思想的骨干是没有希望的骨干;没有理论、没有思想的员工是没有希望的员工。如果没有好的思想理论,事业就没有方向,不但不能成功,甚至可能惨败。"

汪海不但说得好,重要的是做得更好。在企业发展的每一个转折关头,他都会超前提出自己的理论见解,为双星的管理创新提供理论指南。

汪海不仅重视理论创新,更重视用他的新理论教育骨干和员工,武装骨干和员工的头脑,使双星人思想统一、意志统一、行动统一,这是双星能够创造奇迹最重要、最深层的原因,也是一些企业家与汪海相比最大的差距。在重视理论创新,用科学、正确的理论指导企业改革和管理方面,汪海是中国企业家中的一个杰出典范。

---

[1]　列宁:"怎么办?"《列宁选集》(第 1 卷),人民出版社 1965 年版,第 328 页。

第三个战术：
战略是龙头

战略是龙头

应想到十年以后企业怎么发展。企业家必须有胆识，做事必须超前，必须敢冒风险。企业家不可能和员工一样，也不可能在领导班子成员都同意时才作决策，等到大家都同意的时候，商机已过，为时已晚，市场如战场就是这个道理。

——汪海

1992 年 6 月，青岛双星集团公司成立，标志着集团战略调整的开始

1996 年，双星成为中国鞋业第一只股票挂牌上市的企业，标志着双星进入产业资本与金融资本相结合的发展新轨道

一、汪海语录

（一）双星宗旨

汪海说："我是个鞋匠,不研究'鞋门鞋道',哪行啊！想一想,原始人从猴群里走出来时,脚上哪里有鞋？后来要走路,要劳动,这才有了鞋。所以说鞋是人类文明的最初标志之一,它使我们的先人摆脱了原始的愚昧。正如人类的历史在不断发展一样,人类走路所穿的鞋子也在不断变化,先是树皮鞋,以后又有了草鞋、木屐、布鞋、皮鞋、胶鞋……别看鞋不起眼,上至王公贵族、总统首相,下至黎民百姓,谁不穿鞋？再想想,在人的穿戴中,鞋是最底层的,所以忍辱负重、舍己利人就是鞋的品格。那么,我们呢,就记住一条:'有人就穿鞋,关键在工作'。"

（二）双星发展战略的内涵

- 立足山东、面向全国、冲出亚洲、走向世界。
- 双星市场经济三战略:多元化经营战略、全球化市场战略、名牌发展战略。
- 西部开发、东部发展。
- "二产"大调整、"三产"大发展、连锁店大建设,做大做强双星名牌。
- 名牌是市场经济的"原子弹"。
- 进高端、树形象、卖品牌。
- 高端要抢,形象要树,大众化不丢。
- 树百年品牌,建百年老店。
- 发展体育事业,振兴民族品牌。

（三）怎样实施企业战略

- 双星发展遵循的三个规律:加工工业变迁规律、市场经济自身运行规律、社会发展和人类进步规律。
- 应想到十年以后企业怎么发展。企业家必须有胆识,做事必须超前,必须敢冒风险。企业家不可能和员工一样,也不可能在领导班子成员都同意时才作决策,等到大家都同意的时候,商机已过,为时已晚,市场如战场就是这个道理。

- 多为名牌想办法,少为失误找理由。

（四）创民族品牌的重要意义

- 没有名牌的企业是没有希望的企业。名牌是财富、是双星人的金饭碗、是市场经济中的"原子弹"。

- 创名牌是市场经济中最大的政治,创名牌就是最好的爱国家、爱民族、爱企业、爱岗位。

- 在现代商战中,要依靠经济实力说话,谁的经济实力强大,谁就主宰这个世界,谁就掌握了话语权。而品牌又是经济实力的代表,民族品牌可以说代表一个民族的尊严。因此,市场经济越成熟,品牌竞争越激烈。

（五）怎样创造和发展民族品牌

- 树立民族志气、弘扬民族精神、创造民族品牌。

- 用做人的标准对待名牌,用自己的良心做好名牌。

- 创民族品牌应该是一项全国性、全民族的行为,是一项从上到下都必须高度重视和认真对待的行为,不管是哪个企业、哪个行业,创出的品牌首先是国家的、民族的,既然是国家的、民族的,就需要全社会的关心和支持。企业要创出民族品牌,政府要支持民族品牌,商家要推销民族品牌,新闻界要宣传民族品牌,国民要热爱民族品牌,专家学者要研究民族品牌。

二、做法与效果

（一）主要做法

汪海从小就有"将军情结",立志长大了到部队当一名将军,报效祖国。可是命运的安排,让他无奈放弃了将军梦。阴差阳错,他转业到地方后,却缔造了双星名牌,成了驰名中外的"市场将军",了却了自己多年的"将军情怀"。军旅的生涯使他熟知兵法,并能将"兵战"中的战略战术娴熟地应用于"商战"中,并屡屡取得惊人的效果。在双星发展的每一个转折关口,他都成功地为企业制定了科学、正确、超前、可行的发展战略。

1. 品牌的先驱者

早在 80 年代初期,在别人还不知道、不认识什么是名牌的时候,汪海就提出"创中国人自己的民族品牌",将创名牌作为一切工作的"纲"和最大的政治来教育、引导员工,并确立了名牌发展的三个阶段,即名牌初级阶段、名牌发展阶段和名牌高级阶段。

三十多年来,双星人找到了政治与经济的最佳结合点——创名牌,提出了"弘扬民族精神,创造民族品牌,振兴民族工业"的响亮口号,立志创中国人自己的世界名牌,最早实践着运用名牌、宣传名牌、推广名牌、发展名牌、壮大名牌之路,创出了市场经济的"双星新文化"、"双星新精神",成为实践"六早"的品牌先驱者。

(1) 最早提出名牌

改革开放初期,在中国人还没有名牌概念的时候,双星被逼进入市场,在遇到"橡胶九厂"被误听成"香蕉酒厂"的尴尬经历以后,让双星人悟出一个道理:参与市场竞争,企业需要名牌。1986 年,双星第一个在《人民日报》上发表文章呼吁"创中国人自己的名牌",并在中央电视台播出"双星创民族名牌"的系列报道(名牌后来统称为品牌)。双星将创名牌作为企业发展的目标,将创名牌与爱岗、爱厂、爱国联系起来,第一个提出了"创名牌是最好的爱国、爱企、爱岗"、"名牌是市场经济的原子弹"、"名牌是双星人的金饭碗"的名牌理论。三十多年来,双星人最早创造了一系列市场经济名牌的新文化、新理论、新思想、新观点,丰富和发展了社会主义市场经济理论体系。

(2) 最早运用名牌

改革开放初期,社会上出现了两个极端倾向:一是搞"形式主义的政治、僵化教条的政治、脱离实际的政治、空喊口号的政治";二是"不讲政治、不要政治,认为政治工作没有用"。双星人却坚信市场经济更需要政治,更需要精神,最早确立了"创名牌是市场经济中最大的政治"。双星人最早用民族品牌激发民族精神,用民族品牌凝聚员工队伍。1995 年,双星最先获得"全国驰名商标",成为制鞋业里唯一一个国家名牌。随后,双星又率先获得"专业运动鞋"、

"旅游鞋"、"皮鞋"、"轮胎"四个"中国名牌",成为橡胶行业唯一一家同时拥有四类中国名牌产品的企业。双星最早运用名牌,解决了市场经济中忽视政治引导、精神教育的思想倾向,解决了市场经济中政治工作的方向目标问题,用民族品牌实现了双星名牌战略。

（3）最早宣传名牌

改革开放初期,双星人最早以企业的名义在国内召开新闻发布会,得到国内外几十家新闻媒体对双星发展和新产品的宣传报道;最早以企业的名义在美国召开新闻发布会,汪海总裁"脱鞋打广告"的举动时隔近 20 年,参会的国外代理商还记忆犹新;最早在中央电视台播出 18 个人在一只大鞋上跳舞的创意宣传片,使"穿上双星鞋、潇洒走世界"的宣传语响遍大江南北;最早举办全国健康老人大会,将老人健身鞋赠送给百名将军;最早为中国女排生产专业排球鞋,为"马家军"生产"马家军"跑鞋;最早组建中国专业羽毛球俱乐部,成立双星篮球俱乐部,率先进军体育产业。双星通过这些举措,树立了民族品牌的新形象。

（4）最早推广名牌

在全球经济一体化的新时代,有些人和专家、学者认为:不必再提民族工业了,做世界的加工厂就行了。面对社会上崇洋媚外的重重阻力,双星人最早坚持推广中国人自己的民族品牌。1995 年,双星召开"名牌、名厂、名店"研讨会,呼吁:创名牌是全社会共同的事业,企业要创出民族品牌,政府要支持民族品牌,商界要推销民族品牌,新闻界要宣传民族品牌,国民要热爱民族品牌,专家学者要研究民族品牌。1996 年,双星向全国青少年发出倡议:从小树立国货意识,做国货的宣传和使用者,为中国名牌筑起"希望工程"。在 1996 年国务院发展研究中心组织的中国 21 世纪发展规划研讨会上,汪海总裁明确提出"21 世纪的中国首先要规划创出多少自己的牌子"。汪海总裁在北大、清华等高等学府的演讲中,在美国微软、APEC 论坛、达沃斯论坛、博鳌论坛的讲台上始终坚持弘扬中华民族文化。双星人立志把民族品牌推向世界赢得了对手的敬佩、行业的认可,用成功的实践为中华民族争取到了世界的尊严。

（5）最早发展名牌

中国改革开放的快速发展使制鞋业发生新的变化,面对外资企业最早进入中国市场,面对没有任何准入门槛,竞争极为激烈的制鞋行业,双星人最早向贫困地区转移,最早将产品延伸到其他行业,最早利用名牌运作多元化发展,成为世界上唯一拥有六大类鞋(硫化鞋、冷粘鞋、皮鞋、布鞋、注射鞋、专业鞋)、实际生产规模最大的制鞋集团。双星成功上市之后,选择了传统产业的轮胎作为新的经济增长点,通过并购青岛华青轮胎公司和湖北东风轮胎厂,实现了从给人做鞋到给车做"鞋"的转型,又延伸发展了机械、热电行业,创造了"小吃大、快吃慢、国有吃国有"的新奇迹。

(6)最早壮大名牌

进入新世纪,双星着力发展轮胎、机械、制鞋三大产业,最早壮大名牌,移植鞋业成功的文化、管理,注入资金、技术,发挥名企、名牌、名人的"三名"效应,成功改造了乡镇企业,让中国轮胎"四大家族"之一的原东风轮胎厂重振了雄风,在中国轮胎工业几乎全被世界轮胎巨头操控的今天,杀出一匹"黑马",创造了令中国人扬眉吐气的"双星速度"。双星机械则从原来一个粗放型企业,蜕变为一个有理论、有文化、与国际接轨的机械制造企业,为振兴民族基础产业作出了贡献。

三十多年来,双星人最早"提出名牌、运用名牌、宣传名牌、推广名牌、发展名牌、壮大名牌",解决了政治、经济"两张皮"的问题,解决了文化无用旧观念的问题,解决了我们市场经济世界观的问题,创造了市场经济的"双星新文化"、"双星新精神"。

2. 西进战略

即在山东省内,生产基地从青岛市的繁华闹区向青岛市郊区和山东省腹地(青岛市的西部)的沂蒙山区老革命根据地转移;在国内,生产基地从山东省向大西部、大西南地区转移。

3. 多元化战略

即以鞋业为依托,逐步延伸至轮

→1984年,双星第一个实施横向经济联合,短时间内在青岛周边和山东地区设立13个联营分厂,标志着双星开始"出城、下乡、上山"

→ 双星1992年就西进沂蒙，早于国家西部开发战略十年。
图为双星西部开发研讨会现场

胎、服装、机械、热电、印刷、三产配套等23个产业，形成多元化经营。

4. 国际化战略

即"立足山东、面向全国、冲出亚洲、走向世界"。双星集团是1988年获得自营进出口权的。他们抓住制鞋工业由发达国家向发展中国家转移的机遇，大力开展进出口业务，在世界鞋类市场上赢得了自己的一席之地。1993年，双星在俄罗斯设立了第一家海外分公司。之后几年，又先后在波兰、匈牙利、巴西、美国、阿联酋、南非、伊朗等国家和地区设立了8个分公司。现在，双星的出口已经扩大到世界100多个国家和地区，与200多个客户建立了贸易关系。

5. 兼并战略

即通过企业文化的"移植"，运用"小鱼吃大鱼"、"快鱼吃慢鱼"、"国企吃国企"的方略，达到救活"休克鱼"的目标。

6. 差异化战略

即公司在行业内目标市场的竞争中为其产品或服务创造出与众不同的特色或特征，以使消费者能够认识到这种产品是做什么用的，有什么特殊效用；也就是说，它与其他竞争者的产品有什么不同的效果，能为消费者带来什么样的特别利益，从而提高公司的竞争能力和市场占有份额。

7. 竞合战略

即既竞争又合作，在竞争中实现"双赢"，这是"竞争"的最高层次。可以说，联合企业的力量，走"竞合"模式，是双星能够在国有制鞋企业普遍萎缩的大形势下保持一枝独秀的重要原因，也是双星人由计划经济向市场经济过渡中按行业规律超前发展的伟大创造。

8."双鞋联动"战略

即销售"人鞋和服装"与销售"车鞋"联动,发挥集团的跨产业、多渠道、强品牌的综合优势,买"人鞋和服装"送"车鞋",买"车鞋"送"人鞋和服装",进而实现"双鞋联动",相互促进,达到"双赢",扩大销售之目标。

9. 大双星战略

即在统一的"双星"牌子下,都有自己的经营网络和工厂,其资产都在

→"双鞋联营战略"是双星发挥规模优势创造的独具双星特色的营销新战略

当地注册,并在当地形成产、供、销"一条龙"的格局。这样,既扩大了资产总额,又分散了经营风险,可以做到"东方不亮西方亮"、"北方不亮南方亮"。

10."三名"战略

即"创世界名牌,当世界名厂,做双星名人"。双星敢于标新立异,迎着困难上,鼓励员工立志创名牌、当名厂、做名人,明确了奋斗目标,振奋了职工精神,把国家利益、集体利益、企业利益和职工的个人利益联系在一起,使企业进入了名牌发展战略的历史新阶段。

(二)主要效果

双星集团在汪海总裁制定的各项战略的指导下,取得了史无前例、举世瞩目的辉煌成就。主要表现是:

(1)保证了双星集团这艘"巨轮"始终沿着正确航向发展前进,成为全行业一枝独秀、独占鳌头的旗舰。

(2)为双星集团每个时期确定了明确的奋斗目标,鼓舞6万双星员工精神振奋,斗志昂扬,从一个胜利走向另一个新的胜利。

(3)造就了一个多产业、综合性、特大型的制造加工业企业集团。

(4)为国家创造了30多亿元的利税,相当于在没有向国家伸手要一分钱的情况下,向国家上缴了300多个当年的橡胶九厂的总资本。

（5）为国家解决了 6 万人的劳动就业，使几十万人过上了小康生活。

（6）培养了一支觉悟高、素质优、技能强、作风硬、讲团结、敢拼搏的双星"铁军"。

（7）为国家创造了一个驰名中外的双星品牌，双星品牌的价值已达 492.92 亿元。

（8）锻炼、成就了汪海总裁这位中国优秀的企业家，其个人品牌的价值已达 321.42 亿元。

三、典型实例

（一）实施名牌战略、打造百年品牌

1. 名牌初级阶段

1983 年 7 月 5 日，双星商标注册成功，标志着双星在中国企业中最早有了品牌意识，开始实施名牌战略。

→ 1995年双星成为第一个获得鞋类"全国驰名商标"的企业

1984 年，双星第一个提出名牌发展战略，汪海最早在《人民日报》发表文章，呼吁"创中国人自己的名牌"，坚持"越是民族的，越是自己的，越是最好的"。

1987 年，双星成为第一家参加中央电视台春节联欢晚会的企业，也是最早在中央电视台进行广告宣传的企业。

1992 年，双星第一个以企业名义在国外举行新闻发布会，汪海总裁在美国纽约"脱鞋"打广告，向世界展示了中国民族企业家的风采。

1992 年，双星第一个在德国举办的世界鞋业博览会上进行东方鞋文化表演，提高了双星在国际市场的知名度。

从 80 年代初到 90 年代初,双星以淘汰解放鞋为标志,对产品进行不断地更新换代,从最初的追随模仿到后来的创新超越,双星靠产品的更新换代成为全国制鞋业的领头羊。当时,通过对工艺、技术的反复改造,双星实现了"抛尼"、"布鲁克斯"等世界名牌鞋在中国的生产,每年返销欧美市场 100 多万双。通过"四鞋渗透"的结合,双星又生产出中国第一双高档冷粘运动鞋、第一双皮帮 CVO 热硫化鞋,一步完成了与国际制鞋业的接轨,这是双星名牌发展的初级阶段。

2. 名牌发展阶段

在这期间,双星建立了一支专业化的产品研发队伍,使产品达到了"开发一代、生产一代、研制一代、储备一代",设计安装了中国第一条高档冷粘鞋流水线,创立组建了全国鞋业唯一一家国家级技术研发中心,形成了六大类鞋的生产能力,成为全国鞋类首家驰名商标获得者、第一家鞋类上市企业,在原化工部的行业评比中,双星各项经济指标 连续二十多年位居第一。

3. 名牌高级阶段

从 2000 年至今,双星再次调整发展思路,将"专业化、高档次、树形象"作为主攻目标,开始了与世界名牌的抗衡。双星相继推出了专业跑鞋、专业篮球鞋、专业网球鞋、专业足球鞋等高档专业鞋,全面实现了由低档单一产品向高档次、系列化的转变。目前,双星年制鞋总量已近 1 亿双,连续多年全国销量第一,成为国家首批认定的"中国名牌"。2005 年 10 月,双星品牌价值飙升至 492.92 亿元。在母体鞋业做大做强的同时,双星又通过运作品牌、运作资金,成功涉足轮胎和机械产业。短短几年,双星轮胎已成为中国五大轮胎企业之一,位居世界轮胎行业前二十强,被评为中国"十大民族品牌",并荣膺"中国名牌"称号。与此同时,双星服装由小做大,双星机械也由过去低档次、低水平向"高、精、尖、细"迈进。目前,双星产品已经进军高端市场,展现出双星名牌高级阶段的新形象。

双星用"市场无止境、名牌无终身、管理无句号"的创新和进取精神,创出了中国人自己的民族品牌,实现了中国民族工业的名牌梦想。

双星涉足的行业,几乎都是传统的、符合中国国情的制造加工业,创名牌就是最大的爱国,创名牌就是最大的政治,创名牌既是双星继续生存发展的需要,也关乎国家的实力、民族的命运。双星始终坚持自主品牌的信念,始终坚持自主创新的理念,不管涉足哪个行业,不管原来的起步多么低,都能迅速强健企业的体质,打造企业的核心竞争力,体现出中国民族产业的顽强生命力和增长潜力。

原来的沂蒙山区

在沂蒙山区建起来的双星鲁中鞋业公司

青岛双星集团
瀚海鞋业有限公司

→ 90年代初期,双星实施"西部开发、东部发展,出城、上山、下乡"战略,建立了鲁中、瀚海两大鞋厂

(二)西部开发、东部发展——双星创出"企业创名牌、乡村奔小康"的成功之路[①]

80年代初期,当许多国有企业还躺在计划经济体制上做美梦的时候,已经提早进入市场经济并取得巨大成就的双星集团又作出惊人之举:"西部开发、东部发展",实施"出城、下乡、上山"的战略大转移。三十多年过去了,双星利用自己的品牌技术和管理文化,先后在山东、河南、四川、重庆、贵州等省市的偏远农村建起了十大生产基地,不仅使企业的资产由不足1 000万元发展到现在的60亿元,连续十年稳居行业的龙头地位,而且全方位地带动了当地农村的发展,实现了企业和农村共同发展的双赢格局,为社会主义新农村建设创出了新的模式。

---

① 张来民:"西部开发、东部发展——双星创出'企业创名牌、乡村奔小康'的成功之路",《中国企业报》,1993年9月20日。

出城下乡是劳动密集型行业发展的规律

双星最初是一个制鞋企业，这是一个劳动密集型产业。早在 80 年代初，当许多企业把目光转向国外、寻找合作伙伴的时候，双星按照市场和行业的发展规律，超前提出了"出海越洋是开放，上山下乡也是开放"的新思想。以汪海为代表的双星人敏锐地认识到，农村市场是双星最大的市场，做好了农村市场，双星就在同行业中确立了优势。而农村大片闲置的已经搬迁走的军工企业留下的厂房和丰富的廉价劳动力资源，又为双星实施"低成本扩张"创造了条件。汪海总裁说："双星在 80 年代的初期，就开始出城下乡。在做鞋这个劳动密集型行业，这是个规律，必须由发达的地区向不发达的地区转移。实实在在地讲，开始是逼出来的，后来才按照市场的规律和我们这个行业的规律，双星主动地进行转移。"这种认识在当时的历史背景下是十分超前的，面对许多人的种种疑虑和非议，双星毅然迈出了"出城下乡"的第一步，他们利用农村的破旧厂房和廉价劳动力，将生产基地移到了农村，企业因此得到了迅速扩张，其生产能力、规模和市场占有率很快就在全国同行业中遥遥领先。进入新世纪以后，双星又投资 19 亿元，在全国各地的农村建起了 14 家生产企业，年销售收入由 3 000 多万元一举增长到现在的 100 亿元，连续十年稳居行业龙头地位，成为中国 500 强企业。

为新农村建设培养生力军

双星从当地农民中培养起了大批管理骨干。这些人才不但促进了双星在沂蒙山区的发展，还有许多人走出山沟，到全国各地的双星工厂、市场担任管理职务。沂蒙山区成了双星培养人才的摇篮，人们称这里为双星的"黄埔军校"。

从 80 年代迈出"出城下乡"的第一步开始，到现在的三十多年时间，双星一刻也没停地从农民中选拔培养人才。双星每到一处，都是从当地农民中招收工人，用双星先进的理念和企业文化熏陶他们，培养他们的素质，使他们当中的优秀者迅速成长为业务骨干和发家致富的能手。双星一线的厂长、车间主任、工段长和班组长全都是从当地员工中培养选拔起来的。汪海总裁谈道："更重要的是我们培养了一大批骨干，这些骨干又输送到各个厂去，这就形成了一大批管理骨干。这些人都是进了双星以后，体现出他们的价值的。造就了一批人，培养了一批人，带动了当地经济的发展。"

双星改变当地农村贫穷落后面貌

十年来，双星鲁中和瀚海两公司上缴利税达 8 000 多万元。在企业自身得到迅猛发展的同时，为双星配套的企业也成为当地财政收入的主要来源。双星鲁中公司所在地沂源县金星镇，财政收入由以前全县的最差乡镇，一跃位列全县的前三甲。

沂源县金星镇裕华村党支部书记王加友谈道："双星鲁中公司是 1992 年进的沂蒙山，当时裕华村人均收入 500 元，在全乡是最困难的村。双星鲁中公司进沂蒙山以后，首先解决了剩余劳动力问题，年轻人都到厂里来干活，拿着工资当了工人。鲁中公司又很快给裕华村建了几个配套厂，在经济上两年后就翻身了，现在裕华村的人均收入在全县位居前列，达到 6 000 元。"著名经济学家、首都经济贸易大学副校长郑海航评价说："双星把自己的经营战略和国家的扶贫、到西部去这样的战略结合起来，实际上取得了双赢，我觉得这是中国的传统制造产业，特别是劳动密集型产业必须要走的一条路。"

→ 1998年，双星涉足轮胎产业，完成了从给人做鞋到给车做"鞋"的成功跨越

（三）"蛇"吞"象"——双星从给人做鞋到给车做"鞋"

90 年代中期，汪海总裁就从中国乃至世界范围内汽车行业的发展趋势中，看到了轮胎广阔的发展空间。尽管不少人向他提议：双星应当在互联网高科技领域有些作为。但一向善于纳言的汪海却认准了轮胎这一行业。他毅然决策：投资橡胶轮胎。他说，常言道"不熟不做"，双星新的效益增长点必须是与鞋业关联度强的制造业。他预见，随着高速公路的成倍延伸，汽车的需求将进一步增大，中国将是一个大的轮胎市场。

汪海干事情有一股闯劲儿，向来讲究一气呵成。但在进军轮胎市场，选择买"船"这点上，他显得极有耐性，一直在耐心地等待时机。

常言道：机遇往往垂青那些时刻有准备的人。就在汪海面向全国四处寻觅这只"船"时，在青岛市证券交易中心上柜交易的"华青股份"进入汪海的视野。

青岛华青工业集团股份有限公司是胶南市一家轮胎企业，1998 年这家企业遇到了麻烦。当时，全国开始清理整顿场外非法股票交易，"华青股份"被停牌。

华青想搭上双星这条巨轮，谋求更快速地发展；双星也需要借华青这只小"船"，实现进军轮胎制造业的战略目标。经过几轮谈判，2002 年 1 月 10 日，双星召开新闻发布会，宣布双星吸收合并华青工作结束。一个做鞋的吞并了做轮胎的，以"小"吃"大"，这场企业并购战实在不亚于"蛇吞象"。但双星做到了，汪海以他娴熟的资本运营技巧，演绎了中国企业并购史上的一段佳话。

双星凭借自身强有力的品牌实力和雄厚的资金实力，使双星轮胎步入超速发展的快车道。根据实际，汪海提出了"软橡胶，硬管理"的新理论，用双星"抓具体人，抓具体事，一抓到底，抓住不放"的管理精髓开展工作。管理悄然在变。前来调试设备的德国同行竖起大拇指，用不太流利的中国话说："我到过许多国家的轮胎密炼中心进行过设备调试，但这么一流的密炼中心只有中国的双星有，可以穿白大褂上班，轮胎史上的奇迹！双星的管理了不起！"

2004 年，是所有双星人不能忘怀的一年。这一年，起步较晚的双星轮胎以无可非议的实力获得了"中国名牌"的称号。

消息传来的当日，双星员工群情振奋，沉浸在一片欣喜之中。此时的汪海，却独自一人坐在办公室内，一改往日那张再多困难也始终乐呵呵的笑脸，面色凝重地陷入了思考。突然，他站了起来，让办公室通知集团所有副总经理，驱车

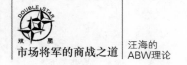
直奔双星轮胎公司。

与往常检查工作时一样,下车后,汪海直奔车间。等把占地1 400多亩的所有车间从头到尾检查完一遍时,已经是晚上9点了。随后,一行人就座在双星轮胎公司会议室。

原以为总裁召集他们来是为了召开庆功会的大大小小的"头脑"们,被汪海当头泼了一瓢"冷水"。"不要以为我们创出名牌了,就认为一切都好了,一切都没有问题了,市场不认可,一切等于零。"看着渐渐平静下来的管理骨干,汪海语重心长地接着说:"我希望大家从今天晚上开始,每个人都要对照名牌先找找差距,对照市场先找找不足。"

走出会议室,双星轮胎公司的管理骨干们,长长地舒了一口气。他们迈着稳健的步伐,走向了心中的下一个"目标"。

如今,双星轮胎公司经过双星文化的渗透,已是今非昔比,"双星轮胎"凭着双星强大的资金、管理优势和品牌效应,在国内轮胎市场迅猛前行,创造了令全国同行业及社会瞩目的"双星轮胎奇迹"。

双星从给人做鞋到给车做"鞋",短时间内就使双星轮胎进入国内同行业前列,关键是双星发挥名牌、文化、资金等优势,准确把握机遇、调整战略,看到给人做鞋到给车做"鞋"二者的关联度,因此成功的概率就高,说明作为劳动密集型传统产业的国有企业,要存活必须做大市场规模。而一旦做大了市场,要时刻找准机会,突围到关联度高、技术含量高、附加值高的领域,才能稳步实现产业升级,实现企业迅速做大、做强的目标。

四、专家点评

世界著名企业战略专家约翰·W.蒂兹指出:"战略家的任务不在于看清企业目前是什么样子,而在于看清企业将来会成为什么样子。"[①]所谓"企业将来会成为什么样子",就是指企业在三年之后、五年之后、十年之后,甚至更长时间之后会成为什么样子。

---

① 〔美〕弗雷德·R.戴维:《战略管理》,经济科学出版社,1998年6月,第98页。

中国古代著名的军事家孙子也说："用兵之道，以计为首。故上兵伐谋，其次伐交，其次伐兵，其下攻城。攻城之法为不得已。"①也就是说，用兵打仗，先要定计。所以，用兵的上策是以谋略胜敌，其次是通过外交手段取胜，再次是使用武力战胜敌人，最下策是攻城。攻城是不得已而采用的办法。

汪海清醒地知道：要想做一个成功的企业家，就必须首先成为一个企业战略家，要力求做到高瞻远瞩、胸有全局、着眼未来、以谋取胜。

那么，企业家怎样才能做到以谋取胜呢？

世界著名企业战略专家弗雷德里克·格卢克说得好："战略家要在所取信息的广度和深度之间作出某种权衡。他就像一只在捉兔子的鹰，鹰必须飞得足够高，才能以广阔的视野发现猎物，同时它又必须飞得足够低，以便看清细节，瞄准目标和进行攻击。不断地进行这种权衡正是战略家的任务，一种不可由他人代理的任务。"②

汪海就像是这样一只"市场雄鹰"。所以，他总能在企业发展的关键时刻，高瞻远瞩，着眼未来，超前为企业制定出科学、正确的发展战略，引领企业沿着正确的航道，向着远大的目标，从一个胜利走向另一个胜利。这就是战略制胜！

那么，汪海是怎样做到战略制胜呢？

其一，他有一个明确的战略定位。世界著名战略咨询大师杰克·特劳特指出："定位是战略的核心。战略，就是如何让企业和产品与众不同，形成核心竞争力。对受众而言，即是鲜明地建立品牌。"③汪海给双星的战略定位就是"做鞋"，用汪海的话讲，就是"一个做鞋匠"。在中国人的传统观念中，这是个最不值钱的买卖。

其二，他有一个明确的企业宗旨。现代管理学之父彼得·德鲁克指出："规定企业的宗旨和使命是艰巨、痛苦并带有风险的。但是，只有如此，才能使一个企业树立目标、制定战略、集中其资源并着手工作。只有如此，才能对一个企业进行管理而取得成效。"④他还说："要了解一个企业，必须首先知道它的宗旨，

① 公孙道明：《孙子兵法与三十六计》，广西民族出版社，1995年7月，第31页。
② 〔美〕弗雷德·R.戴维：《战略管理》，经济科学出版社，1998年6月，第98页。
③ 〔美〕杰克·特劳特：《什么是战略》，中国财政经济出版社，2004年，第57页。
④ 〔美〕彼得·德鲁克：《管理——任务、责任、实践》（上），中国社会科学出版社，1980年9月，第125页。

而宗旨是存在于企业自身之外的。事实上,因为工商企业是社会的细胞,其宗旨必然存在于社会之中。企业宗旨的唯一定义是:'创造顾客'。经营宗旨如此独特,是造成一个企业或机构经营失败的唯一原因,也是最重要的原因。"

企业宗旨就是企业的纲领,是企业在社会大众面前树立的一面旗帜,是企业的最高灵魂和统帅。双星的宗旨就是"做好鞋",既为人"做好鞋",也为车"做好鞋"。

其三,他有一个明确的、长远的战略目标。汪海为双星制定的战略目标是:"树百年品牌,建百年老店"、"立足山东、面向全国、冲出亚洲、走向世界"。

其四,他有明确的实现战略目标的途径和方法。双星实现战略目标的途径和方法很多,如名牌化、多元化、全球化,西部开发、东部发展,二产大调整、三产大发展、连锁店大建设,做大做强双星名牌等。

其五,他能将既定的战略执行到底、落实到位。世界著名的战略管理专家和咨询专家拉里·博西迪、拉姆·查兰在《执行——如何完成任务的学问》一书中尖锐地指出:"战略再好,如果得不到有力执行的话,也无法达到预期的目标。如果无法将想法变为现实的话,再宏伟的理念也是无济于事的。如果不能够得到切实的执行,突破性的思维将只是胡思乱想,再多的学习也无法带来实际的价值,人们无法实现自己的目标,所谓革命性的变革最终也只能落得胎死腹中。"[1]在将既定战略执行到底、落实到位这方面,双星人的表现真是凤毛麟角。

其六,他还能对战略执行的情况和结果及时进行评估、调控和变革。在这方面,双星的理念就是最好的答卷,请看:"跟着市场走,围着市场转,随着市场变"、"今天不创新,明天就落后;明天不创新,后天就淘汰"。

要想做一个成功企业家,就应该像汪海那样,首先成为一个企业战略家。中国古代的思想家、政治家、教育家孔子说得好:"人无远虑,必有近忧。"[2]这就是说,人要是没有长远的考虑,必然会有眼前的忧患。对一个人是如此,对一个企业更是如此。

汪海对此头脑清醒、心知肚明。他经常告诫他的团队:"企业家应想到十年

---

① 〔美〕拉里·博西迪、拉姆·查兰:《执行——如何完成任务的学问》,机械工业出版社,2003年1月,第16页。

② 《论语·孟子》,人民文学出版社,2008年2月,第189页。

以后企业怎么发展。企业家必须有胆识,做事必须超前,必须敢冒风险。企业家不可能和员工一样,也不可能在领导班子成员都同意时才作决策,等到大家都同意的时候,商机已过,为时已晚,市场如战场就是这个道理。"

正如世界著名的未来学家阿尔温·托夫勒所警告的:"对没有战略的企业来说,就像是在险恶的气候中飞行的飞机,始终在气流中颠簸、在暴雨中穿行,最后很可能迷失方向。如果对于将来没有一个长期的明确的方向,对本企业的未来形式没有一个指导方针,不管企业的规模多大、地位多稳定,都将在这场革命性的技术和经济的大变革中失去其生存条件。"

双星等众多成功企业的经验与众多失败企业的教训从正反两个方面都证明:成亦战略,败亦战略!

第四个战术：

机制是动力

机制是动力

国有企业的核心问题，说到底就是体制和机制。双星体制机制创新的最大贡献就是保证了双星事业后十年乃至今后上百年的发展。在新的体制机制下，不论谁当老总，企业都能正常运转，双星倒不了！

——汪海

1987 年双星第一个打破计划经济"大锅饭",成为青岛市第一家"利税承包"试点成功的单位,为双星今后的发展奠定了资金基础

双星各单位都推行了内部承包股份制,每条线、每个机台都是独立的小经济实体

一、汪海语录

（一）体制机制创新的重大意义

• 体制机制的创新是最大的创新，适应企业发展、适应市场变化的体制机制是赢得市场竞争成功的关键。双星能够发展到今天就是随着市场变化不断调整体制机制，永不满足、永不停止地改，什么时候不适应市场形势了，什么时候就要改，这是双星三十多年实现"一枝独秀"的成功奥秘。

• 双星市场经济的三次革命：革了保守僵化旧观念的命，换了一个新脑袋；革了计划经济旧框框的命，造了一个新机制；革了"等、靠、要"守业方式的命，创了一个新模式。

• 国有企业的核心问题，说到底就是体制和机制。双星体制机制创新的最大贡献就是保证了双星事业后十年乃至今后上百年的发展。在新的体制机制下，不论谁当老总，企业都能正常运转，双星倒不了！

（二）双星体制机制的特色

• 适应市场要求快，体制机制转换快，产品结构调整快。

• 双星的体制是当今制鞋行业最有竞争力的。双星不但发挥了集团规模经济的优势，即美国式的规模经济，讲究整体作战相互配合的经验，而且采取了小巧玲珑富有竞争力的自主经营机制，即日本式的内部划小核算单位，全面进入市场的做法，同时树立了共产党人独有的敢争第一的精神，从而形成了当今世界制鞋行业最有竞争力的经营运转体制，保证了集团生产的正常运行和发展壮大。

• 管理是双星的优势，内部承包股份制是双星独创的、行之有效的管理新模式和新方法，是不断创新、技术升级，提高员工整体素质，增强员工信心和决心的基础。

• 内部承包股份制是借鉴国家对股份制企业管理的形式，吸收双星三十多年不断创新的管理经验，结合市场化承包、厂币运作、家庭消费式管理等多种管理形式，融入双星企业文化、管理理念，创造出的双星独有的管理新模式和新方法，它是提高内部管理、深化细化市场化承包的有效措施，是最大限度地激发

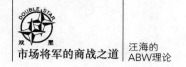

员工创新积极性和主动性的有效手段,是发现培养人才,增强骨干员工事业心和责任感的有效方法。

(三) 怎样搞好体制机制创新

- 市场经济三手段:体制创新、机制转换、政策调整。

- 体制创新作保证,细分细化抓管理。

- 双星市场改制三原则:有利于国有资产保值增值、有利于双星名牌发展、有利于经营者盈利。

- 实行内部承包股份制,实现"四自一包",即自己管、自己干、自己减、自己降,为人才提供展示才能的平台,增强企业的活力、动力、竞争力。

- 坚持"包、租、买、招"这种好的形式,要将邓小平同志"包产到户"移植到现代企业管理中的这一伟大创造坚持下去,通过精神与物质的有机结合,将大家的积极性调动起来,将"用好钱就是最好的思想政治工作"这一政治工作的新方法落到实处。这样,我们就能将双星红旗永远地打下去,"树百年品牌,建百年老店"宏伟目标的实现就会大有希望。

- 厂币、文化、承包、执行力"四结合",将经济手段、文化理念、人性特点、道德伦理融为一体,全面提升企业的市场竞争力。

二、做法与效果

(一) 主要做法

1. 砍"六刀"

改革开放初期,邓小平同志指出:"改革是中国的第二次革命。"[①]在市场商战中,面对保守势力的束缚阻挠、新旧思想的碰撞,双星人敢冒风险,向着旧体制、旧机制、旧机构、旧习惯、旧观念砍了"六刀",刀刀有力,刀刀见血,创出了"国有的壳、市场的体"的双星新体制和新机制。

(1) 第一刀:砍"三铁"

这里所谓"三铁",既包括"旧三铁",也包括"新三铁"。

---

① 《邓小平文选》(第3卷),人民出版社1993年9月,第113页。

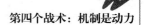

"旧三铁"，一是指能进不能出的"铁饭碗"；二是指能升不能降的"铁工资"；三是指能任命不能罢免的"铁交椅"。这三个"铁家伙"就像一伙政治"教唆犯"，致使"能人变蠢、勤人变懒"，最终造成了国有企业"磨灭才智、萌发惰性"的僵化机制，使国有企业变得毫无生机和活力。

"新三铁"，一是指盘根错节的"铁关系"；二是指旧体制中的条条框框，阻碍生产力发展的"铁栅栏"；三是指人们头脑中落后于改革的陈旧观念形成的"铁锁链"。这三个"铁家伙"就像一张铁丝网，把人罩得严丝合缝，要想飞出去，必须挣破这张网；否则，只能在网中束手待毙。

双星人率先推行人事制度改革，既砍掉铁饭碗、铁工资、铁交椅的"旧三铁"，又砍掉铁关系、铁栅栏、铁锁链的"新三铁"。双星最早打破了计划经济的招工制度，1986年就开始到农村招工，并最早提出"双星没有农民工，都是双星人"；最早打破了国企干部只能上不能下，将"铁交椅干部"变为"黑板干部"；最早打破了干部、工人的身份界限，推行竞争上岗的用人制度；最早打破了僵化教条的干部管理和任免制度，推行民管官、民评官、民罢官的职工代表轮流监督管理制度。那些失去"特权"的人向上级告状，丢掉利益的人向汪海总裁砸石头，"砍"跑的几百人对汪海进行造谣中伤，但是双星人冒着风险挺了过来。双星第一刀砍向了"人多不干事、当官不问事、官多扯皮多"的旧体制和旧机制。

（2）第二刀：砍机构

机构臃肿、人浮于事是国有企业的通病，双星突破了与政府机关对口设置机构的禁区，进行综合配套机构改革，最早把安全科和武装部合并，甚至惊动了当时的中央军委和国家劳动部。但双星人坚持"并庙、搬神、减和尚、赶尼姑"，机关处室由27个减到13个（其中，销售、计划、开发、供应、统计、技术、外经合并成立了生产经营信息公司），管理行政人员也由占全厂职工总数的11.8%缩减为7.8%，不仅大大精干了干部队伍，还克服了以往部门之间的扯皮、内耗。双星创造了6万人的大集团管理人员只有40多人，生产车间没有车间主任，工人成为车间承包人、小老板。双星第二刀砍向了国企人浮于事的机构，创造了具有双星特色的、精干高效的管理新体制。

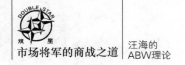

（3）第三刀：砍体制

早在80年代中期，双星就在企业内部实行分家放权、分层承包、分开算账，把各个生产车间和辅助部门改变为分厂，成为一个个相对独立的经济实体，各自实行独立核算、自负盈亏。

20世纪90年代中期，国有企业在市场经营运转中出现"富了和尚穷了庙"的通病，双星人冒着社会上指责他们开"夫妻店"，搞"家族企业"的风险，率先闯"雷区"，本着"有利于国有资产保值增值，有利于双星名牌发展壮大，有利于骨干员工发财致富"的原则，进行公司承包、地区卖断、产权民营，提倡"打仗亲兄弟、上阵父子兵"，卖掉连锁店、卖掉经营公司、卖掉三产公司，彻底实现了从过去"给国家卖鞋"变成"给自己卖鞋"；从过去"向企业要钱"变成"自己主动掏钱"。双星人第三刀"砍体制"，从根本上砍掉了国有企业不适应市场的旧体制，卖出了一大批百万富翁、千万富翁、亿万富翁，卖出了今天的大双星。

通过"砍体制"，双星创造了具有强大活力的新体制和新机制，即市场化承包——内部承包股份制。这是借鉴国家对股份制企业管理的形式，吸收双星三十多年不断创新的管理经验，结合市场化承包、厂币运作、家庭消费式管理多种管理形式，融入双星企业文化、管理理念，创造出的双星独有的管理新模式和新方法，它是提高内部管理、深化细化市场化承包的有效措施，是最大限度地激发员工创新积极性和主动性的有效手段，是发现培养人才、增强骨干员工事业心和责任感的有效方法。

（4）第四刀：砍分配

双星最早砍掉了计划经济的"大锅饭"，干好干坏、干多干少、干与不干不一样，真正做到按劳取酬；砍掉了计划经济的"铁饭碗"，不同行业、不同工种、不同岗位实行承包制、计件制、工时制，使员工收入和劳动成果紧密挂钩；改革了计划经济的工资制度，奖罚分明拉开分配档次，工资上墙公开增加透明度，最早对有突出贡献的员工奖彩电、奖房子、奖汽车，激发了广大员工的激情、热情、感情，出现了99天建成一个冷粘鞋厂的新奇迹；出现了天天都是五八年的热火朝天的新气氛；出现了为赶出口交货期员工48小时不下流水线的新风尚；出现了"一双鞋的订单都能接、客户的要求就是标准"的新气象；出现了"80后"、

"90后"创造新技术、新工艺、高质量的新形象。双星人第四刀"砍分配"，解决了计划经济不合理的分配制度。

（5）第五刀：砍掉旧思维

中国企业刚刚步入市场，"假、大、空"的宣传口号多，符合企业的东西少，在人们还不知道什么是企业文化的时候，双星人开始了文化管理的艰难探索。汪海总裁深入车间调查研究，总结了一批"有人就穿鞋，关键在工作"、"只有疲软的产品，没有疲软的市场"等通俗易懂、贴近实际的名言警句，这些挂在厂区、贴在车间的标语被媒体称为"汪海语录"。这在当时中国只有"毛主席语录"可以被称为"语录"的年代，社会大众和个别领导看后不理解，说他们是搞"个人崇拜"，在社会上引起一场"语录风波"，最终得到当时的化工部顾秀莲部长、青岛市委俞正声书记的肯定。双星人第五刀"砍掉旧思维"，平息了"语录风波"。

（6）第六刀：砍掉旧观念

多年来，在国企中"干好质量就是为人民服务，质量是企业的生命"等传统教育理念已经变成了口号，而双星最早运用佛教文化管理企业，提出了"干好产品质量就是最大的行善积德"，这种继承传统文化精髓用于企业管理的求实态度得到员工的认可。1995年，汪海总裁还在新加坡作了"把中华民族传统的佛教文化用于企业管理"的演讲，得到高度评价。可这一做法长期以来却被扣上了"搞封建迷信"的帽子。面对一些人的说三道四和社会的重重压力，双星人第六刀"砍掉旧观念"，创出了市场经济企业文化发展之路。

双星人挥舞改革之"刀"，砍断了计划经济的旧传统、旧思维、旧观念、旧制度、旧体制、旧机构，在没有任何模式可循的情况下，建立了符合市场经济的"双星新体制"。

同时，双星在砍"六刀"的革命中，自始至终贯彻执行了家庭消费式管理、厂币运作和内部承包股份制。

2. 实行家庭消费式管理

所谓家庭消费式管理，就是双星集团把家庭消费的理念应用于现代企业管理中，将节约降耗的目标任务分解到每位员工，每位员工就像在自己家过日子一样，精打细算，挖潜降耗，有效地降低了消耗，提高了产品质量。

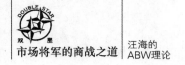
3. 实行厂币运作

所谓"厂币",是双星集团内部各公司、部门、车间、班组、工段等之间资金往来使用的内部流通货币。厂币运作就是通过用好计算机等科学化手段和现代化工具,对每道工序、每个工段、每个环节都用厂币进行买卖管理,各个分公司之间和车间、班组之间的物料往来均实行厂币买卖,增强员工质量、资金、成本、降耗意识,这是一项严谨、复杂的系统工程,是抓好企业全面管理的"纲",是一个综合性、系统性、高科技、高水平的企业管理新方法。

4. 内部承包股份制

所谓"承包",就是企业管理者或承包人向企业"要钱—用钱—分钱"的包干制。它是采取单一的形式对费用进行限额切块,按照费用结余提成,或是承包产量、质量,按照核定数额提成的一种管理形式。

而"内部承包股份制"是在承包的基础上,以员工入股的方式,把分散的资金集中起来合理经营,进行投资分红的一种经济形式。它从过去员工单纯地向企业"要钱—用钱—分钱",到让员工自己掏一部分钱用于生产经营,进一步增强和加深了企业与员工之间责、权、利的观念,它是市场化承包和内部股份制相结合的管理新模式,也是管理的再深化细化、再上新台阶。

(二)主要效果

双星集团通过长期的、不断的、一系列的体制改革和机制创新,创造了当今制鞋行业最有竞争力的体制机制,为国有企业的体制改革和机制创新创造了成功的经验。其集中表现是:

(1)完成了市场经济的三次革命

完成了市场经济的三次革命:革了保守僵化旧观念的命,换了一个新脑袋;革了计划经济旧框框的命,造了一个新机制;革了"等、靠、要"守业方式的命,创了一个新模式。

(2)整个集团呈现了二十个新变化

由于双星砍了"六刀",并自始至终贯彻执行了家庭消费式管理和厂币运作,极大地激发了双星员工的自觉性、积极性和创造性,整个集团呈现了二十个新变化(详见本书前言)。

（3）实现了马克思提出的"工人是企业的主人"的观点,提高了员工的主人翁意识

双星创造的内部承包股份制实现了一百多年前马克思提出的"工人是企业的主人"的哲学观点,提高了员工的主人翁意识,解决了马克思提出的"工人仇视机器设备"的问题,员工自己掏钱买设备,把设备看作自己的伙伴和战友,当作打仗的武器;解决了马克思提出的"市场经济条件下企业、领导者和员工三者之间形成的矛盾",员工把企业当成家,把企业和领导当成自己发财致富的依靠,增强了骨干员工对企业的感情、热情和信任。特别是在全国制造加工行业普遍存在"用工荒"的情况下,内部承包股份制对稳定员工队伍,培养发现能人,留住技术骨干,保持企业正常生产经营,起到了非常重要的作用。

（4）保证了双星基业长青、百年辉煌

双星创造的新体制和机制保证了双星基业长青、百年辉煌。正如汪海总裁所言:"双星体制机制创新的最大贡献就是保证了双星事业后十年乃至今后上百年的发展。在新的体制机制下,不论谁当老总,企业都能正常运转,双星倒不了!"

（5）为国有企业的体制改革和机制创新创造了成功的经验

国有企业的核心问题,说到底就是体制和机制问题,双星的成功经验,对所有国有企业,特别是制造加工业的国有企业有很好的参考价值。

三、典型实例

（一）砸"旧三铁",破"新三铁"①

编者按:

下面的内容是作家祁月对汪海总裁的访谈录。

汪海:常言讲:市场是企业改革的动力和源泉。我要面向市场,就得要创新

---

① 汪海、祁月:《市场将军》,华文出版社,1999年2月。

体制,引进竞争机制,起用能人而不是庸人,更不能用不为工人办事、高高在上的特权阶层。所以说,如果工人群众都认为你这干部是"占着茅坑不拉屎",那么你就不能再继续干下去了。

所以,我宣布:双星干部职工不再有界限,谁能耐大谁来坐交椅。而这个交椅却不再是铁的,谁干得好谁干,干不好就得由群众评议,厂里重新聘任。

我认为任何事情都不能"一刀切",不能教条。对企业来说管理人才和技术人才是最大的资源,无论年老年少,有没有学历,只要出于公心、有才干,谁都可以在领导岗位上显显身手。而那些庸庸碌碌、当一天和尚撞一天钟、能力平平的人,你该干什么就干什么去。所以那些被撤换下来的干部来质问我,说:"我们到底有什么过错?"我直截了当地回答:"无功便是过。"

今天我们搞改革,首先要想办法把能人用起来,让能人来管理。所谓能人,无非就是有思想、有超前意识、有才华、有个性的人。如果用些听话的庸人那还搞什么改革?中国的能人太多了。只是旧的人事体制没有给他们创造一个好的环境,限制了他们聪明才智的发挥。

祁月:现在谁都明白优胜劣汰是市场经济的无情法则。而在80年代初,您在砸"三铁"中遇到的最大阻力是什么?

汪海:要实施任何一项改革,都必须要冲击现有体制中的既得利益者。而这些人是绝不会轻易放弃自己的某种"特权"的。他们群起而攻之,斗争的焦点几乎全部集中到我一个人身上。

在那种巨大的压力中,我要面对七种反对势力:第一种是退居二线的老干部。他们退下来后没事干了,心里感到失落,两眼就盯着你现任的领导,给你挑毛病。第二种是"文革"中上来的造反派。这些人的官职被撤了后,没有了派性斗争的市场,也是心怀不满。第三种是心怀叵测的一些人。自从砸了"三铁"后,他们过去靠利用关系、找靠山这些歪门邪道向上爬的路子给堵死了。第四种是观念陈旧,在计划经济的旧模式里生活惯了,如今跟不上形式而受到冲击的反对派。第五种是上有靠山下有根基,常年无人敢管敢问而现在不许他为所欲为的人。第六种是现在受到纪律约束的那些平时不干活、混日子的懒汉、"二流子"。第七种则是能力平平、庸庸碌碌,因为精简机构被撤换下来的一些基层干部。在这种情况下,我们要动一个部门、动一个人,就必然引起一阵混乱,就好像一石激起千层浪。

祁月:砸"三铁",首先是权力和利益的冲突,而权力和利益的冲突往往对个人来说,是非常痛苦的事情,有时候会酿成生与死的搏斗。

汪海:当时斗争激烈到什么程度?有人就差点要了我的命。那时候,我每天都很晚才骑着自行车下班回家,路上要经过一片树林。有天晚上我特别累,慢慢踏着车还想着第二天的事情。快到树林那儿,我的第六感觉就突然警醒了,下意识里就觉得前面黑黑的,也没有路灯,会不会有危险?想到这儿,我使劲踏了几下车,想快速冲过树林。结果,没走多远,突然从树林里飞出一块石头向我砸来,我本能地一低头,石头从我头顶上飞了过去,落在马路的对面,接着又听到一块石头落在了我的身后。

祁月:这时候您只有夺路而逃了。

汪海:那可不是?你在明处,人家在暗处。明枪好躲,暗箭难防。你不赶快走就得要吃亏了。回到家里我对妻子淑兰说:"你要有个精神准备,不知哪天他们会害死我。"从那以后,一到晚上十点,淑兰见我还没回家,就提心吊胆、坐立不安。

从那以后,我的警惕性也提高了。把厂里唯一的一支手枪挎在腰上,在有些场合还故意一撩衣服让它露出来,展示它的威力。另外厂里的保卫科长,还有那些支持改革的积极分子也开始在暗中保护我。

祁月:那么,作为一个改革者,您认为他最不能忍受的东西是什么?

汪海:最不能忍受的是你一心一意为企业在干,而你的上级部门却百般刁难你。这是最残酷的事情。我当时除了要面对企业内部的七种反对势力外,还要面对来自主管部门的非难。时代变化了,但他们仍然还在老的思维定势里出不来,再加上"文革"后期我不愿意跟着他们的派性转,又在很多事情上坚持正义顶撞过他们,所以他们总是在卡我。

橡胶公司的头头甚至公开说:"国有企业哪有这么干的?他无视国家劳动人事制度,简直把橡胶九厂搞得乌烟瘴气!"不光这么指责,而且制裁,把我们改革两年来所取得的一些先进称号,统统给取消了。厂里的人都特别生气。我说:"取消就取消吧。咱可以不当那个先进,不要那个名,只要企业能在市场上

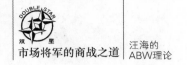
站住脚,比什么都重要。不然,一切都是空的。"

祁月:您后来提出的所谓破"新三铁"指的是什么?

汪海:一是盘根错节的"铁关系";二是旧体制中的条条框框,阻碍生产力发展的"铁栅栏";三是人们头脑中落后于改革的陈旧观念形成的"铁锁链"。这三个铁家伙就像一张铁丝网,把你罩得严丝合缝。要想飞出去,必须挣破这张网。否则,只能在网中束手待毙。

祁月:你所说的砸"旧三铁"是针对企业内部,而破"新三铁"则是针对社会的大环境,是这样的吗?

汪海:可以这样理解。有一次记者来采访,我对着镜头坦率地说:"回到双星我就舒心愉快,到了市场上我就精神振奋。可是走近官场上我就不灵了,感到事事受阻不顺心。"

为什么这样说呢?在旧体制下,衙门太多了,企业要想做些事,无论哪一个衙门只要你没把头磕好就别想办成事。80年代我们为了打入国际市场,准备投资建一幢出口鞋大楼,光是申报就花去了两年多时间批不下来,反正是让你盖不够36个公章、不趟下48条路子就甭想办成。我想如果按常规的申报手续,求那些衙门里的官老爷一个个开恩,那国际市场上的黄花菜早就凉了。时间不等人,只有加快速度,自己先干起来。对待那些人为的"铁栅栏",能跨就跨过去,实在不行就蹬倒它先迈过去。这样,我们在1989年正式开工建楼,厂房建筑和设备安装同时上,外装修时内部安装设备,等工程竣工,设备也全装好了。但是市里有关部门却跑来指手画脚,说你的厂房我们还没有验收合格,怎么连设备都装好了?这不合规定,禁止使用。

祁月:市场和官场往往是一对矛盾。

汪海:我才不听他那一套呢。我说:"我自己花钱盖工厂,还要等你同意了我才能使用,耽误了生产,耽误了市场,你们谁也不会替我承担责任的。"用!一天都不能等。我下令开工。结果,和那个部门顶上了牛。我们的产品已经源源不断地投放国际市场了,而这座大楼还是黑户,在相当一段时间内成了非法建筑。官司打到市里,我又不得不去说明情况。我说:"你们坐办公室的,该吃饭吃饭,该睡觉睡觉。而我的国际市场晚一天都不行。这是信誉,更主要的是效益。虽然我是为国家干，但我今天要出口这个产品，我就得履行合同。否则人家骂我汪海事小，骂咱中国就事大了。"

我要出国考察、谈判，双星要组团参加国际博览会，有关部门也嚷嚷："汪海怎么上个月出了，下个月又出？出国起码也得轮换着呀！"

祁月：这是官场上的思维，把出国考察当作一种待遇和荣誉，大家轮着来。

汪海：所以我对他们说："你当我出国是为了玩去的呀？我哪里有这些闲心？"他们说："你去可以，我们得派一个人跟着。"我说："你是特务还是什么？我出钱让你给我盯梢，那我何不带一个我的设计人员去呢？"好，不同意带人就设障碍，反正在条条框框中总能找出几条来治你。我们组团去参加世界博览会。"啊，一次出国就十几个人。这么多人出去，不行。"问为什么不行？说："出国没有超过5个人的，这么多人，没有先例。"我说："古人还不敢吃螃蟹呢，不能说以前没有的事，今天就不能干，否则社会怎么发展？！"

这"新三铁"最大的危害是造成内耗，让你朝后看，让你原地踏步，最后让你动弹不得。你要轻装前进，就非得过五关斩六将不可。所以我的精力一半要干事业，一半还要应付这些事。

祁月："铁锁链"指的是什么？

汪海：可以说是上级机关或有关部门扼制你的一切手段。就说当厂长这件事吧。1985年6月，企业实行厂长负责制，上级部门开始给橡胶九厂物色新厂长。第一条标准就是干部要专业化。而我才是个技校毕业的中专生，在他们眼里自然没有资格当这个大厂的厂长。他们在市橡胶系统选大学生，选了一阵没选出合适的人来，又降格扒拉大专生，就是不看汪海的成绩和实际工作能力。

祁月：现在有一种观点，认为成功，就是企业家的文凭。

汪海：所以在这些"铁锁链"面前，我想，为了企业，咱还是自己拿自己当骨干使吧。我第三次敲开了刘鹏书记的门，向他谈了我的想法。结果橡胶公司又和市委顶上了牛，并且借我没有大专文凭大造舆论。但是，这一次市委没有妥协，本着企业的需求和实事求是的原则，打破红头文件的规定，破格提拔我当了九厂的厂长兼党委书记。这在当时青岛市所有的大企业中，我是被任命的唯一一个没有大专文凭的厂长。

　　人的一生,还是那两句话:"困难中要自我感觉良好,工作中要自己拿自己当骨干"。像我这样的性格、这样的思路,有很多人是看不惯的,他们面对你的时候就感到不自在,假如我迁就、妥协的话,那也就会被压制得完蛋了,什么事也干不成。反过来讲,我这样的性格和思路,要是说话不算数的话,我也更难受。

　　在党政大权集于一身后,我真是豁出命来了。我不但全面引入竞争机制,在干部的选拔、培训和任用方面广开渠道,择优任用。还在全厂进行了一次前所未有的体制改革:在企业内部分家放权、分层承包、分开算账,把各个生产车间和辅助部门改变为分厂,成为一个个相对独立的经济实体。同时,又在双星展开了几十次解放思想的大讨论,在九大方面实现了"九换脑筋",明确地树立了符合市场经济发展方向的市场观念、竞争观念、效益观念、人才观念、创新观念、管理观念、质量观念、新产品开发观念、思想政治工作观念。我们把它总结为双星市场经济的三次革命。就是:革了保守和僵化旧观念的命,换了一个新脑袋;革了计划经济旧框框的命,造了一个新机制;革了"等、靠、要"守业方式的命,创了一个新模式。

（二）双星让员工当"小老板"——破解"用工荒",员工变"股东"

　　现在劳动密集型行业招工难的现象已经非常明显,而同样是处在劳动密集型制造加工业的双星集团员工队伍却相对比较稳定,在社会上有的轮胎企业用工缺口达70%的情况下,双星青岛轮胎5 000人的工厂人员却比较稳定;有的鞋厂把招工简章贴到双星鞋业工业园门口,并许诺给予优惠待遇,但只有2名员工离开后又回来,他们说:"那个工厂没有人情味,优惠条件也不兑现"。

　　在"用工荒"的大背景下,双星集团是如何增强企业凝聚力的呢?据介绍,双星集团推出的办法是:除亲情化管理外,更重要的是实行内部承包股份制,用承包的方法激发员工创新提质、降耗增效的积极性,提高员工工资待遇,从过去"给员工算钱"到现在"让员工掏钱",从过去"计算发工资"到现在"分红发工资",员工入股参与管理,利润分红。此举将员工与企业的关系由雇用关系改变为合作伙伴,让员工真正成为企业的主人,使企业和员工之间建立起了一种更加牢固、更加紧密的双赢发展关系,从而增强了企业磁石般的吸引力,更激发了企业发展的活力和动力。

据介绍，双星轮胎、鞋服、机械等企业，为挖掘员工的潜能，激发员工的工作热情，增强员工的责任心，鼓励员工自己掏钱入股买断胶种，买断单品种，买断机台、生产线，实现"自己管、自己干、自己减、自己降"，通过分红发工资，使员工真正当上"小老板"，使"工人当家做主"真正变成了现实。比如，双星青岛轮胎总公司实行"家庭股份制承包"、"单品种订单式买断承包"、"股份制产销大包"等新方法后，激发了员工的工作热情，在设备、人员基本没有增加，人均生产效率连续几年增长的基础上又提高了8%。员工通过动脑筋想办法，降费用、搞创新、提质量，2010 年材料成本比定额减少 1 486.96 万元；双星东风轮胎总公司根据生产厂、车间的实际情况，采取不同形式的承包方法，从过去的单胶种买断到生产线整体买断，仅造粒车间全年就为公司实现 50 万元的利润，员工收入也大幅提高；双星印刷包装公司刺绣车间独立承包后，承包人一个人干 5 种工作，在同业竞争激烈的形势下取得外部销售收入 100 多万元，车间所有员工收入都大幅提高，因而更加珍惜岗位，工作干劲十足。

双星内部承包股份制是企业管理的一次革命，它推翻了老国有企业、计划经济的固有模式，激活了企业的活力、动力和市场竞争力，让敢干、会干、用心干，有激情、有热情的能人发挥更大的作用，彻底解决了个人利益、企业利益和个人受益、企业发展的共赢利益关系，更重要的是通过这一方式，有效地凝聚了员工、稳定了员工，很好地避免了人员流失。员工入股成"股东"，员工与企业成为一个利益共同体，随着创新、挖潜、降耗促收入提高，员工干得越来越有劲，越来越有长远打算，不再是干一天算一天，不想干就随意离开了，真正把企业作为自己体现价值、获得幸福的最大依靠。

通过这一形式，员工收入不断提高，也吸引了更多亲戚朋友、同学、老乡等到双星工作，真正使双星探索出了一条劳动密集型制造加工业解决用工紧张问题的新路子。

（三）双星卖店①

双星集团总裁汪海认为，实施国有资本整体退出，既符合国企改革精神，也

---

① 张来民："双星卖店"，《中国企业报》，2001 年 3 月。

是为了更好地"进"——让企业规范、健康发展,同时,集团可以有更多的资金用于其他领域的扩张。在产权改制中,双星卖出的是品牌、管理和技术等无形资产。

2004 年,双星集团在制鞋类国有企业中率先进行改制。通过招标方式,将所属西南地区 200 多家连锁店以十几万至上百万元的价格卖给个人,该集团下辖的云南、沈阳、宁夏三家经营公司也出售给了民营企业。如今,在"双星",只有母公司(集团总部)和一家为本企业及周边社区服务的热力厂是国有独资,其他企业则根据实际情况实行灵活的多元化产权制度,形成了"一企多制"的产权制度新格局。

双星 2000 年进行的产权改革,是形势逼迫,还是主动出击?

汪海总裁认为,改革首先是由制鞋行业发展规律所决定的。作为竞争性极强的制鞋业,少数存活下来的国有鞋厂大都不景气。尽管人们对鞋的要求越来越高,但制鞋业至今无法全部实现自动化,即使发达国家也脱离不了这个现实。成本高、利润低、人员多、盈利少,是制鞋企业的现实情况。尤其近几年,国有大中型制鞋企业亏损面高达 99% ,足以说明国有企业很难在这个领域立足,国有资产很难在这个微利产业中增值。其次,"国有国营"的企业制度一直是双星集团的"软肋"。产权制度已成为国企改革中一块不能绕过去的"拦路石",成为双星持续发展的"瓶颈",早改比晚改要好,可别等到垮掉了再改。

经营公司和连锁店是连接生产企业与市场的纽带,与双星的其他经济实体相比,市场压力更大。双星近年来投资上亿元在全国各地建起了 2 000 多家连锁店,连锁经营的销售额已占据双星总销售收入的半壁江山。但由于连锁店直接面对市场,现有产权体制及经营机制的弊端也就更为突出,集团公司仍旧无法对所有连锁店的经营管理及资金流向进行有效监控。改制前,双星的连锁店中盈利、亏损和持平的状况各占 1/3;而形成这种状况的主要原因就是产权不明晰。如何经营?最好的办法就是把连锁店卖给个人去经营。

在实际操作中如何卖得科学、卖得合理?面对这个问题,汪海说,这太敏感了!售价定低了,有可能造成国有资产的流失;漫天要价,买家不买账,说你是"甩包袱"、"嫁丑女"。一个"卖"字,把个人利益融入了双星利益,把个人命运绑进了双星命运。怎样卖？既不能让国有资产流失,又不能让经营者无利可图。同时,即便从企业后续发展的需要来看,连锁店和经营公司也不能一卖了之,出售后也必须加强管理,使之成为沟通上下的经营触角。

连锁店出售的三条原则是:一是有利于国有资产的保值和增值;二是有利于经营者盈利;三是有利于双星品牌的发展。根据这三个"有利于"的原则,双星集团作出规定:凡是双星的员工和社会上愿意经营双星产品的人都可以购买连锁店,买主只要一次性付清现价一年的房租和折旧后店面的装修费以及现存产品的进货费,便可成为双星的买主,但必须专营双星产品。

汪海认为,双星在产权改制中,卖的多是品牌、管理和技术等无形资产。国有资产要从微利产业中突围出来,就必须从生产经营模式向贸易经营模式转化,而品牌运营恰恰是实现这种转变的最好"渡船"。

党的十五大已经明确提出了"有所为有所不为"的调整思路,双星根据自身情况在微利产业中的部分领域进行"一企多制"的改制,完全符合国企改革的大趋势。而衡量国企改革成败的主要标准是国有资产能否增值,在这里市场起着关键的作用。

2001 年,双星除了对西南地区连锁店和沈阳、宁夏等经营公司进行改制外,在双星制衣公司、镭射公司、中原鞋业公司也通过广泛吸收职工个人股的方式进行了股份制改造,现在这些公司的个人股份所占比例都在 50% 以上。

双星张家口和成都鞋业公司则由双星集团以技术、管理、品牌等无形资产参股。此外,双星还对 10 个海外经营公司和国内经营公司实行总代理制,只要它们缴纳利息、还清贷款,并每年向集团上缴品牌使用费后,就可以买断经营。双星如果不能及时迈过企业改制这道坎,则很有可能在竞争中被淘汰出局。也许三五年后,人们就能透过双星的发展看到这项改革的价值和意义。

（四）双星倒不了[①]

汪海对记者说,国有企业的核心问题,说到底就是机制。像制鞋这种劳动密集型企业,不改绝对没有出路。别看双星今天这么火,说垮不要很多时

_____

① 胡考绪:"双星倒不了",《经济日报》,2000 年 10 月。

间——一个产品卖不出去,资金一压死,就完了!这压力过去是总裁一个人担着,要把一个人的压力变为全体双星人的压力,把一个企业的风险变为每个人的风险,机制不改怎么行!

1984—1985 年,双星第一次机制大变革,将市场机制引入企业内部,双星因此有了第一个十年的超常发展。

1994—1995 年,双星第二次机制大变革,实行工贸一体化,这为双星第二个十年的发展奠定了坚实的基础。

1999 年,双星的改革向所有制方面突破,实行资产的"民有民营",使生产关系进一步适应了生产力的发展。"民有民营"为双星名牌进入高级阶段,与国际名牌接轨;为双星事业长盛不衰提供了机制上的保证。

双星近二十年的改革和发展的实践,完成了国有企业由计划经济向市场经济过渡的全过程,一个崭新的适应市场经济的体制逐步建立起来。

汪海说:"双星体制创新的最大贡献就是保证了双星事业后十年乃至今后上百年的发展。在新的体制下,不论谁当老总,企业都能正常运转。""对企业来说,接班人不是'选'出来的,不是由谁来决定的,而是市场造就的。从个人的角度'选'接班人,永远不会成功。我本人就是市场选择的结果。谁驾驭了市场,谁就是企业的领头人。"

企业家是从市场中产生的。双星从一开始,国家没有给一分一厘的优惠和照顾,30 年代的老设备,40 年代的老工艺,50 年代的老产品……到 80 年代初已是积重难返。在不成熟的市场中,一个劳动密集型的企业就像汪洋大海中的一条小船,一个恶浪劈来,就有翻船之虞、灭顶之灾。汪海稳稳地驾驭了这条船,并把它打造成一艘航母、一个船队,增大了抵御风险的能力。市场选择了汪海,市场也锻造了他睿智、敏锐、灵活等企业家的素质。

汪海一贯坚持:企业家在市场中产生,也要由市场来检验。不久前,集团一位副总,曾经跟随汪海打天下的老"双星"被免了职,而且由于他在分管业务方面的严重失误,受到汪海公开严厉的批评。像这样没有功劳有苦劳的集团高层领导被革职,在双星不是一例两例。同时,又有年仅三十几岁的新锐被任命为副总。汪海说,双星能有今天,与有一批跟着我能干、善干、肯干的人才是分不开的。我希望所有跟着双星干的人都沾光、都发财。但是如果你干不好，砸了双星的牌子，我只能按规矩办。

在双星，有从普通工人升至高级管理层和领导层的，也有大学生干了几年还是个业务员的。不看学历看能力，不看资历看水平，这就是双星的人才观。

汪海说："能为企业创造利润开拓市场，就是人才；人才绝不是总和我保持意见一致的那些人，即使和我意见不一致或者反对过我，只要对企业发展有利，我都认为他们是人才。人才不是终身的，不是一成不变的。过去是人才，现在做不出成绩，也就不能再被重用。市场就是每一个人表演的舞台，谁最适应市场，谁就能脱颖而出。作为双星事业的开创者，我比任何人都关注双星的未来。按照市场规律运作的双星，牌子永远不会倒——'东方不亮西方一定能亮，北方不亮南方一定能亮'。"汪海的信心源于他的"大双星战略"。

双星能够从一个濒临倒闭的制鞋厂一日千里地发展为国际上实际生产规模最大的以鞋为主的企业集团，很大程度上得益于资产运作的方式：双星通过资产运营，在很短的时间里，以较少的资金优化了企业产品结构，调整了产业结构，以国有资产吸引、带动和运营各方资产，从而获得了最大效益，减少了企业的风险。汪海将自己的经营之道概括为"取天下之长补双星之短，借四海之力振兴双星"。这一取一借，对双星来说，就是"出城、下乡、上山"。大双星战略就在出出进进、上上下下中构建起来。

1996 年，"大双星"战略全面实施。在西南，双星将快要倒闭的成都红旗橡胶厂纳入麾下，即将落地的"红旗"又重新飘扬。在华北，曾有"华北三小虎"之称的张家口五环制鞋公司被双星收编后又虎虎生威。在中原、在东北……目前，双星在全国各地辟有 10 个经营战区、60 多个经营分公司、3 000 多家连锁店。各地双星的资产均在当地注册，并在当地形成了产、供、销"一条龙"的格局。

汪海说，我的那么多经营战区，扩大了资产总额，分散了经营风险。东方不亮西方一定能亮，北方不亮南方一定能亮。即便青岛双星垮了，还有西南双星、华北双星。为什么？一是它的资产已经注册，虽然用我的牌子，但根本问题已经解决；二是它有自己的经营网络、工厂。大双星的格局形成后，谁干得最好，谁就是真正的双星。这样，接班人的问题，双星牌子倒不倒的问题，都解决了。

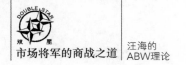

双星倒不了!

四、专家点评

国内外众多成功企业的经验证明,一个企业要想获得成功,需要具备许多因素,其中最重要的有五点:一是体制和机制,二是企业家,三是企业文化,四是发展战略,五是科学管理。这五个因素虽然都很重要,但是,它们各自的地位和所起的作用却不相同。其中,体制和机制是前提、是基础、是动力,企业家是统帅,企业文化是灵魂,发展战略是导向,科学管理是保证。

在这五个因素中,企业家虽然处于统帅地位,但他也很难完全按照自己的意志去办企业,尤其是国有企业。他可以完全掌控后三个因素(企业文化、发展战略和科学管理),但却很难完全掌控第一个因素(体制和机制)。因为,企业家与体制和机制的关系,就好像一只鸟与鸟笼子的关系一样。企业家好比一只"鸟","体制和机制"则是"鸟笼子","鸟"只要是在"鸟笼子"里飞,那就很难逃脱"鸟笼子"的制约。这就是许多企业家在国有企业里施展不开"拳脚",无所作为的重要原因。

当然,这并不是说国有企业就一定搞不好,更不能成为某些所谓"企业家"搞不好国有企业的"挡箭牌"和"护身符"。企业家只要充分发挥自己的主观能动性和"反思维"精神,对旧体制和旧机制敢于改革、敢于创新,建立能够适应市场经济发展的新体制和新机制,国有企业也是能够搞好的。汪海领导的双星集团就是一个最好的典型。这就充分证明:所有制不是搞好企业的决定因素,起决定因素的是企业家。

那么,同样是国有企业,同样的体制和机制,为什么几乎所有的国有制鞋企业都破产倒闭,而双星却能够"一枝独秀"呢? 汪海一针见血地说出了要害:"我们之所以能够在激烈的市场竞争中搞得活、发展快,成功的因素很多,特别是随着市场经济发展形成了一套独具双星特色的、适应市场变化的体制机制起到了关键性作用。可以说,没有双星三十多年体制机制的改革,就没有今天的大双星。"

汪海创造的体制改革和机制创新的经验,为国有企业改革进程中的"攻坚战"——如何正确明晰国有企业的产权,在保证国有资产保值增值的前提下,最大限度地激发员工的积极性和创造性——提供了成功的范例。

第五个战术：
领导是榜样

领导是榜样

　　抓管理必须先从领导自身抓起，先抓好领导的管理，先提高领导的管理意识和管理水平。任何工作领导都是重点、是关键，领导带头、扑下身子做好样子是最好、最有效的思想政治工作。

——汪海

20 世纪 80 年代初期,汪海与职工一起拆除旧厂房

汪海总裁走遍工厂的各个角落,为骨干员工干好工作作出表率

汪海总裁在生产线亲自为员工示范新操作法，督促员工提高操作技术

汪海总裁深入市场一线考察

20 世纪 80 年代初,汪海总裁在双星专卖店了解情况

汪海总裁在生产现场指导工作

一、汪海语录

（一）领导要树立正确的管理意识

- 两眼盯在市场上，工夫下在管理上。

- 自己拿自己当骨干，自我感觉良好。

- 不为失误找理由，多为名牌想办法。

- 找主观不找客观，找内因不找外因。

- 做好样子树形象，战胜自我求发展。

- 只有没管好的企业，没有管不好的企业。

- 只有落后的领导，没有落后的员工，领导松一尺，下边松一丈。

- 只有领导带头做样子，树正气、聚人气、鼓士气，企业才能保持健康稳定的发展。

- 任何工作领导都是重点、是关键，领导带头、扑下身子做好样子是最好、最有效的思想政治工作。

- 打造卓越执行力，提升企业竞争力。

（二）正确认识改革与管理、政治与经济的关系

- 再好的体制，领导不抓、不管、不检查考核也不可能干好。

- 各级领导，特别是党政一把手必须解决好政治、经济"两张皮"的问题。厂长不能不管政治，不管创名牌，不管岗位竞赛，不管职工生活；书记不能不管生产，不管经营，不管管理，不管消耗。书记也要管生产，抓经营，要结合生产中的每个环节抓比武、抓竞赛、抓考核；厂长在主抓生产、经营的同时，要关心职工生活，指导各种比武和竞赛。

（三）领导要带头做好样子

- 抓管理必须先从领导自身抓起，先抓好领导的管理，先提高领导的管理意识和管理水平。

- 管理是领导的事，管理要先管好自己；认识到领导不能站在管理的圈外，领导首先要自己做好、抓好、引导好，有了制度亲自抓落实、亲自抓考核、亲

自抓奖罚。

- 市场竞争需要一把手带头做样子,需要"敢打硬仗"的精神和激情,需要敢竞争和善竞争的勇气和作风,只有各级领导来一个新提高,各行各业才能再上一个新台阶,一把手必须亲自抓经营、抓开发,掌握市场,指挥工厂。

- 体制机制不是决定企业发展好坏的关键,决定企业发展好坏的关键是人、是领导、是一把手。

二、做法与效果

(一) 主要做法

以汪海总裁为核心的双星集团各行各业、各单位的领导,不断加强班子自身建设,主要领导思想到位、决策到位、工作到位,深入工厂、市场一线,亲自抓经营、抓管理、抓生产、抓质量、抓开发,提高了各级领导运作市场、指挥工厂的能力,树立了领导骨干的新形象。

汪海总裁作为中国首届优秀企业家中目前唯一一位仍活跃在国企改革前沿阵地的领导人,他以上过战场、搏击于商场的双重经历,以企业决策者的使命感、责任感和"六敢"精神(敢进市场,敢于务实,敢于坚持,敢于冒险,敢于实践,敢于决策),在双星发展的每一次大变革、大调整、大转移中,使双星在与国有企业、乡镇企业、个体企业、合资企业、独资企业的市场竞争中始终立于不败之地,给集团的全体领导树立了光辉的榜样。

1. 敢进市场

中国人的传统观念是希望走上"仕途"这样一条循规蹈矩的道路,大家都害怕进市场。汪海总裁被逼进市场后,坚定了走市场的决心,坚决走市场的道路。他最早感受到市场发展的脉搏和走向,最早体会到市场竞争的激烈和残酷,最早提出市场是看不见流血的战场,市场上的企业家就是战场上的将军。他敢进市场,碰到有关部门的制裁、抵制时,他闯了"六关";他敢于以市场的要求为标准改革企业,在遇到告状、流言甚至陷害时,砍了"六刀";他敢于以市场的规律果断决策,主动转移,铺开了进市场的道路;他敢于调整产品结构,为进市场提供拳头产品。他不做"机遇企业家、产品企业家、关系企业家、贷款企业家"，而是始终不回避市场，在市场的道路上坚持到底。他以超前的市场意识，以"敢进市场"的英雄气质，成为始终走在时代最前列、最为成功的市场企业家。

2. 敢于务实

改革开放，走中国特色的社会主义市场经济之路，是没有任何模式可循的。在这种复杂多变的新时代，许多企业无所适从、随波逐流，抑或照搬照抄、画地为牢。汪海总裁在"摸着石头过河"的国企改革历程中，坚持马列主义、毛泽东思想、邓小平理论的核心——"实事求是"的原则，不机械、不僵化、不教条，不唯上、不唯书、只唯实，突破计划经济的旧思维、旧观念、旧理论、旧框框、旧体制、旧制度，一切都按照市场的标准重新建立。在企业产品积压陷入绝境时，他毅然带领双星人进了市场；在企业没有资金发展受阻时，他借资金、借外力，实施低成本扩张；在企业调整中出现富余职工时，他坚持自我滚动、多元化发展的道路；在一味学历化、文凭化、海归化的用人制度中，他"不看文凭看水平，不看学历看能力"、"不拘一格选人才，进入市场育人才"，为每个双星人提供机会和舞台；在企业都以西方管理理论为"尚方宝剑"时，他创立了中国特色的双星管理新体系；在共产党人"不敢言钱"的改革初期，他大胆确立了企业"兴利"的目标；在一切向"钱"看的物质化时代，他又坚持"市场经济更需要政治、更需要精神"的鲜明观点；在知识经济时代，大家都以高科技为追逐目标时，他冷静地坚持"制造加工业是适合中国国情、能够解决就业、解决老百姓脱贫致富的行业"……一切都从实际出发，一切都在实践中寻求解决办法，使他成为脚踏实地、一心一意发展民族品牌的务实企业家。

3. 敢于坚持

汪海总裁在市场经济中提出坚持"党性、个性、人性"的"三性"原则。当时"双星九九管理法"因为没有套用西方模式而被拒绝参加优秀管理法评比时，他坚持不参评，坚持要不断完善提高中国人自己的管理理论。在与国外企业的合作谈判中，他坚持民族品牌的底线毫不妥协。在社会上"一切用利益调节"的大气候下，他坚持进行爱国主义教育和共产主义教育，不断找差距、找不足，自己教育自己，自己完善自己，自己提高自己。在请明星当形象代言人的喧嚣中,他坚持企业家就是最好的形象代言人。在爱国主义教育流于形式的时候,他坚持在双星度假村摆放了岳飞、林则徐、戚继光、杨靖宇等民族英雄塑像,引导员工学习民族英雄的气概,真正把"创名牌是最好的爱国"融入到企业的发展中。在一片崇尚外国名牌、以消费国外奢侈品为时尚的潮流中,他坚持"民族的就是最好的",坚持创造"老百姓买得起的、中国人自己的民族品牌",体现了民族企业家的远见卓识,体现了中国杰出企业家的民族精神,形成了双星强大的团结力、凝聚力和战斗力。所以,他是坚持振兴民族工业、发展民族品牌的企业家。

4. 敢于冒险

改革者都是冒险家。我们原来不承认市场经济、不承认私有制,步入市场,一切都是新的,改革者的一切探索实践都成为被别人评论、指责、造谣、陷害的靶子。在三十多年的国企改革历程中,汪海总裁从没有间断地遭到非议、谩骂、告状,被扣上了30顶"黑帽子"。第一个偷着卖鞋,被扣上"无法无天"的帽子;改革初期进行企业整顿,被扣上"黑老大"的帽子;进行经济体制改革设立分厂,被扣上"不自量力想当大官"的帽子;带领开发人员出国考察市场,被扣上"游山玩水"的帽子;提倡创民族品牌,被扣上"神经病"的帽子;把双星鞋送给中央领导试穿,被扣上"有野心,想往上爬"的帽子;等等。但是,汪海总裁不畏流言、不惧指责、不怕争议,顶着莫须有的"帽子"坚持改革。现在汪海总裁总是戴着一顶象征着双星事业继续兴旺发达的"红帽子"。所以,大家都称他为"帽子企业家"。

5. 敢于实践

在国有企业当一辈子厂长、经理的大有人在,然而在一个国有企业做一辈子厂长、经理的却不多,三十多年担任双星的掌门人,汪海总裁成为中国改革开放整个历程的见证者、实践者、开拓者、冒险者、成功者和幸存者。他敢于创造,更敢于实践,从不因任何指责、诬告、阻挠而放弃自己的双星事业,从没有离开国企改革的最前沿阵地,从没有远离生产和市场的第一线。他坚持企业无小事;坚持带头做样子;坚持有部署、有检查、有落实;坚持抓具体人、具体事,一抓到底,多数时间都在工厂和市场,一进车间就是四五个小时,走一路、讲一路、教一路；坚持考察市场，一下车就进商场、进连锁店。他在实践中总结自己的理论，在实践中总结各项管理方法，在实践中提出重大创新项目，在实践中确立产品研发方向，在实践中调整产品结构和价格体系，在实践中了解员工的心声。汪海总裁敢于实践，使他的心和员工的心贴在了一起，形成了超凡的个人魅力，获得了超常的威望，全体双星人推举汪海总裁为"终身总裁"，而汪海总裁则谦称自己只是一个"鞋匠"。他这样评价自己：三十多年来，我给自己投两票，一票是市场经济的优秀共产党员，一票是"不进官场进市场"的职业企业家。

6. 敢于决策

汪海总裁在别人不认可、不理解、不认识的时候，敢于顶住压力，敢于承担责任，在发展的每个关键时刻敢于决策。在企业发展初期联营受到阻碍时，他超前二十年决策"出城、下乡、上山"，进了沂蒙山区，发展了双星。在企业转型吸收合并华青轮胎时，他遇到地方政府的百般阻挠。在重组东风轮胎，原来企业的部分领导组织群众围攻、谩骂时，他坚持自己做的是有利于民族轮胎业发展的好事，置个人安危于不顾，果断决策双星轮胎的发展大计，赢得了广大员工的敬佩和信任。在双星品牌进军高端市场，遭遇既得利益者的疯狂反对，受到市场"三低"旧习惯势力的重重阻力时，他敢于决策，为了双星的长远发展，理顺经营，敢调结构，敢进高端，开创了市场经营的新局面。在经济危机来临，发达国家为了控制中国的快速发展而设置的技术壁垒、反倾销制裁和打压、跨国集团侵略、品牌剥削"四座大山"的逼迫下，他敢于决策，转变经营方式，发挥"双鞋联动"的规模优势，进一步拓展了国内外市场，出现了在危机中双星各行各业始终保持稳定增长的新气象。

汪海总裁在近四十年的实践中，以"六敢"的精神，使一个制造加工业的老国企成为了一个罕见的长寿企业，也使自己成为始终活跃在经济转型期国有企业第一线的长寿企业家。汪海总裁的辉煌成就得到了社会各界以及国际机构的广泛认可，先后获得"五一劳动奖章"和全国优秀经营管理者、全国劳动模范、首届全国优秀企业家、对国家有突出贡献的中青年管理专家、全国十大扶贫状元、建国六十年山东百位英模人物等上百个荣誉；1993 年被载入《世界五千伟人录》；1995 年被评为"世界风云人物"，成为《共和国外交风云录》中唯一一人

选的最具个性的中国外交企业家。

他以思想家、政治家、军事家、哲学家的素质履行着民族企业家的职责,企业家的胆量、胆识、胆略,让他无可争议地成为中国改革开放企业史上代表性群体的标志性人物。有目共睹,他在中国传统制造加工业由计划经济向市场经济的转型中树立了一面旗帜,他在中国市场经济民族工业的发展历程中成为一个典范。

(二)主要效果

1. 培养造就了一支能打硬仗的"铁军式"骨干队伍

狠抓领导带头树形象的最直接的效果,就是培养造就了一支觉悟高、素质优、技能强、作风好的能打硬仗的"铁军式"骨干队伍,使双星不仅成为能生产优质产品和提供优质服务的特大型企业集团,而且成为培养造就优秀管理人才的大学校、大熔炉。大批从农村走出来的员工,经过双星这所大学校、大熔炉的教育、培养和锤炼,迅速成长为各级领导骨干,走上了各级领导岗位,有的公司,如鲁中公司被业界赞誉为双星集团的"黄埔军校"。从双星培养出来的骨干队伍,不管到任何地方、任何单位,都能够做到攻无不克、战无不胜,致使韩国和中国台湾地区的制鞋企业的老板也纷纷向汪海总裁要厂长。

2. 塑造了闻名国内外的民族品牌"双星"

在以汪海总裁为核心的双星"铁军式"骨干队伍的领导和带领下,打造了一个多产业、综合性、跨区域、跨国界的特大型制造加工业企业集团,塑造了闪闪发光、殊荣颇丰的民族品牌,为中国人增了光,为中华民族争了气。

三、典型实例

(一)汪海总裁率先垂范

以身作则,树好形象,感染和带动广大员工。汪海总裁到双星青岛轮胎总公司,一进车间,四五个小时就不出来。他说:"我所对得起的就是这两颗星……我追求的是'名',要争的是'气',这就是精神。"

为了尽快改变企业面貌,提高各项管理水平,汪海总裁多次带领集团领导进双星青岛轮胎总公司车间，下一线手把手地教管理技术，面对面地讲双星理论，在车间内一待就是大半天。为了解决存在的问题，汪海总裁经常现场办公，身先士卒为轮胎的发展出主意、想办法，经常工作到凌晨，第二天一大早又深入车间督查，使自己的脚步走遍了双星轮胎的角角落落，为双星轮胎的发展日夜操劳。仅对双星轮胎的讲话，就整理形成近50万字的指导性文件，可以说他把自己驾驭市场30多年的经验和自己的管理理论都毫无保留地奉献给了双星轮胎。正是在汪海总裁的亲身影响下，双星轮胎5 000多名职工领略了他的名人风范，领略了他"敢为天下先"的胆略和气魄，领略了他创立双星理论的巨大威力，领略了他反思维驾驭市场的广阔思路，领略了他超前决策、出奇制胜的卓越才能。正是他浑身洋溢的人格魅力，深深影响、指引和鼓舞了双星轮胎的干部职工，实现了前所未有的新跨越，迎来了双星轮胎名牌大发展的新春天。在他带领下的双星轮胎，在短短两年时间内，就取得了同行业瞩目的业绩，创造了奇迹。

双星轮胎在汪海总裁的领导下，开展了多次管理骨干培训班，关起门对照双星理论来找问题，并结合市场上的沉痛教训，自己给自己照镜子找差距，从思想、作风、意识、观念等方面进行了全方位的培训，以增强市场意识、增强名牌观念，让广大骨干真正从灵魂深处牢固树立了"一切服从于市场"的意识。

汪海总裁2005年10月到双星东风检查指导工作时，来到当时的斜交胎压延车间。该车间有一台原来从德国进口的压延设备，汪海总裁对设备的各个工艺细节仔细查看后，来到一个楼梯前，这是通往压延二楼平台的通道，二楼平台是观察压延机上部情况的一个平台，平常基本没有人上去看过。汪海总裁来到楼梯前，虽然楼梯很陡，只能一个人通行，但只见他迈着矫健的步伐，毫不思索，爬上了楼梯。后面的骨干赶紧跟上，来到了二楼平台后，汪海总裁又认真地查看了设备情况，时而指出要注意的细节。在场的许多骨干后来说，在这个车间干了十几年的老员工都还从来没有上过这个二楼平台，要不是这回跟着汪海总裁上来，还不知道上面是个什么样。正是汪海总裁带头抓管理不放过死角，才促进了双星各项管理水平的迅速提高。

正是汪海总裁的远见卓识、超越创新，才为双星确立了中国特色、市场导向的发展路线,并带领双星人成功摆脱了计划经济的束缚,变"等着别人给饭吃"为"自己主动找饭吃",最终走完了由计划经济向市场经济过渡的全过程,创出了全体双星人为之受益、为之自豪的双星名牌。由于汪海总裁的巨大贡献,始终受到员工们的拥护和爱戴,正如员工们在车间里发自内心地写道:"总裁,您辛苦了!"这便是全体双星人对汪海总裁深厚感情最真实的写照和独白。

(二)鲁中公司领导带头树形象①

汪海总裁说,集团政治经济工作会议以后,各单位在技术升级、管理创新、工艺改革、买断承包、深化内部股份制等方面都有变化,都在提高,特别是鲁中公司落实集团部署更迅速、更全面、更坚决,对一些创新项目行动快、落实快、见效快,在买断承包、体制机制改革方面总结了一些经验做法,非常值得大家学习。他指出,应该向鲁中公司学习:

1. 学习一把手听话、认真、带头做样子

鲁中公司是我们硫化鞋厂规模最大、人员最多、调整幅度最大的工厂,作为集团的老先进,要想做到先进再先进,对于总经理邢艺凤来讲压力是相当大的。她能够按照集团部署,发挥团队的核心作用,扑下身子抓管理,带动班子成员做好样子,不折不扣贯彻集团决策,掀起了全员创新的热潮,在深化细化内部承包股份制、创新和技术升级、体制机制改革等方面一直走在集团的前列。在落实集团"工艺零距离"改造中,第一个实现了长 2 620 米、落差达 16 米的零距离悬浮线;在实行"内部承包股份制"管理中,第一个进行厂币运作,单品种材料买断;在实现"冷贴变热贴"创新项目中,第一个实现了海绵、围条、包头、梗子的冷贴变热贴,改变了橡胶制鞋行业一百多年来的老工艺、老操作法。特别是2011 年鞋服出口形势严峻,在有的单位出口效益大幅下降的情况下,鲁中公司靠开发新品种,调好价位,解决了计划经济"顺加价"的做法,利用内销拉动,效益基本没有下降。大家对照一下,同样是集团要求,同样干出口鞋,为什么鲁中公司能做到而其他厂做不到?就是邢艺凤认真、听话、责任心强,落实集团决策不打折,鲁中公司才实现了先进再先进。

---

① 摘自汪海总裁在双星集团 2011 年 1—4 月份工作汇报交流现场会上的讲话。

2. 学习一把手的决心、执行力和落实力

一是领导要坚决。集团的战略决策是正确的,作为领导必须坚决执行,亲自靠上抓。邢艺凤执行我的决策最坚决,一抓到底,她只要有时间就到现场去鼓劲,教大家怎么干,帮着一起研究攻关,这才有了今天的成绩。所以,每一项工作都要靠领导的决心、执行力和落实力,因为大的创新项目在实施过程中会遇到各种问题,这些问题光依靠副总、工程师、操作人是解决不了的,必须一把手亲自靠上抓。所以,要学习邢艺凤对总裁决策的事情执行力、落实力到位,坚决干好的精神。

二是干就要快。工作要想干好就要快,不能拖拖拉拉、干干撂下。鲁中公司发展到今天靠的就是一把手对总裁的要求落实的快、执行的好。像他们包头、梗子短时间实现热贴,就是 20 天前我电话要求邢艺凤在实现海绵、围条热贴的基础上梗子、包头必须有所突破,他们不仅完成而且克服了车间空间狭小、无法应用大型辅助设备等困难,一边调试、一边试产,去掉手割大底的老工艺,将大底直接送到成型线热贴。所以,大家要学习邢艺凤这种主动动脑筋、想办法解决问题,落实快、执行好的作风。

三是意识要强。意识必须带有引导性、方向性,它包含两个方面:一方面是人品和道德,对工作的态度。邢艺凤具备好的人品和道德,干工作从来不讲条件,认真、听话、负责,如果她认为自己再干几年就退休,干一天算一天混日子的话就不可能干好;另一方面是主动调整产品结构和价位的意识。鲁中公司与别的厂不一样,它既承担内销也承担外销,既生产高档产品也生产低档产品,在调整产品结构上邢艺凤亲自抓,根据市场变化主动调整,在这方面鲁中公司和中原鞋厂是最好的。正是由于这两个厂主动调整产品结构,合理定价,我们硫化鞋才克服了产量大、批发网络逐步萎缩、零售市场产品体系和价格体系乱的不利因素,效益上升很快。所以,大家要学习邢艺凤主动调整产品结构和价位的做法。

3. 学习领导骨干包了也要抓、卖了也要管的精神

我提出"承包是管理的最好方法和最佳模式,2011 年要将内部承包股份制全面推开"。鲁中公司在积极推行的同时做到了包了也要抓、卖了也要管。一

方面,他们针对锅炉房承包效果不明显的问题专门召开现场会,当时制帮厂厂长刘义要求,锅炉房用煤指标今年比去年千双必须降低0.5公斤,通过领导骨干靠上抓,仅3、4月份就节约用煤7 500公斤。说明包了以后领导骨干认真抓才能搞好。另一方面,制帮厂实行单品种材料买断以后,始终坚持各项指标的严肃性,做到奖罚分明。裁断工李光星打破了传统从左到右的梯形排刀法,根据品种的需求采用多种形式的排刀方法,不仅创造了企业效益,而且提高了个人收入,鲁中公司及时推广,起到了较好的促进作用。所以说,"包"和"卖"只是一种管理方法,包了以后抓和不抓不一样,卖了以后管和不管不一样,在抓和管当中一样地考核、一样地检查,就会形成对外一个整体、对内化整为零,这个企业就被激活了。

4. 学习领导骨干改了还要再改、创了还要再调整的精神

任何一项创新项目的成功并不等于永远不变,而是要随着产品的变化、市场的需求不断调整。鲁中公司虽然实现了链子化、冷贴变热贴等一批双星独有的新工艺、新技术,但是他们并没有满足,而是不断改进、不断调整,使之更符合生产实际。像做鞋涂糊一直采用刷子刷胶,为了研制自动刷帮机,他们想了很多办法,搞了三年也没有成功,我也多次打电话启发他们不要局限旧思维,要跳出"转刷子、转鞋"的旧框框,后来他们转变思维,用两个滚子代替刷子取得了成功,他们没有就此停止,刷一遍糊和刷两遍糊、刷厚的和刷薄的、刷材料不一样都得换角度、换滚子,他们又多次改进,彻底取消了用刷子涂糊。我不要求你们领导都达到我这个水平,只要一把手按照我的意图去指导骨干,骨干按照一把手的意图改了还要再改、创了还要再调整,这个调整就要靠我们骨干,靠承包人,靠一线操作工。骨干要干好关键看三点:一是有没有动脑;二是有没有用心;三是有没有悟性。所以,大家要学习鲁中公司永不满足,不断超越自己,从领导层扩大到骨干层,再扩大到广大员工,真正打响商战中创新的人民战争。

5. 学习领导骨干从包到买、从内到外深化管理的作风

实施内部承包股份制,让骨干员工从过去公司给钱变成自己主动掏钱;从过去被动给企业干变成主动为自己干;从过去挣内部市场的钱变成挣外部市场的钱。实践证明:从包到买、从内到外,双星这一独创的管理模式是符合市场发

展的、是成功的，我们必须向前推进，只要能够独立经营的单位都要走向市场。我主张内部搞活，但绝对不能搞乱，不管什么体制必须要管起来，不管注册什么公司必须要绝对控股。因为注册公司是有双星这个坚实的后盾，给了双星品牌、给了"三名"优势，给了发展基础，我们首先要保集团、保员工的整体利益，这是个基本原则。大家不要认为包出去就不用管了，这是不对的。因为人会随着环境变化而改变，像鞋服改制后发了财忘恩负义的大有人在。所以，对双星青岛轮胎、双星东风轮胎等已经买断承包的公司不能放松管理。

6. 学习领导骨干对品牌的感情、激情和热情

鲁中公司能有今天的成绩，很重要的一点是领导骨干有着对品牌的感情、对企业的感情、对总裁的感情、对员工的感情，具备敢卖、会卖、用心卖的工作激情和热情，积极为企业发展献计献策。像鲁中公司设计了一款时尚女鞋，当听说青岛平台正在开订货会时，没有来得及硫化就把生鞋拿去订货，这在以前是从来没有的。我们知道制造加工业是用人最多、最累、最苦的地方，我们需要一支有激情、有热情、有感情、不怕苦、不怕累、尽心尽责的骨干队伍带领广大员工去拼，任何困难都难不倒，任何问题都能解决，也证明我们把企业文化与生产经营相结合的方向是正确的，只要这样坚持下去，相信在中国最后一个不能干轮胎、不能做鞋的就是双星。

（三）创新难题"不过夜"，连续奋战 34 个小时[①]

从 2011 年 6 月 9 日晚上 11 点到 6 月 11 日早上 9 点，一群永不服输的双星人苦战 34 个小时，在创新难题前全力攻关，完成了一项设备工艺创新改造的完美升级。

从影响生产、质量的瓶颈到双星特色新技术的诞生，一种落实问题不过夜的创新精神在这短暂而"漫长"的 34 个小时得以体现……

6 月 9 日晚上 10 点，汪海总裁不辞劳苦地到双星青岛轮胎总公司检查指导工作，在子午胎一厂对该厂正在进行的"胎侧、内衬层热贴"升级项目进行了指导并作出了具体要求。按照总裁指示精神，双星青岛轮胎总公司领导班子高度

---

① 车芳："不过夜的 34 个小时"，《双星报》，2011 年。

重视,连夜靠上抓、连夜带头干,该厂管理骨干快速反应、马上行动,连续奋战34个小时攻克新难题,再一次创造了双星特色新工艺,用落实指示不过夜的创新精神向双星九十周年献了一份厚礼。

胎侧一次挤出两根,劳动效率翻一番

汪海总裁检查子午胎一厂后,双星青岛轮胎总公司邴良光总经理带领张立、周士峰两位副总第一时间召集该厂主要骨干在创新现场"实地"讨论改造方案,并在改造中待在创新现场帮助工厂出主意、想办法。厂长张国栋、金伯国、刘汉军主动请缨带头干,生产、设备、技术主要骨干相互补台解难题,技术员王洪凯、口型工柴方顺斗志昂扬进行改进与调试,一线员工刘召荣、陈明霞在看到各级领导"连夜"抓问题的作风后深受鼓舞,在上完中班后主动留下帮忙调试,十余人围在创新第一现场忙前忙后、通力合作。这一夜,没有一个人离开现场,满是倦意的脸上是一双双布满血丝的眼睛和不服输的干劲。在创新攻关过程中,公司领导也挽起袖子带头干,帮助他们一次次调试,攻克一个个难题,来不及舒一口气,就马上向下一个"堡垒"发起进攻。改设备、改工艺、改操作,经过二十余次的试验,除 11.00R20、12.00R20 规格的胎侧外,其他规格已全部能挤出两根,并完成了与内衬层在线热贴的完美"连接",创造了双星特色的新工艺、新技术。这种具有双星特色的新工艺、新技术,使劳动生产率翻了一番。

"你们发扬双星人'四结合'团队创新精神,用不过夜的创新态度,连轴转创新攻关了 34 个小时,创造了双星人自己的特色新技术,要继续改、继续创,创造更多、更好的双星新奇迹……"

6 月 11 日上午,汪海总裁再次来到子午胎一厂检查工作时,对该厂能够在短时间内按照要求完成创新升级项目给予了肯定,短暂而"漫长"的 34 个小时里,凝聚着太多人的汗水与心血,集聚着太多人的智慧与力量。这些的背后,是敢想敢干永不服输的双星精神的体现,是落实问题不过夜的创新力量的集结,是全员攻关、群策群力团队战难题的升华。

精雕细刻抓改进,保证压合效果优

"每一个创新项目的诞生都需要集中群体的智慧与力量,不能单纯地为创新而创新,要在改进过程中找问题、找差距,保证最佳使用效果……"在创新攻关初期,双星青岛轮胎公司就发起号召,每个人立下铁铮铮的"军令状",举一反三抓落实,解决问题不过夜成为他们的最好写照。比如,进行胎侧、内衬层在线热贴项目试验时,复合后压实效果不好,设备管理员郑世斌带领崔桂荣、刘建业等人勇挑重担,跟踪改进压合项目,在公司及厂领导的参与改进下,他们没有一人喊苦、喊累,连续加班 20 个小时,在改进压辊压合方向的同时,举一反三找问题,先后完成了千层片压辊的安装、丝杠调节装置的改进等多项工作。经过两次改造、四次安装后,使胎侧、内衬层复合达到了良好的压合效果,为实现内衬层在线热贴项目的顺利完成奠定了坚实的质量基础。

34 个小时"不过夜"解决创新难题,再一次增长了双星人"困难面前不低头,敢于迎着困难走"的创新士气,锻造了不怕吃苦、勇于挑战、敢于较真的创新生力军,也再一次创造了"什么困难都难不倒双星人"的创新奇迹。

四、专家点评

毛泽东早就指出:"政治路线确定之后,干部就是决定的因素"。[1] 这句话虽然是针对全党和全国的宏观事业讲的,但同样适用于企业的微观事业。他这里讲的"政治路线",具体到企业,就是指企业的发展战略。

要搞好一个企业,没有正确的战略不行,没有干部的领导也不行。那么,应该怎样正确处理二者的关系呢?

首先,必须制定好发展战略。在这个阶段,能否制定好企业的发展战略,对搞好企业起着决定性的作用。

美国战略咨询大师杰克·特劳特说得好:"我早年任职于通用电气公司,之后接触了美国乃至全世界的成百上千个企业,因此有幸了解商业成功的关键。我不止一次地体会到,成功并非源自合适的人员、正确的态度、恰当的工具、适当的模型和合理的组织机构。这些因素都有助于企业走向成功,但必须要加上正确方向的引导。我认为,成功就是要找到正确的战略。"[2]

---

① 毛泽东:"中国共产党在民族战争中的地位",《毛泽东选集》(第 2 卷),人民出版社,1966 年 7 月,第 514 页。

② 〔美〕杰克·特劳特:《什么是战略》,中国财政经济出版社,2004 年 10 月。

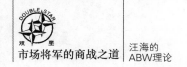
　　杰克·特劳特这里讲的,是企业还没有找到正确的发展战略时企业的工作重点。

　　其次,企业已经制定出正确的发展战略之后,就必须强调干部的领导作用。

　　在这个阶段,能否发挥好干部的领导作用,将制定的战略贯彻执行并落到实处,这对搞好企业就起着决定性的作用。

　　世界著名管理专家拉里·博西迪和拉姆·查兰说得好:"战略再好,如果得不到有力执行的话,也无法达到预期的目标。如果无法将想法变为现实的话,再宏伟的理念也是无济于事的。如果不能够得到切实的执行,突破性的思维将只是胡思乱想,再多的学习也无法带来实际的价值,人们无法实现自己的目标,所谓革命性的变革也最终只能落得胎死腹中。"①

　　在双星集团,企业的发展战略都是汪海总裁亲自制定的。所以,对广大的领导干部来讲,主要的任务就是坚定不移地贯彻执行汪海总裁为集团制定的发展战略,千方百计地将这些战略落实到位。这一点,双星的广大领导干部不仅心知肚明,而且在行动上交出了一份很优秀的答卷。

---

　　① 〔美〕拉里·博西迪、拉姆·查兰:《执行——如何完成任务的学问》,机械工业出版社,2003年1月,第16页。

第六个战术：

创新是活力

创新是活力

创新是市场竞争永恒的主题，是双星发展的灵魂和动力，是市场商战克敌制胜的"核武器"。在市场竞争中，只有创新才能发展，只有创新才能前进。今天不创新，明天就落后；明天不创新，后天就淘汰。不创新只能被动挨打，不创新只有死路一条。

——汪海

创新是双星发展的原动力，1989 年在双星第一届新产品设计大赛上，时任厂长的汪海总裁亲自参与评选投票

双星设计人员大奖赛现场

双星每年都召开创新总结交流表彰大会，鼓励员工创新、创新、再创新

双星被认定为全国制鞋业唯一一家国家级技术开发中心、鞋业检测中心,标志着双星制鞋技术达到新的高度。图为双星集团技术中心外景

双星打破百年黑色轮胎历史,研发出彩色轮胎,2011 年全面投放市场

双星机械研发的世界最先进的智能全自动液压双模硫化机

一、汪海语录

（一）创新的重大意义

● 创新是双星成功的基础和保证,是双星发展的灵魂和动力,没有创新就没有双星名牌。

● 创新是企业生存和发展的唯一出路,创新是市场制胜最有力的武器,创新是市场竞争永恒的主题。

● 今天不创新,明天就落后;明天不创新,后天就淘汰。

● 在企业发展中,谁创新谁主动,不创新就被动。

（二）创新的对象和任务

● 双星市场开发思路:市场是最好的开发部,市场是最大的样品室。

● 岗位是市场,竞争在机台,全员都创新,人人出成果。

● 设备创新零后患,工艺创新零公差,管理创新零死角。

● 岗岗创新,事事创新,人人创新。

● 打响商战中创新的人民战争。

● 市场是科技进步的动力,科技是市场竞争的法宝。

● 技术包含研发技术、工艺技术、管理技术、操作技术。

（三）创新成功的关键

● 反思维是人类成功的开始,只有反思维才能创造奇迹。

● 创新不分大和小,不在于年龄和学历,关键在于肯动脑。

● 最难坚持的是认真,最可怕的是无创造性。

● 全员创新,全面创新,全过程创新,全方位创新。

（四）怎样才能搞好创新

● 跟着市场走,围着市场转,随着市场变。

● 用创新的眼光去看待问题,用创新的思维去分析问题。

● 要破"五旧"、立"四新",即破除旧思想、旧观念、旧传统、旧框框、旧方法;树立新思维、新观念、新思路、新做法。

● 联合创新、团队创新、配合创新、结合创新，改变落后生产面貌，体现新思想、新精神、新面貌。

二、做法与效果

（一）主要做法

市场经济不变的规律就是永远在变。三十多年来，双星实现了从理论创新到全员创新、团队创新、超越创新、渗透创新、全面创新等"六创"，创出了企业发展的"双星新现象"，成为创新的发展者。

1．理论创新

双星人转变过去不重视创新、对创造性的工作放任自流的旧思维，提出"创新是双星成功的基础和保证，创新是双星发展的灵魂和动力"、"今天不创新，明天就落后；明天不创新，后天就淘汰"、"创新是市场制胜最有力的武器"、"岗位是市场、竞争在机台、全员都创新、人人出成果"、"大的敢想、小的敢改、好建议敢提"等一系列创新理论，大张旗鼓地鼓励创新、宣传创新、推广创新。在理论引导下，双星人认识到创新是市场经济企业参与竞争必不可少的关键因素。在创新理论引导下，出现了双星人"创新有灵魂、创新有方向、创新有目标"的新现象。

2．全员创新

双星人破除创新的神秘感，改变了"创新与己无关"的旧意识，指出人人都能创新、人人都会创新、人人都要创新。在双星，即使一个操作工对操作法有一点点改进，也会被鼓励，用这个操作工的名字命名操作法。双星人实现了"管理人员、工程技术人员、操作工三位一体"的全员创新，发动了一场商战中创新的人民战争，使许多过去根本不敢想、认为不可能，甚至办不到的事，不仅敢想了、可能了，而且办到了。每年，双星各行各业、各单位员工们提出的合理化建议都达到几千条，为企业创造上亿元的经济效益，出现了"全员创新、全过程创新、全方位创新"的新现象。

3．团队创新

随着创新的不断深入，跨行业的创新、大项目的创新越来越多，更加需要团队的合作。双星人在人人创新的基础上,提倡团队创新、联合创新、配合创新、捆绑创新,攻克大的创新项目。双星轮胎和双星胶粘剂厂联合创新,研制出双星独创的全钢胎胶片隔离剂。

双星硫化鞋和冷粘鞋的制作团队联合创新,攻克新材料的黏合难题,顺利完成了高档硫化工艺滑板鞋的出口任务。

双星轮胎和鞋业工艺零距离的创新,更是技术、工艺和设备等不同领域大力配合的结果,创造了行业领先的工艺流程。团队创新使双星各行各业、各单位间出现了大的创新项目大家齐心协力攻关的新现象。

4. 超越创新

以三十多年一贯制的单一老品种——解放鞋起家的双星,从追随模仿到超越创新,逐步建立起自己的研发队伍,创出中国鞋业唯一一家国家级技术中心,鞋业和轮胎同时实现了胶料"由冷到热"的工艺革命,改变了橡胶行业百年工艺,研发出神六、神七、神八航天鞋。

双星轮胎改变了中国轮胎行业"一胎通用"的历史,研发出"三王"(耐磨王、载重王、驱动王)、抗刺扎等系列特色轮胎,成为国庆六十周年阅兵仪式同时提供鞋和军胎的企业。双星用创新和实力打破了延续一百多年的黑色轮胎历史,创造了属于双星、属于中国人的彩色轮胎核心技术,研发出了双星彩色轮胎并成功投放市场,引领世界轮胎工业发展进入新的时代。

双星机械研发出了中国第一台水平分型造型机,为神六、神七、嫦娥二号配备了专用清理设备。双星以自主技术、研发、设计,出现了多元化、专业化、系列化、差异化、功能化产品和技术不断超越创新的新现象。

5. 渗透创新

双星发挥多行业并存的优势,提出各行业、各品种互相借鉴、渗透创新的新思路。双星硫化、冷粘、皮鞋、注射工艺"四鞋渗透",创出了硫化式防静电冷粘鞋。

双星轮胎受鞋的启发,生产出多色商标轮胎,解决了中国轮胎不能生产多色商标的历史。

双星鞋业和轮胎互相促进,实现了轮胎、鞋业的工艺零距离,告别了搬、拉、抬、扛的历史,创造了制鞋业世界上用人最少、效率最高的流水线。

双星机械研发了世界上独有的四模硫化机和多功能成型机。双星行业之间出现了互相学习、互相借鉴、渗透创新的新现象。

6. 全面创新

双星人创造了市场新理论;双星人创造了"以名牌为思想政治工作的纲"的新理念;双星人创造了企业管理新理论、新方法、新模式;双星人创造了工厂、物流平台、连锁经营一体化的市场营销新体系;双星人创造了品牌营销、情感营销、体验营销、文化营销的新境界;双星人创造了200%服务的新标准。双星人创新的概念涵盖了理论创新、政工创新、管理创新、技术创新、经营创新、市场创新、服务创新等。

双星人打破了盲目崇拜外国专家、迷信外国制造的旧习惯,提出"外国人能造,双星人敢改",破解了德国人的电脑控制程序,将单一用途的车床改成了万能车床;修复了日本人断定不能用的机器设备;打破了荷兰设备不敢修、不能动的神秘感;大胆改造进口设备,让已经被送进博物馆的德国代斯码注射机焕发了青春。

双星人在原材料、劳动力价格持续上涨的严峻形势下,一年消化几亿元不利因素,实现了从"双星制造"到"双星创造"的跨越,资产总额由不足1 000万元增加到60亿元;销售收入由不足3 000万元增加到120亿元;出口创汇由175万美元增加到3亿美元;员工年收入不断增长,实现了企业创新的持续发展。

(二) 主要效果

1. 创新使双星理论文化达到新境界

市场竞争最根本的是文化的竞争,文化、理念的创新是最大的创新。双星高度重视理论创新、文化经营、理念管理,提出了许多符合双星各行各业大发展的具有鲜明双星特色的、被实践证明是正确的、行之有效的新决策、新理论、新文化、新目标、新观点、新要求。比如,在企业发展战略上,提出了集团"五大支柱产业、八大行业"都要做大、做强,都要做成名牌,要"树百年品牌,建百年老店","将双星打造成中国综合性制造加工业大集团"等一系列新目标和新

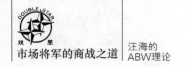

理论。

2. 创新使领导骨干工作质量发生新变化

双星重视抓各级领导的工作质量,亲自抓管理骨干的培养教育,各级领导、管理骨干创新的意识有了提高,工作态度发生新变化,带头创新。被动地"要我创新"的少了,站在圈外不进入角色、不创新的少了,不支持创新的少了,对创新说三道四、指手画脚、讽刺挖苦、看笑话、说风凉话、搞小动作的少了,思想守旧、保守、僵化的人少了;自己带头创新的多了,主动地"我要创新"的多了,支持创新、指导创新的多了,把创新作为领导者的本能的多了,集团上下各行各业、各单位形成了"全员创新,鼓励创新,创新光荣,允许创新有失误,不允许不创新"的良好创新氛围。

3. 创新使体制和机制产生新活力

体制和机制的创新决定了企业的发展和活力。双星不断改体制、换机制。比如,在轮胎公司的管理体制上进行了创新,作出了将轮胎、机械分开,各自独立核算、自负盈亏的重大决策,把过去依附于轮胎生存的机械等公司推向了市场。又如,在用好竞赛这个激励机制上进行了创新,把创新和岗位竞赛紧密地联系起来,激发了广大员工人人参与创新的热情,挖掘出了蕴藏在广大员工中的巨大创新能量。

4. 创新使深化管理跃上新台阶

在现场管理上,双星各单位都上了一个新台阶。比如,双星青岛轮胎总公司改变了"过去干轮胎就应该脏、乱、差,密炼车间就应该黑乎乎"的旧观念,在轮胎现场管理上进行了彻底革命,使轮胎公司的现场管理发生了深刻变化,展示了双星轮胎的新形象,体现了双星轮胎高水平的管理,反映了双星名牌员工的新面貌,受到了国内外客户、各级领导的高度评价。

5. 创新使技术进步实现新提高

双星各单位按照汪海总裁提出的"在改变技术落后面貌上要运用反思维进行破坏性创新、进行彻底革命"的新要求,打破旧的条条框框,在改造老工艺、老配方、老技术、老设备、老材料方面进行了大胆试验、大胆创新,开阔了技术进步的新视野,拓宽了技术进步的新领域,取得了技术进步的新成果。双星实现了"冷贴"变"热贴"、胶料不过水、轮胎生产不落地等传统工艺的创新,体现了"中国企业的水平"。

6. 创新使市场经营出现新局面

双星各单位在经营体制、经营机制、经营思路、经营方法、经营手段、经营政策上进行全面创新。比如,双星轮胎按照市场规律细化品种、细化市场,加大配套市场的开拓力度,加大出口市场的开拓力度,加大终端专卖网络的开拓力度,加大差异化产品的研发力度,取得了明显的效果。鞋服行业市场大调整,从工厂经营为主调整到大区、平台经营为主,服装改制一步到位,鞋服经营发挥三个优势初见效果;机械行业经营思路大调整,从单一经营产品向经营品牌、技术、服务的综合经营转变。同时,发挥"双鞋联动"规模优势,对推动国内国际市场的发展起到了很重要的作用,提升了市场综合竞争力。

7. 创新使政治工作找到新方法

双星各单位按照汪海总裁提出的"政治工作要市场化、现实化、具体化、人性化"、"要用市场理论凝聚人、调动人、启发人、振奋人"的要求,把生产经营的难点作为政治工作的重点,在政治工作的创新中探索出了政治工作的新方法,创造了职工群众广泛参与、自己教育自己的政治工作新局面。各单位用漫画教育展现创新理论、创新精神、创新成果的做法是一种非常通俗易懂的教育新方法。各单位结合实际开展的大讨论、大家谈、演讲、知识竞赛,举行的文艺演出、文体活动等都有很多方面的创新。

三、典型实例

（一）坚持自主创新,打造自主品牌——双星集团"三个极端"创品牌①

凡是想基业长青的企业,无不拥有一个响亮的自主品牌。改革开放三十多

---

① 林刚:"坚持自主创新,打造自主品牌",《青岛日报》,2003年。

年来,双星集团珍视自主品牌、注重自主技术、重视自主创新,坚持做大、做强自主品牌,由单一制鞋业裂变发展为制鞋、轮胎、服装、机械、热电五大支柱产业,拥有双星旅游鞋、双星专业运动鞋、双星皮鞋、双星全钢子午线轮胎四个"中国名牌"和制鞋业首个"中国驰名商标","双星"产品还出口到全球140多个国家和地区,在国际市场声名远扬,品牌价值超过492.92亿元。

极端珍视自主品牌

双星总裁汪海认为,双星名牌是双星科技的总标志,名牌是高科技中的高科技。双星的技术标准就是要成为名牌的支撑,实现自主创新,有市场竞争力,为市场所认可,经实践检验有经济效益。

双星在发展过程中也有过贴牌生产的经历。20世纪90年代初,双星自贴牌生产之初,就定下了"从追随模仿到创新超越"的目标,一步一个脚印地谋求与国际制鞋业先进水平接轨,然后做大做强自主品牌。双星在贴牌生产"抛尼"、"布鲁克斯"等世界鞋业名牌期间,建立了一支高水平、专业化的研发队伍,在产品研发上做到了"开发一代、生产一代、研制一代、储备一代";设计安装了国内第一条高档冷粘鞋流水线;创立组建了全国制鞋业第一家国家级技术研发中心。经过不断发展,双星逐步具备了能叫板世界鞋业名牌的实力。

为将自主品牌推向国际制鞋市场,双星因地制宜、因时而变,主要采取五个策略:一是在美国、德国、南非、中东等国家和地区建立海外分公司及海外代理商,专门负责双星海外销售及维护;二是针对小批量出口订单,直接与当地销售商签订销售合同,进行小批量非长线订单的出口;三是在产品开发、市场推广、形象宣传等方面,投入大量人、财、物进行精心运作,如设立双星英文网站和参加美国拉斯维加斯鞋展、德国GDS鞋展等国际展会,提高品牌知名度;四是树立战略眼光,增强品牌意识,强化商标的专属性,在33个国家成功注册double ★商标,在55个国家成功注册doublestar、名人商标;五是渠道联合、借船出海,如double★品牌已成功进入中东地区家乐福大卖场。

在做大做强鞋业品牌之后,双星又充分利用自身强大的品牌影响力,不断向其他产业延伸,涉足轮胎、服装、机械、热电等产业。双星制造的"汽车鞋"——轮胎,同样潇洒地"走"向世界各地,远销欧洲、美国、澳大利亚、印度尼西亚、韩国等 110 多个国家和地区。

极端注重自主技术

一个自主品牌想在世界称雄，必然要在高端市场见个分晓；而要博弈高端，必然要在核心技术上一较高低。双星极端注重自主技术尤其是核心技术，将其作为做大做强自主品牌的首要条件。

为在硬件上达到国际水准，双星在拥有国家级制鞋企业技术中心的基础上，又从国外购进最先进的研发设备，投资数百万美元建成了国内最齐全、最完善的检测中心，并将其打造成国内唯一一家由企业自主创办的国家级制鞋检测中心。

在双星，技术人员要求"四员合一"——既是技术员、开发员，又是质检员、信息员，必须深入生产和市场一线，同时精研国际同行业最新技术和理论，然后创新出自主技术。近年来，双星技术人员不但自主开发出多种系列的休闲化、轻量化、卫生化大众旅游鞋产品，而且开发出一系列高级运动鞋，大量技术填补了国内空白。其中，BR/SBR 基多相高聚物共混鞋底材料、绝缘特种皮鞋、空调气垫鞋、橡塑共混微孔底的研制开发，已经达到国际先进水平。

双星介入轮胎产业时，面对设备陈旧、技术落后的局面，在两年的时间里，先后投资近千万元，引进了具有国际先进水平的检测实验和设计仪器，组建了科研技术开发中心，并使所有新产品实现了计算机辅助设计系统研制开发。为掌握国际最新技术动向，追赶国际先进水平，双星先后 6 次派遣 67 人次赴法国、德国、意大利、日本等世界知名轮胎企业参观学习。同时加大产、学、研合作，海纳百川，为我所用。

"继承传统优秀的，借鉴外来先进的，创造双星独有的"，在这一创新发展思路的指引下，双星在最短的时间内掌握了轮胎设计的核心技术，目前已成功研制出新型无内胎钢丝胎、无内胎工程胎、砂石轮胎等 56 种新产品，其中有 7 项至今保持独家生产的优势，10 余项已申请国家专利。

极端重视自主创新

双星始终坚持自主创新，尤其是坚持独具特色的全员创新。在员工的思想意识里，自主创新不只是技术人员的事，而是每一个员工的事，每个员工都是创新的主体。正是最大限度地激发出了员工蕴藏的创造力,依靠全员创新的力量,双星不断开发出具有自主知识产权的技术。

双星将自主创新纳入制度化管理。上至厂长经理,下到机台操作工,工资都与创新挂钩,并将创新的软任务变成184条创新硬指标,规定"一个月不创新扣罚单位负责人100元,两个月不创新扣罚200元,3个月不创新待岗"。与此相对应的,则是对贡献突出的创新员工予以重奖、重用。每年的集团创新总结表彰会上,都有创新能手受到重奖,比如奖房子、奖旅游等。

在全员创新的过程中,一线工人的名字与其发明的先进操作法一起,成为双星的"金字招牌"。

（二）创新是企业发展的永恒主题[①]

近四十年来,双星集团总裁汪海以"敢于吃螃蟹"的勇气,带领双星人不断创新突破,把增强自主创新能力作为战略基点,让双星集团不断发展壮大。汪海经常提醒身边的人:创新是企业发展的源泉和动力,市场经济不变的规律就是永远在变。

提及突破性创新,汪海侃侃而谈:"现在中国经济发展趋缓,说明以往用市场换技术、用资源换外汇、用优惠政策换政绩、用廉价劳动力换投资、用土地换GDP的发展模式不可持续。我国经济要持续发展,以创新为动力,不断做大做强实体经济是明智之举。现在我国提出新型工业化战略,但是光伏、风电设备等产业领域已严重产能过剩。如今的中国,应该是处于日本当初'高加工度化'的时期,而现在日本、韩国、德国等仍然专注于制造业,即使是经济发达的美国在遭遇金融危机的沉重打击和长期经济下滑之后,也开始鼓励轮胎等行业的跨国公司工厂重回美国,认识到发展制造加工业的重要性。因此,中国应该脚踏实地,做好基本的制造业,要继续稳住低端制造加工业,同时进军中高端产业,这就要加快从中国制造到中国创造的转变。"

在"市场将军"汪海民族企业家的志气、责任、精神激励下,在双星创新理论指导下,在全体双星人的共同努力下,双星创新型企业建设取得丰硕成果,科

---

①　何沙洲:"汪海:创新是企业发展的永恒主题",《经理日报》,2012年。

技实力大幅提升,自主创新能力显著增强:双星环保轮胎属于双星独创,采用高科技环保、低碳配方,具有噪音低、节油、寿命长的特点;双星耐油轮胎打破了国外轮胎对中国的技术垄断,采用了双星独创技术、特种橡胶设计,耐油、耐酸、耐碱、耐腐蚀,是高性能轮胎;双星彩色轿车胎打破一百多年黑色轮胎"一统天下"的局面,采用了双星鞋业尖端制造技术,独创的彩色轿车胎,色彩绚丽、个性时尚;双星超宽轮胎实现了"一胎顶两胎",是双星高科技产品,承载力强,具有阻力小、节油的特点,深受欧美市场欢迎;双星专业鞋采用了双星自主知识产权的高科技技术,已形成专业网球鞋、专业乒羽鞋、专业排球鞋、专业篮球鞋、专业足球鞋、专业跑鞋等七大系列;双星特大号鞋、特小号鞋实现了"您有多大脚我有多大鞋、你有多小孩我有多小鞋",一双鞋的订单也做,并可以进行异型化、个性化定制;世界第一台四模硫化机是双星首创,可以一次性硫化四条轮胎,效率提高 1.8 倍,拥有 8 项核心技术……

从创名牌的初级阶段、发展阶段,进入高级阶段,双星人靠民族精神的支撑,靠超前正确的决策,靠严格的管理和永不停止的超越创新,最早创出了中国人自己的名牌,并实现从给人做鞋到给车做"鞋"的跨越,大长中国人的志气。

创新使双星增强了核心竞争优势,始终保持着生机和活力。从制造到创造,双星在高端市场拥有了竞争的主动权,成为首届全国企业自主创新"十大杰出企业"。

（三）双星为什么要研制彩色轮胎——双星集团总裁汪海答记者问[①]

编者按：

2011 年 11 月 16 日,全球首条彩色轮胎生产线在双星东风轮胎公司投产,一条条五颜六色的轮胎源源而出。为此,双星集团专门召开了一个新闻发布会,总裁汪海在会上就记者们围绕"双星为什么要研制彩色轮胎"而提出的各种问题一一作答,他的回答不但涉及双星的生产经营,还涉及双星的历史和未来。透过汪海总裁十分坦率、富于激情的回答,读者甚至可以看出,改革开放以来,中国轮胎企业和中国民族工业的发展脉络。

[①] 谢湘宁:"双星为什么要研制彩色轮胎",《中国化工报》,2011 年 11 月 17 日。

双星为什么要研制彩色轮胎

为什么要做彩色轮胎呢？有三个原因。目前美国企业对我们打压，所以我们下决心一定不能只是跟在外国企业的后面学技术，而应该超越他们，这就需要技术创新。外国人为了制约中国轮胎企业的发展，设置了种种技术壁垒。我们往美国出口轮胎，他们规定轮胎噪音不能超过多少，摩擦产生的废气不能超过多少等。轮胎噪音能超过发动机的噪音吗？摩擦产生的废气能超过发动机的尾气吗？明显这是他们设置的各种壁垒。这是其一。其二，他们还用反倾销来打压我们，最可笑的是美国政府用轮胎特保案来打压我们。法规是美国人制定的，法官也是美国人，他们既当运动员，又当裁判员，这是在实实在在地打压中国轮胎。加入 WTO 那是我们的荣誉，但所有世贸规则都是他们制定的，他们可以随意实施对我们的制裁。其三，跨国公司的侵略。发达国家的轮胎企业近几年是既掌握了技术，又掌控了市场，还操纵了原材料，价格由他们说了算，他说高就高，他说低就低。应该说这是他们的一种侵略，但你看不见。这就是跨国公司对我们的剥削。还有跨国公司利用品牌对我们的剥削。同样是我做的鞋，卖 200 元、300 元都不好卖，但只要一划上个钩子，就能卖 800 元到 1 000 元，你这不是上当吗？还有我穿的这个衣服，在欧洲可能就得 1 000 欧元，在中国也要一两千块，但料子都是中国的，也是中国人做的，只要贴上外国的牌子，马上价格就上去了。实际上这是对我们的一种剥削，看不见的剥削。改革开放，在座的各位当时很多还是小孩儿。我告诉你们，中国生产的生活必需品，在全世界是做得最好的、最丰富的，价格也是最低的。他们用他们的品牌占领了我们的心灵，看不见的，但又影响了我们几代人。这是什么问题？这不是侵略是什么？所以我们就是要对这种打压进行反击。彩色轮胎，既然你做不出来，我们做出来了，我们的价格就要高，我就能要价。说得大一点，中国企业要发展；说得再大一点，这是为中国人争气，为中国人争光。

其实我们 2009 年的时候就做出了彩色轮胎。来了一批南非的客户，当时就要下单。我们说这不行，现还在试验阶段，等合格了再进入市场。这说明彩色轮胎非常有市场。

那它的价格呢，肯定要比黑色的轮胎贵。一条彩色轮胎 2 000 多块钱，4 条轮胎要 8 000 块钱左右吧。这种个性化、市场化的轮胎与我们一般通用的轮胎价格肯定是不一样的。这个价格体现出技术含量、体现出核心技术、体现出中国人做的轮胎不比外国人的差，而且更好。我们的彩色轮胎是定色制、定时制、定量制，在座的各位记者同志，你们要红色的、黄色的、绿色的，会后登记一下，完全按照你的要求去做，你说价格应不应该贵？但请相信这个价格是合理的。

一个企业只有不断创新，只有永不满足地创新，才能发展。一个企业永远要跟着时代走，跟着市场的变化、人民思想的变化和时代的变化。跟不上这个变化，那么你就被时代淘汰、被市场淘汰。我们研究这个彩色轮胎，就是分析了我们中国随着改革开放生活水平的提高，随着"80 后"、"90 后"以及以后更年轻的人，他们对时尚的需求。我们对市场的分析研究，也使我们看到了这个市场发展的前景，所以我们作了这个决策。我相信我们这个彩色轮胎一定会受到我们年轻的、时尚的、个性的消费者的欢迎。

当然，一个新的东西想让大家一下子完全能够接受，这是不可能的。但我相信这个市场前景非常好。

双星彩色轮胎是自己的技术

彩色轮胎的研制和开发，在整个操作上与传统的黑色轮胎完全不同。用原来的工艺操作是根本不可能生产出彩色胎的。为了做成这个彩色轮胎，我们专门拉出来一个老车间进行了装修改造，前后搞了两年。对不起，工艺部分没让大家看，因为是商业秘密。我们在工艺上创新，就是要向全世界的轮胎行业证明，双星轮胎是世界轮胎中的一枝奇葩。

大家知道，双星过去是以给人做鞋为主。从单一的黄色胶鞋到五颜六色的鞋，双星都经历过。大家知道我们穿的牛筋底的鞋，那就是双星最早创造的。那时化工行业的天然胶不够用，全国都不够，做鞋的原料更不够。我说天然胶太容易让人家控制了，二战的时候，美国就控制天然胶，我们能不能想别的办法？后来我们找到了一位工程师，真好，研制了半年多，把牛筋底研制出来了。双星能够创名牌，就是从这个牛筋底开始的，而且比传统的黑底还好看。我们这个创新在全国橡胶行业得了个二等奖，还在全国第一次科技大会上获奖。现在这个工程师已经去世了，就是为了中国的合成胶研发累死的。但这个技术，这种精神,我们一直坚持到现在。给人做的鞋可以五颜六色,给汽车做的鞋颜色为什么不可以丰富多彩、个性时尚? 双星正是看到了这一点,所以坚信轮胎颜色也可以丰富多彩、个性化。

在工艺技术上,我们将轮胎制造工艺与制鞋工艺相互借鉴、相互融合,克服多种技术困难,从原料配方到工艺制定,进行了上千次的试验,创造出了属于中国人自己的核心技术,这是世界轮胎发展史上的一次重大变革。

彩色轮胎首先颜色鲜艳。从颜色来讲,黑和红相比,黑的污染要超过红。从环保上我举个例子,就可以证明了这个轮胎环保安全。我刚才讲了,牛筋底是透明的,做的鞋就好于黑色的,而且使用寿命也要长于一般的黑色,不可能比原来黑色的差。光这个颜色就需要工程师一两年的研究,颜色怎么变化,非常复杂。但我们有给人做鞋的经验。所以说两年多的时间研究出这个彩色的轮胎还不准确,这其实是我们三十多年的经验成果!

我一直不同意有的人的观点,说现在的青年不好。我们这次彩色轮胎的研发工程师基本都是"70后"、"80后",你怎么说,他们怎么干,为了补齐一个数据,连续几天不休息。你现在看到这个硫化变色演示,硫化前的颜色和硫化后的颜色不一样,这都是我们"70后"、"80后"工程师做的,通过研发这个彩色轮胎,我们培养了一批双星自己的"70后"、"80后"研发工程师,这些新一代的双星人其实就是社会上所说的农民工。比如,做出这个双色商标来的就是双星生产线上的一个农民工,做了二十多年配料工作,炼胶的老工程师带着他研发出来的。所以说,技术是从第一线的实践经验中获得的,并不是一定要什么高学历、高文凭的学者才能研究技术,才能干技术活儿。市场变化,必须要研发核心技术;要研发核心技术,必须有人才。发达国家欺负我们,我们必须要沉得住气,来教育我们"70后"、"80后"工程师,来引导我们生产一线的技术工人,没有别的,就是告诉他们,这个市场摆在面前,外国人欺负我们,我们要把志气变成我们的力量,变成我们的技术,创造出我们的产品,用我们的产品和发达国家较量。只要有理想、有目标、有毅力、有进取拼搏的精神,就是没有高文凭、高学历的农民工也一样能成为拥有专业技术的高级工程师。我非常高兴双星的彩色轮胎融入了我们年轻工程师的研发。

双星为什么要坚持民族品牌

双星是中国国内第一家上市的制鞋企业。20世纪末，当时的青岛市长找到我，上汽车，给你3个亿。我说，上汽车？你看看国内引进的都是国外淘汰的汽车，有什么技术价值？后来市长又找我，说青岛啤酒走下坡路了，用3个亿把青岛啤酒搞上去吧。当时有人给我说，你可以花钱去国外买技术。我一听要花钱买技术就不干了。因为我有这个经验，凡是外国人卖给我们的，绝对都不是高科技。但领导总是来动员我，还有那么一笔钱，我就考虑，上汽车、上啤酒不如上轮胎，因为做鞋和做轮胎都需要橡胶原料，起码这个领域我懂。所以，我就说3个亿我必须用来上轮胎。后来市里把一个要破产的轮胎企业交给我，我用这笔钱上了钢丝胎。就是这样发展起来的。

我们这个青岛企业怎么又跑到十堰来了？7年前，十堰的东风轮胎厂搞不下去了，马来西亚金狮集团在这里投资10年，因为经营管理不善，被迫停产，这么大一个国有企业，市里急得团团转，找到省里。当时省委书记是俞正声。俞正声在我们青岛当过市委书记，我从做鞋到做轮胎的过程，他清楚、他支持。他就把我找来，问我，能不能接东风轮胎？我当时也是很紧张，这么有名的企业，要是搞不好，砸了双星的牌子是小事，赔了那么一大笔国有资产是大事。但是我又一想，凭什么中国人就搞不好自己的企业呢？难道一定要外国企业来兼并吗？我一咬牙，接了。当时当地人都不理解、不接受，我到十堰，刚下火车，"双星滚回去，汪海滚回去"的标语赫然在眼前，厂门口围着几百名东风轮胎的职工，许多人都不看好，说"一个做鞋的，能管好做轮胎的？"我说，"能给人做鞋，就能给车做'鞋'，关键是你有没有自己的技术，有没有自己的管理，有没有自己的精神！"双星没有被吓退，我们坚持了下来，东风轮胎变成双星东风轮胎以后两年，双星轮胎就成为中国轮胎十大民族品牌之一。

我们当初为了学外国的技术，交了高昂的学费，买了他们所谓的核心技术，现在看全是骗人的，二流货！我就给你们举个简单例子，做轮胎的那个帘子布，压5条线、6条线，用的时候就得一段一段地叠上一点才能压住。这个技术是从国外学来的。之后我们发现，这套技术只适用于拖拉机啊什么的低档车胎，因为它跑起来就不平啊，就影响速度啊！用这种技术，轮胎根本跑不长。我们后来大胆创新,解决了这个难题。别以为这个没什么,轿车轮胎一跑就是四五个小时,而且速度都很快,这个技术难题不解决,轮胎质量档次都上不去。我们这个彩色胎在作性能测试时,按国家规定要高速持续跑34个小时,我们最多跑了54个小时还没坏。我们在试验的时候找了出租车。为什么找出租车试验呢?因为出租车跑得狠,它的磨损、它的使用,就是最好的验证。

近年来,随着世界经济的发展,西方发达国家对中国的技术制约越来越厉害,特别是轮胎行业。最典型的就是美国的轮胎特保案。所以期望别人能同情你、帮你,死了心吧!中国的轮胎企业只有不断创新,掌握轮胎制造的核心技术,才能在国际轮胎市场站住脚。

我相信,这个彩色轮胎,改变了中国轮胎无创新的历史,它将会对双星民族品牌的轮胎带来大的发展和提高。更重要的意义是让外国人知道,中国人并不比他们差。他们只认那些规矩,只会走4个边,不知道还可以走对角线。我跟外国人谈判,后来气得我不去谈了,叫我的总经理去谈,我在宾馆睡觉。中国人既可以走4个边,也可以走对角线。这就是中国人聪明的地方。当然,中国人的这种智慧领导好了就能发展,领导不好就用到生产假冒伪劣产品上了。所以外国人怕我们,知道我们这个民族的厉害。

早在改革开放的初期,我们就提出了只有反思维才能创造奇迹的创新理论,并不断进行大量的实践创新,使双星鞋业获得了中国的第一个驰名商标。2002年,我们抓住中国轮胎行业调整重组重新洗牌的机遇,积极实施了战略转型,主动涉足了轮胎行业,短时间内创出了中国轮胎十大民族品牌之一。可以说,"继承传统优秀的、借鉴外国先进的、创造自己有特色的",这是双星持续发展的动力。创造属于中国人自己的核心技术,是双星人持续创新的目标。面对西方发达国家给中国轮胎行业带来越来越多、越来越大的困难和阻力,双星打破了一百多年来黑色轮胎"一统天下"的历史,打破了轮胎行业的老工艺、老技术、老结构、老配方,创造了双星特色的新工艺、新技术,创新了轮胎工业发展的新时代,这就是中国人的力量。

四、专家点评

江泽民同志指出："创新是一个民族的灵魂,是一个国家发展的不竭动力。"汪海总裁也常说："双星文化的灵魂是创新。创新是双星成功的基础和保证,是双星发展的灵魂和动力,没有创新就没有双星名牌。"

"创新"是现在社会上使用频率极高的一个概念,其范围能辐射到党政机构、军事组织、经济组织、科技部门、教育院校、新闻媒体、社会服务等方方面面。就以企业界而论,有许多企业都把"创新"的调子喊得很高,也能把"创新"摆在企业工作的一定位置,但实际取得的创新效果却不尽如人意,能像双星取得这样显著创新效果的企业更可谓凤毛麟角。那么,原因何在? 根本的原因就在于:许多企业仅仅把"创新"当作一句口号挂在嘴边。

双星的创新所以能取得显著的效果,是因为以汪海为核心的双星领导,不仅高度重视创新,而且把"创新"当作一项系统工程,当作企业文化的灵魂,摆在集团工作的重要位置,并采取多种切实可行的措施去落实这项工作。他们的主要措施是:

(1)为创新提供强大的动力。加大体制和机制改革力度,夯实各项基础管理工作,为打好商战中创新的人民战争提供源源不竭的动力,做到了"岗岗创新,事事创新,人人创新",实现了"创新无死角"的具体要求,改变了落后的生产面貌,体现出新思想、新精神、新面貌。

(2)形成全员创新的理念。加强思想教育和宣传工作,从上到下形成全员创新的理念,营造浓厚的全员创新氛围。

(3)抓好领导和技术工人的创新。领导是关键,是创新的领头羊;技术工人是创新的主力军。

(4)加强创新队伍建设。坚持走领导管理者、工程技术人员和操作工"三位一体"的创新之路。

(5)全面规划,突出重点,全力抓好重点创新项目。

(6)开展市场化的岗位竞赛,掀起全员性的创新热潮。

(7)营造一个有利于创新的环境和氛围。提倡创新,鼓励成功,允许失败。

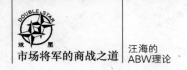
（8）提倡和鼓励团队创新、联合创新、配合创新。

以上八点，就是双星创新能够取得显著效果的深层原因，也是双星创新经验的精髓。

第七个战术：
制度是天条

制度是天条

　　双星的各项规章制度,大都是经职工代表大会讨论后制定的,因此被职工们称作双星的最高"家法"。谁要是违反了,不论资历有多老,成绩、贡献有多大,处罚起来都是毫不含糊的。双星的规章制度是经职工代表们制定的,它就是企业的法律,就是我这个老总也不能随便违背。

——汪海

1992 年，全国学吉化现场会在双星召开，全国大企业纷纷到双星学习管理经验。原化工部副部长贾庆礼对双星的一流管理给予高度赞扬

严格的制度是企业管理的基础，从 20 世纪 80 年代初，双星就实行军事化管理

一、汪海语录

（一）管理制度的重要意义

- 理论是指导，法规是保证，落实是关键。

- 纪律严明事业就会成功，纪律松懈事业就会垮台。

- 管理是企业克敌制胜、保持竞争不败的法宝。

- 双星事业的发展，内外销市场的开拓靠的就是我们的管理过硬，我们最拿手、最为外界佩服的就是管理。

（二）管理制度的特点

- 双星的规章制度就是企业的法律，任何人都不能违背。

- 铁的意志，铁的纪律，铁的作风。

- 用标准战胜人情，用人品树立正气。

- 双星企业作风：严、高、细、实、快、勤。

- 市场经济条件下的制度、法规和标准不是一成不变的东西，必须随着时间的推移、历史的变革制定出与当前发展相适应的制度、法规和标准，严格法规、完善制度、统一指挥。

（三）双星法治管理的目标和要求

- 有岗就有责，有责就有法。

- 制度是衡量工作好坏的标准，是综合素质的体现，是做人标准的体现。

- 制定法规制度全，执行法规制度严。

- "人治"转向"法治"，推进名牌发展。

- 取天下之长补己之短，借四海之力振兴双星。

（四）怎样才能执行好管理制度

- 人在双星厂是家，遵守制度靠大家。

- 端好双星碗，吃好双星饭，守好双星法，尽好双星责。

- 突出一个"严"字，打破一个"情"字，收到一个"实"字。

- 有情的领导、无情的纪律；全员从严、领导从严、严而公正、严而有度、严

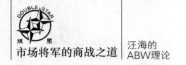

而有情、严教结合。

二、做法与效果

（一）主要做法

1. 职工参与，民主管理

在改革开放初期，当很多企业将职工代表视为"摆设"、"可有可无"时，双星就建立了职工代表制度，成立了民主管理委员会，让职工代表参与和监督企业管理，并把职工代表"当家"这个好传统一直坚持到现在。

2. 依靠权威，人治管理

在事业发展中，权威管理及人治管理是必需的，但它仅仅是暂时的。因为"权威"总是和"人治"联系在一起的，而"人"受宇宙间新陈代谢规律的制约，总是有生命周期的。

3. 建章立法，法治管理

法治管理就是制定一整套厂规厂纪、管理标准，即企业的"家法"。一位台湾厂商参观了双星后连声惊叹："双星的管理真是细到家了！"在事业发展中，唯有法治管理才是长期的、永恒的。

4. 提高素质，道德管理

道德管理是一项长期的教育问题，它主要是依靠提高个人的觉悟和道德水平起到管理的效果，这种管理能使人做到"慎督"，即能"自己管住自己"。但是，如果完全地依靠道德管理在多数情况下也是行不通的，它必须和法治管理相结合才能见到成效。

5. 感情投资，亲情管理

汪海总裁经常教育干部："人是兴厂之本，管理以人为主。"他一贯坚持"用亲情温暖员工，用感情留住员工，用真情激励员工"，"要让广大员工觉得'在这个企业干，有发展，有希望'，甚至有一种'回家'的感觉"。这就是他创造的感情投资，亲情管理。

6. 塑造灵魂，文化管理

文化理念的经营是一种高层次的经营，文化理念的管理是企业最高层次的管理，所以，要用文化理念去教育人、改造人、团结人。管人最重要的是文化管，人管人累死人，文化管人管灵魂。

（二）主要效果

1. 真正实现了职工是企业的主人

双星集团在改革开放初期就建立了职工代表制度，成立了民主管理委员会，让职工代表常年轮流脱产参与和监督企业管理，让职工代表"当家做主"，这个好传统走过了三十多年，一直坚持到现在。这个管理创新服务企业管理，凝聚发展合力，赢得了职工的普遍称赞，并取得一定的经济效益。双星集团广大员工每年都提出合理化建议近万条，创效益几千万元甚至近亿元，挖掘出了蕴藏在员工中的巨大能量。

2. 极大地提高了双星的现代科学管理水平

双星各行各业都结合实际制定了详细的规章制度，还创造了具有双星特色的"九九管理法"，荣获了全国现代化企业管理创新成果一等奖。这一套管理体系深深折服了前来调研的中国社会科学院工业经济研究所的专家们，他们在专题考察报告《双星之光——青岛双星集团公司经营管理考察》中，对"九九管理法"给予了高度评价，认为它是具有中国特色的企业管理方法，丰富和发展了社会主义市场经济理论体系。中国企业管理协会、中国企业家协会将其列入了向全国推广的 22 种现代管理方法，在全国的企业界进行推广。

双星的管理不仅在国内名列前茅、有口皆碑，而且受到了国际赞誉。美国人评价"双星是世界上管理最好的工厂"，日本人主动到双星工厂学习，韩国人开出高薪找汪海总裁"要厂长"。双星凭自己过硬的管理赢得了市场的认可，赢得了行业的尊重，赢得了外国人的佩服！

3. 培养造就了一大批懂管理、善经营的领导骨干队伍

双星集团不仅是一个生产优质产品和提供优秀服务的特大型企业集团，而且也是一所培养企业管理干部的大学校、大熔炉。大批从农村出来的青年男

女,经过双星这所大学校、大熔炉的培养和锤炼,走上了各级领导岗位。

4. 保证了双星集团的健康发展和双星品牌的成功与辉煌

由于双星具有世界一流的管理水平,保证了集团的健康发展和双星品牌的成功与辉煌。双星以其辉煌的成就,为国家争了光,为民族争了气,不愧为中国名牌、世界名牌!

三、典型实例

(一)双星人头上的"达摩克利斯之剑"①

在 20 世纪 80 年代初期,企业的民主管理只是一句空话。人们都习惯地说:"工人是企业的主人,干部是人民的仆人"。可是,工人何曾真正当家做主?干部又何曾真正全心全意地为工人们服务?尤其是在一些积弊甚多的国有企业,劳动纪律、规章制度似乎都是针对工人制定的,干部们却可以逍遥"法"外,不受约束——他们上班可以喝茶、聊天、看报纸,可以迟到、早退,可以逛街、干私事。

反过来看,作为企业的主人,工人的主人翁意识和主人翁观念又是怎样的呢?——反正是铁饭碗,得过且过,消极怠工,自由散漫,不负责任,这些都是习以为常的现象。有些工人还是"家贼",经常偷盗厂里的鞋楦、鞋料和鞋。当时汪海采取措施加以查处,3 天内查出了 28 人次,其中有人公然对着干,竟被连续查出 3 次。汪海毫不留情地进行了严肃处理,并把这个被查出 3 次的工人开除了。结果有人借题发挥,告状告到了市总工会、市委,说汪海检查工人的包,是"侵犯人权",是"非法搜身,迫害主人"。

汪海义正词严地驳斥道:"工人是企业的主人,我当厂长是仆人。仆人看门,主人偷?世界上哪有这种道理!"

此事惊动了青岛市委,市委专门召开了常委会。原市委书记刘鹏听完各种

---

① "达摩克利斯之剑"的英文是 The Sword of Damocles,用来表示时刻存在的危险。它源自古希腊传说:狄奥尼修斯国王请他的大臣达摩克利斯赴宴,命其坐在用一根马鬃悬挂的一把寒光闪闪的利剑下,意指令人处于一种危机状态,"临绝地而不衰",或指随时有危机意识,心中敲起警钟等。此处借用这句外国名言,来比喻双星公正而严明的"民主管理委员会",就像是悬挂在双星人头上的一把"达摩克利斯之剑"。

汇报后说:汪海抓小偷对不对? 抓到了没有? 既然抓到了就应当处理,难道我们市委常委会还要作出一个支持小偷的决议吗? 市委主持了公正,事情这才平息下来。

由此可见,在旧体制下主人与仆人的概念是笼统的、模糊的,它们之间的关系甚至是完全颠倒的。

那么,主人的权益体现在何处? 仆人又该尽到怎样的义务? 在新的历史条件下,这主、仆之辩应当如何拨乱反正? 更重要的是如何转化成企业管理的积极因素?

对此汪海有着自己创造性的构想。"没有全体职工参与的企业改革,只能是空中楼阁,只能是纸上谈兵。"汪海讲,"我们党组织不能代替职工进行民主管理,而要组织、支持他们的工作,使工人们真正体会到当主人的含义。"

他建议成立一个民主管理委员会,作为职工代表大会的常设机构。这个民管会的成员由职代会的代表中产生,脱产参与企业管理,半年轮流一次,其职责就是监督评议企业干部。这个机构还在下属各公司、各部门设立了民主管理小组,形成了从班组到厂长的监督网络。民管会的权利可不小,下可参普通干部职工,上可参集团总裁,可以说是双星管理上的最高权力机构。民管会的职工代表有权听取和审议集团总裁的工作报告,对企业的经营方针、长远规划、年度计划和职工福利等重大事项行使审议权,对中层以上管理干部行使监督评议权。双星还明确规定,凡是被民管会点名批评超过 3 次的中层以上干部,将受到免职的处罚。

民管会一成立,首先把管理部门,特别是中层干部的劳动纪律作为第一仗来打。仅 1 天考勤,就查出 6 名干部迟到早退,4 人擅离岗位不知去向。民管会把这个考勤情况公布了出来,对这些干部点名通报批评。

没想到这一下捅了"马蜂窝",被点名批评的干部气急败坏,其中有一位绰号叫"女皇"的女干部,出名的不好惹,她一见通报暴跳如雷,冲到宣传栏前,一把把通告扯下来撕碎了,然后跑到工会大闹:"汪海发动群众整干部,等着瞧吧,没有好下场!"

汪海给民管会撑腰打气:"你们是企业的主人,主人管仆人没有错,不要怕,

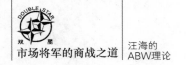

出了事我来承担。撕了可以再贴,我就不信正气压不倒邪气。"

当天晚上,通告又被贴到了厂门口的宣传栏上,工人们里三层外三层地争相观看,群情振奋。从此双星的干部人人都有了压力感,有的还被称为"黑板干部"——干得好可以留在任上,干不好就会被工人们擦掉。所以,在双星的管理岗位上,几上几下的干部并不罕见。

集团有一位副总裁,因分管的下属单位积压了一批纸箱,给企业造成了损失,被民管会检查出来,经过职工代表民主评议,被免掉了当月奖金。1987年2月,因为1月份生产计划没能完成,民管会追究责任,为此发生了争议:有的职工代表提出,作为主持全盘工作的厂长,对此理当负有责任,应扣发当月奖金;有的则认为没完成生产计划有许多客观原因,处罚厂长不合理。经过一番讨论和评议,最终决定扣发厂长汪海当月奖金。这是汪海自参加工作以来受到的唯一一次处罚。

民主管理委员会公正而严峻,有如高悬在双星人头顶上的"达摩克利斯之剑",它在双星绝不是徒具形式、无足轻重的摆设。这种机制让广大工人参与了改革、参与了管理,它体现了社会主义企业管理的本质特征,使工人的自主意识和自身价值得到真正实现。这是双星推行以人为本、民主管理的一大创造,具有很好的借鉴意义。

(二)"从严治厂"大讨论①

1990年9月,青岛橡胶九厂开展了"从严治厂大讨论"。这次大讨论的主要指导思想有三个:一是通过专题讨论,认真总结橡胶九厂从严治厂的经验教训。多年来,汪海厂长带领全厂职工探索符合中国民族工业特点的、有中国社会主义特色的发展道路,取得了很大成功,其中最成功的经验就是从严治厂、严格管理、严格要求,开展从严治厂大讨论,就是对这些经验、效果进行认真总结并上升到理论,补充完善"双星九九管理法"。二是通过讨论统一思想认识。虽然绝大多数干部职工认识是好的,但部分职工对从严治厂方针的理解认识上还不一致,必须尽快解决这一问题,通过讨论使广大干部职工在从严治厂方针

---

① 星宣:"我厂开展'从严治厂'大讨论",《双星报》,1990年9月17日。

上统一思想、统一认识、统一行动、统一步调,为继续坚持从严治厂打好思想基础。三是通过讨论促进双星事业发展,保证整个管理再上新台阶。

这次大讨论要重点解决三个问题。首先,要解决为什么要严的问题,也就是为什么要把从严治厂作为治厂方针。从企业内在要求来看,方方面面都需要严肃的态度、严细的作风、严明的纪律、严格的管理。其次,要解决怎样理解"严"的问题,搞清楚什么是"严"。要明确严的内涵是具体的,包括全面认真、及时准确地执行各项纪律、制度、法令,坚决又雷厉风行地完成领导交给的各项任务;严的范围是全面的,严要作为一个方针、一个原则贯穿到企业各项工作中去;严的内容是不断发展的,严是一个方针,也是一个标准,从敢不敢严、善不善严、严的效果,看职工的思想素质、业务能力、工作水平;严的概念是绝对的,又是相对的,严是手段不是目的。最后,要解决今后怎么严的问题,这是大讨论要解决的最重要的一个问题。应坚持五个原则:全员从严的原则;领导自身从严的原则;严的公正的原则;严教结合的原则;严情结合的原则。

（三）从"人治"到"法治"

要想创名牌、发展名牌,要想过好市场这一关、吃好市场这碗饭,必须建立一套完善的、适应市场发展的、符合自身实际的制度法规,这是不以人的意志为转移的。回顾双星的发展历程不难看出,双星之所以能够发展到今天,与制度法规的贯彻落实有着密切的关系。以定置定位的现场管理为突破口,通过数字跟踪、资金切块和管理的细化、量化、深化,双星取得了突飞猛进的发展,由此创出了双星名牌。这当中以汪海总裁为代表的老一代双星人创造了一套独具双星特色的管理方法,创造了一套行之有效的市场理论,并且提出了"人治管理、道德管理、权威管理、法治管理"的论述。

双星集团在制度法规的制定和贯彻落实方面做到了"全、细、严、深、变、带"六个字。

（1）"全"。所谓"全",并不单纯地表现为双星所制定的方方面面、上万条制度法规,要知道这仅仅是形式上的一种体现,更重要的是这一制度法规是包括了领导、职能处室、生产经营、后勤保障、市场经营等多方面内容的制度法规,尤其是对管理人员所制定的制度法规更严、更细。

　　（2）"细"。所谓"细"，就是双星所制定的制度法规细到了一根针、一根线，细到了每个岗、每个人，而且基本做到了"有人就有岗、有岗就有责、有责就有法"，由此使每个岗、每个人做事有标准，行动有指南，工作有方向。

　　（3）"严"。所谓"严"，就是双星在制度法规的贯彻落实方面，制定严、考核严、执行严。如果有了"全而细"的制度法规，大家不去严格执行，而是将制度法规"写在纸上，挂在墙上，锁进抽屉里"，必将是废纸一张，由此也必将使制度法规流于形式，并带坏了作风。严肃法规、严格执法是一切工作得以顺利发展并巩固提高的基础和保障。

　　（4）"深"。所谓"深"，就是双星所制定的制度法规能够不断地延伸、不断地完善、不断地提高，尤其是能够将制度法规与工资分配结合起来，能够和"钱"紧密结合起来。因为"深"的含义不仅仅体现在形式上、口头上或是纸面上，更重要的是要和自身利益挂钩，通过重奖严罚，才能够真正达到"无缺陷管理、零质量损失"的目的。

　　（5）"变"。所谓"变"，就是双星所制定的制度法规能够根据工作当中暴露出的问题与失误及所取得的经验和教训不断地修改、不断地完善，这也是符合市场发展运行规律的。因为市场是在不断发生变化的，产品是在不断发生变化的，这就要求我们所制定的制度法规必须随着市场及产品的不断变化而变化，如果大家在制定完制度法规之后就认为一切都"万事大吉"而不管不问，必将不适应市场发展对我们的要求。因为市场经济没有永远不变、一成不变的东西。双星各级领导依据市场变化不断地去学法、制定法、执行法，要用制度法规缩小与市场的差距，从而跟上市场快速多变的发展步伐，以符合市场的要求。要想进一步提高各项工作水平，搞好市场经营，执行层和管理层都能够对双星负责、认真做好各自本职工作，别无其他选择，只有通过制度法规的贯彻落实、严格执行才能达到这一点。

　　（6）"带"。所谓"带"，就是双星各级领导在制度法规面前能够带头学习、带头考核、带头执行，即使公司领导触犯了制度法规，同样也是依法办事、照章处罚，根本不存在网开一面的做法，真正将"在双星法规面前人人平等"落到实处。

在制度法规面前，要处理好"四个关系"：

（1）要处理好制度法规和"钱"的关系。制度法规的贯彻落实要和利益挂钩，要和奖罚结合。如果做不到这一点，仅靠单纯地"说教"，制度法规必将流于形式，形同废纸一张。

（2）要处理好制度法规和考核的关系。制度法规健全完善以后，不认真贯彻，不认真考核，而是将它"写在纸上，挂在墙上，锁进抽屉里"，同样也见不到任何效果，这不仅浪费了时间、浪费了精力，而且必将流于形式，带坏了作风，造成执行层和管理层弄虚作假、欺上瞒下的现象发生。所以说制度法规执行得好与坏、作用的大与小，关键要看大家在工作当中考核的认真不认真。

（3）要处理好制度法规和市场的关系。正是因为大家缺乏集团大局意识，没有制度法规约束，致使以"本位主义"、"小团体主义"为代表的不良现象滋生蔓延，这是事业发展、名牌提高潜在的最大危险。大家要通过树立集团大局意识，严格执行制度法规，将"本位主义"、"小团体主义"等坏作风彻底根除掉。另外，在制度法规的贯彻落实中还必须要有铁的手腕，无论是谁，只要触犯了双星的制度法规，都要依法办事、照章处罚。

（4）要处理好制度法规和管人的关系。制度法规的建立就是为了约束人、管理人、教育人，如果大家做不到这一点，尤其是手中掌有实权的管理层、执行层或是"好人主义"严重，或是"遇到问题绕道走"，那么必将被双星的发展所淘汰；也可以说，这些人不仅不是"好人"，而是最大的"坏人"。

双星所总结创造的这套制度是双星市场理论进一步深化、细化的具体体现。要知道双星市场理论仅仅是务虚的概念，是具有社会哲学观点、具有辩证统一观点的理论；而观点和理论比较抽象，贯彻落实的难度比较大，要想使这些理论观点更好地指导工作，必须要有一套符合这些理论观点的制度法规作保证。由此也说明这套制度法规不仅是双星人进入市场近四十年来最宝贵的财富，更是对新一代双星人、对整个双星事业的发展提高最大的贡献。

"用制度法规约束我们的行为，规范我们的管理，以此培养建立一支'政治领先、素质过硬、作风硬朗、纪律严明'的新一代双星骨干队伍"，不仅说明双星人的成功、双星人的成熟，更说明双星人在政治上的提高，如果我们做到了这一

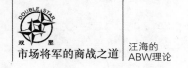
点,必将在今后的发展中再上一个台阶。

四、专家点评

双星的管理基础是"两眼盯在市场上,工夫下在管理上"。双星的管理信念是"只有没管好的企业,没有管不好的企业"。

要管好企业,没有管理创新肯定没有出路。但是,有了管理创新,却不善于将管理创新的成果制度化、规范化,进而升华到理论化,使管理创新的成果能够长期起作用,同样也难以成功。

汪海总裁在管理上不仅敢于创新、善于创新,而且能够将管理创新的成果制度化、规范化,进而升华到理论化,使双星的管理由"人治"管理发展到"法治"管理,这是双星能够取得成功的重大法宝。

双星法治管理的目标是:"有岗就有责,有责就有法"。为此,他们根据自己的实践经验,制定了一整套厂规厂纪、管理标准,即企业的"家法"。据不完全统计,这整套厂规厂纪、管理标准有255项1 561条,技术标准有42项233种,251个岗位有各自的形象标准,29个部门有各自的部门精神……

特别值得提出的是,在大多数国有企业将职工代表视为"摆设"的今天,双星集团所创造的公正而严明的"民主管理委员会"制度,是国有企业实行民主管理的一项伟大创举!

第八个战术：

质量是生命

质量是生命

　　产量是钱，质量是命，双星人要钱更要命。企业什么都可以改革，唯有质量第一不能改革。对质量问题不能放过，对质量问题不能讲情，对质量问题不能原谅。

——汪海

1998 年，双星运动鞋获国家出口免检证书，是全国制鞋业唯一获此资格的企业，这标志着双星质量管理达到国际水平

双星每年都召开三个质量总结交流表彰大会，隆重表彰质量工作先进团队和个人

一、汪海语录

（一）企业质量的内涵及核心

- 双星大质量观：产品质量、工作质量、服务质量。

- 提高工作质量，抓好产品质量，促进服务质量。

- 在"三个质量"中，工作质量是核心、是重点、是基础、是保证、是关键、是大局，是"三个质量"的主要因素，是"原子核"，工作质量不到位，包括产品质量、服务质量在内的其他一切都等于零。

（二）双星质量的方针、目标和标准

- 双星质量方针：每道工序都把关，人人都是检查员。

- 双星产品质量目标：原材料质量百分之百，半成品质量百分之百，成品质量百分之百。

- 双星产品质量标准：领导放心，用户称心，员工安心。

- 双星服务质量标准：200%服务。

（三）产品质量的重要意义

- 质量永远是竞争的王牌，没有质量就没有市场，没有质量就没有保证。

- 干好产品质量就是最大的行善积德。

- 质量等于人品，质量等于道德，质量等于良心。

- 放松了质量就是放弃了市场，放松了质量就是放弃了竞争，放松了质量就是放弃了生存。

（四）如何正确对待产品质量

- 愈是名牌愈要重视质量，愈是名牌愈要提高质量。

- 产量是钱，质量是命，双星人要钱更要命。

- 企业什么都可以改革，唯有质量第一不能改革。

- 对质量问题不能放过，对质量问题不能讲情，对质量问题不能原谅。

- 以质量保名牌、用名牌创效益。

（五）怎样才能保证产品质量

- 双星员工抓质量的意识：我要生活，我要吃饭，我要抓质量；我要行善，我要积德，我要抓质量。
- 名牌在我心中，质量在我手中。
- 质量是干出来的，不是检查出来的。
- 全员转向市场，人人关心质量。
- 用不断创新提质量，用深化承包提质量，用厂币运作提质量，用岗位竞赛提质量，用严格管理提质量，用改体制、换机制提质量。

二、做法与效果

（一）主要做法

（1）宣传贯彻"大质量观"，树立全员质量管理理念。

从思想上加强引导，开展各种质量教育活动，举办质量曝光展，宣传贯彻产品质量、工作质量和服务质量的"大质量观"，树立"产量是钱，质量是命，双星人要钱更要命"的全员质量管理理念。

（2）全员转向市场，人人关心质量，人人都是检查员，岗岗都把质量关。

（3）严格制度、严格考核，坚持"质量一票否决权"制度。

→ 双星坚持：干好产品质量就是最大的行善积德

（4）实行"三个倒推法"，坚持"质量买单制"。

实行"三个倒推法"，即"质量倒推法"、"成本倒推法"和"计划清零倒推法"，坚持"奖下罚上、质量倒推法、质量买单制"。

（5）坚持"抓两头、控中间，岗岗、层层保质量"。

（6）实施道德管理，倡导"诚信干精品"。

（二）主要效果

1. 提出了"三个质量"的理念，树立了大质量观

提出了"三个质量"的理念，即产品质量、工作质量和服务质量，树立了全员性的、全方位的"三个质量"的大质量观。根除了对质量认识上的偏差和错误，从抓人的质量和思想提高入手，倡导"人品保质量，诚信干精品"，全面带动了双星产品质量和服务质量的提高，形成了"人人关心质量，人人重视质量，人人都对质量负责"的氛围，产品合格率达到了99.99%以上……全部出口产品免检，真正使质量问题做到"领导放心、用户称心、员工安心"。

→ 双星车间悬挂的质量管理标语

2. 革了"死后验尸"的命，形成了"干中把关"的新的质量管理模式

革了计划经济质量管理"死后验尸"旧模式的命，形成了"人人都是检查员，每道工序都把关"的"干中把关"的质量管理模式，实行了将传统优秀文化道德观念和工作质量、产品质量、服务质量相结合的诚信管理新模式，杜绝了不合格产品流入市场，以过硬的质量铸造了"双星"名牌。

3. 解决了生产与质量、成本、设备脱节的问题，实现了"四位一体"的管理格局

通过实施"三个倒推法"，解决了过去生产与质量、生产与成本、生产与设备脱节的问题，实现了以生产为中心，生产、质量、设备、资金"四位一体"的管理格局；破解了成本不真实的问题，督促技术、计划、质量人员下到生产一线，对重点工序进行重点控制，增强了员工的责任感、压力感和紧迫感，带动了企业整体管理水平的提高。

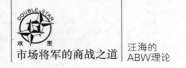
4. 打破了旧的生产组织和管理模式,创造了三个倒推管理法

打破了原有的生产组织和管理模式,确定了以成品胎出现质量问题为倒推源头,按照工艺流程和岗位设置进行责任倒推,责任到人,环环相扣,直至追溯到原材料的"质量倒推法"、"成本倒推法"、"计划清零倒推法"这三个倒推管理法。做到了出现质量问题后,直接与个人的收入、责任、利益挂钩,谁的责任谁承担,使上下工序相互检查监督,激励员工想办法提高胶料、半成品、成品的合格率,将质量问题和损失降到最低。

5. 实现了产品的过程控制,解决了五个行业老大难问题

三个倒推管理法促使每个部门、每道工序的隐形问题在倒推的追踪下暴露出来,实现了产品的过程控制,防止了外观质量有明显缺陷的产品进入下道工序,避免不合格产品流入市场,从而解决了五个长期困扰轮胎行业的老大难问题:

(1)解决了过去生产与质量、生产与成本、生产与设备脱节的问题。

(2)解决了"层层算成本,成本总是不真实"的老大难问题。

(3)解决了长年以来"各级都抓质量,质量总是不稳定,质量事故总是不断出现"的问题。

(4)解决了"各级喊抓生产,生产出了问题,总是不能及时解决;各级管设备,设备出现问题总是没人管"的问题。

(5)解决了"长年来管理人员没有压力和责任,工作无法衡量和评判"的问题。

三、典型实例

(一)第一则"反"广告①

逆向思维,也称反思维,是人类成功的一种典型思维模式,说到汪海的"反思维",除了"上山"和"给汽车做鞋",不能不提到汪海打出的新中国成立以来的第一则"反"广告。

---

① 赵晏彪:《汪海三十年》,人民出版社,2008 年 3 月。

正当双星蒸蒸日上、形势一片大好、消费者购买双星产品的热情十分高涨时，汪海意外收到几封顾客来信，反映他们新购买的老人健身鞋有毛病，问能否给予退换。

汪海读了信后，心潮如浪。他已经好久没有接到消费者反映情况的来信了，他要亲自了解情况，解决这个问题。汪海找到负责质量的副经理，副经理说这批鞋是因为原材料有问题，所以出现了一些不尽如人意的地方，但鞋本身的牢固程度都没什么问题，根本不影响

→ 1991年双星第一个针对质量鞋打出"反"广告，《人民日报》给予报道

穿用，只是有些不舒服，他的意见是不用给消费者退换。

汪海听了这样的汇报显然不满意。他在办公室里来回地走着，心里一直不舒服，他在想这样一个问题：随着人们生活质量的不断提高，花几十元钱买双鞋本来不算什么。可如果人家高高兴兴地买了双星鞋回去，结果一试不舒服、不满意，会是怎样的心情呢？另外，中国老百姓一般说来是冤死不投诉，而他们之所以能写信反映情况，这正说明他们是信任双星、相信双星的，像这样的人，我们又怎么能忍心让他们花钱买个不愉快呢？作为老年人，吃穿已经不太讲究了，唯有穿得舒服些是他们所追求的，不舒服就等于不合格。

汪海又想到企业的名声与信誉，像双星这样的制鞋大企业，每天的总产量在30万双左右，如果有万分之一不合格，一天就有30多双残次品，一年下来就会有上万双不合格品，而这样的结果会使企业的名声和信誉在1万多个用户中丧失！产品质量是企业的生命，售后服务同样关系到企业的生命。想到这儿，他立即召开全体员工大会，深恶痛绝地说道："在市场面前谁都不能作假，特别是在质量问题方面不能作假。企业什么都可以改革，唯有质量第一不能改革；企业什么都可以原谅，唯有质量问题不能原谅。特别是对因工作质量、服务质

量差造成产品质量问题的更不能放过,更不能原谅。一定要追究责任,严肃处理。有人对我说,中国十几亿人有几个不满意的很正常。这是什么话,我们或许不能让十几亿人都满意,但绝对不能知道消费者不满意了还不去改正。"

散会后,汪海依然气愤难平,他并不是因为出现质量问题而震怒,而是为有些人特别是干部们有那种不把用户当上帝、有问题得过且过的思想而气愤。

好事不出门,坏事传千里。这件事在让汪海愤怒的同时也让他大伤脑筋,怎样处理这件事呢? 既要达到教育双星干部职工的目的,又要让顾客得到满意的答复,将坏事变成好事呢?

汪海自从带领双星从一个小企业发展成一个全国乃至世界知名的企业,他信奉的一条真理就是实事求是。一个成熟的企业、诚实的企业是要敢于直面客户、直面自己的质量问题,想到此,一个异乎寻常的大胆决定在汪海心里萌生了。

第二天晚上,当人们打开电视时,看到屏幕上出现了新中国成立以来的第一则"反"广告:因质量问题,双星向广大顾客深深道歉,请 2 月份购买"双星"牌老人健身鞋的顾客立即到双星各门市部或代销点换鞋、修鞋。

这则道歉广告在全国范围内迅速引起了强烈反响,《人民日报》《工人日报》《经济日报》等几十家报刊纷纷撰文予以评论,甚至连国外的媒体都予以了转载,把这种敢于亮丑的勇气和对顾客负责到底的做法,誉为远见卓识,具有"正竞争"的气度。

"反"广告赢得了"正"效益,双星内外无不为汪海这一逆向思维叫绝。作为企业家,汪海当然重视经济效益,但他更注重企业的社会效益。在这场"反"广告中,汪海对消费者献出了真心,换回了金钱难以买来的信誉。

(二)双星销毁千双鞋,坚决不让消费者吃亏[①]

1997 年 12 月 30 日上午,在全国最大的制鞋企业青岛双星集团公司,十几名生产厂长将上千双价值近 10 万元的"双星"牌劣质鞋点燃销毁。此举在公司 2 万多名员工中引起强烈反响。

由于我国制鞋业多为手工操作,从原材料入厂到产品出厂多达 200 多道工

---

① 谢湘宁:"双星销毁千双鞋,坚决不让消费者吃亏",《中国化工报》,1998 年 1 月 7 日。

序,因而使得日产量超过 30 万双鞋的双星集团,在保证每件产品都是高质量的同时,也感受到来自消费者的压力。正因为如此,双星集团下决心销毁价值近 10 万元的劣质鞋。虽然这些鞋还有一定的穿用价值,并且全部是高档运动鞋。

→ 双星烧掉价值十多万元的低质量鞋,表明了双星人坚持质量第一的原则

有些职工觉得这批鞋虽然存在质量问题,但毕竟还可以穿,一把火烧掉实在可惜。可多数职工却赞成这种做法,虽然为鞋子被烧掉而感到心痛,但双星鞋是名牌,名牌就要有名牌的质量,就要对消费者负责,不合格的产品,就不能流向社会。

双星集团总裁汪海的想法是,这批烧掉的鞋子,仅是双星年产量的五万分之一,但如果让它们流向社会,后果就严重了。他说,双星是中国名牌,将来还要成为世界名牌,没有过硬的质量是不行的。没有一流的质量做后盾,什么名牌也不能长久。双星这个牌子创得很不容易,但毁起来却很简单。为此,我们曾给职工们算过一笔账:双星现在每天生产 30 万双鞋,如果有万分之一的产品不合格,一天就会有 30 名消费者对双星鞋不满意,一年就会有万名以上的消费者不满意,如果加上亲朋好友,双星还谈什么市场竞争? 所以,要烧掉这批鞋子,目的是要让员工们牢固树立质量意识,使双星成为高品质的代名词。

双星始终遵循"企业什么都能改,唯有质量第一不能改"的原则。总裁汪海提出的"干好产品质量就是最大的行善积德"的口号,已成为双星员工的座右铭。

自从 1986 年以来连续被评为"消费者信得过产品"后,双星鞋又在同行业中率先通过了 ISO 9000 认证,并获得国家产品免检资格。美国最大的鞋业经销商 JCP 公司也将双星产品列为出口免检产品。1995 年,双星以高品质和优良信誉荣获中国制鞋业的第一个驰名商标。

（三）源头倒推提质量

什么是"质量倒推法"？

一个"倒推"是，各行业上下工序之间的产品质量监管关系。以制鞋为例，如果制帮车间提出裁断车间的原料剪裁有问题，企业会对裁断车间进行责罚；如果制帮车间没有检查出上一工序的产品问题，而由成型车间发现了，那就追究制帮车间的责任。产品到最后一道包装工序时，如果包装员没有发现的问题最终被销售人员或消费者发现，那就由包装人员承担责任。

另一个"倒推"是，每个承包单元在承接一项生产指标后，都会获得一定额度的质量补偿金。比如，一个承包组接到 1 000 双鞋的生产指标，同时获得 200 元质量补偿金，假定不合格产品率为 1%，即 10 双。那么，如果该小组生产的不合格产品为 2 双，那么小组只需上交 40 元质量补偿金，其余 160 元可划入"家庭账本"；反之，如果不合格产品有 20 双，那么小组除了完全上交 200 元质量补偿金，自己还要再出 200 元为超标的不合格产品买单。

"质量倒推法"把双星集团的产品质量"推"上了新台阶。

（四）不合格鞋，谁出谁买——双星质量管理又出新招[①]

→ 双星从20世纪80年代就坚持举行质量曝光展，警示员工提高质量意识，干好产品质量

"谁出不合格品，谁出钱买走"，这是挂在双星集团鲁中公司车间墙壁上一行醒目的大字。

双星正在把产品质量管理工作全面推向市场，用算损失账的办法抓产品质量。他们取消过去单纯看产品质量合格率的方法，还看产品在生产过程和流通过程中损失了多少；损失得越少，产品质量就越高。谁造成损失，谁自己负担。

由于生产一双鞋要用 200 道左右

---

① 王全力："双星质量管理又出新招——不合格鞋，谁出谁买"，《青岛日报》，1999 年 6 月 8 日。

的工序,绝大多数是手工操作,如何保证产品质量就成了一个大问题。双星人这样算账:以出口鞋厂每天产量 2 万双计,如果合格率达到 99%,则一天将出现降级鞋 200 双,每双损失按 9 美元算,一天下来企业就损失 1 800 美元;如果合格率达到 99.9%,则一天出现降级鞋 20 双,企业则损失 180 美元;若合格率达到 99.99%,则一天出现降级鞋 2 双,企业仅损失 18 美元。

双星人将"质量管理算损失账"的方法,在集团全面铺开,各单位纷纷开展了"找差距,算损失"的教育活动,每位员工开始自己给自己算账。"不算不知道,一算吓一跳"。有的员工说,过去我们只看到了成绩的一面,只看到产品合格率达到 97%,已经达到了国家质量标准,而看不到不合格产品损失了多少,特别是产品质量虽然达到标准,但款式、花色与消费者要求不符,消费者不满意,同样也是产品不合格。

→ 双星从20世纪80年代就经常举行"强化名牌质量现场教育会",警示员工提高质量意识,干好产品质量

现在,各单位都将在产品质量上每天、每月造成的损失公开在自己的质量曝光展室里,大量的文字、图片、实物呈现在员工面前,让广大员工自己教育自己,自己给自己算账。在双星鞋厂质量损失曝光台前,一位生产了不合格产品的职工后悔地说:"一双二级品就比一级品损失 10 多元,这种质量管理方法太教育人啦!"

在双星,现在听到最多的是质检员说,这个订单生产损失了多少……而不再是合格多少。

四、专家点评

在现实社会中,"质量第一"几乎是每个企业的广告语和口号。但市场上的实际情况却是,大多数企业的产品质量一般化,有少数企业的产品粗制滥造、不尽如人意,有极少数企业还专门搞假、冒、伪、劣产品,真正能像双星这样坚持做到"企业什么都可以改革,唯有质量第一不能改革"的企业却微乎其微。那么,那些企业与双星相比主要差在哪里呢?

第一,差在企业文化上。"质量第一"是双星企业文化的重要组成部分,是双星质量文化的核心。"质量等于人品,质量等于道德,质量等于良心","产量是钱,质量是命,双星人要钱更要命","名牌在我心中,质量在我手中","我要生活,我要吃饭,我要抓质量,我要行善,我要积德","干好产品质量就是最大的行善积德"等这些汪海语录,形成了双星人的质量理念,他们不仅能记在心里,而且能自觉地落实在行动上,这是双星能做到"质量第一"的最深层原因,也是别的企业与双星的最根本的差距。

第二,差在体制机制上。体制和机制是前提、是基础、是动力,由于双星形成了独具特色的、适应市场变化的新体制和新机制,打响了质量管理的人民战争,就给双星的质量管理提供了无穷无尽的动力,促使双星呈现了从"局外人"到"做主人",从"要我管"到"我要管",从"被动干"到"主动干",从甘当"落后人"到争做"第一人",从安于"平庸人"到力争"当能人","层层抓质量、岗岗抓质量、人人抓质量"的全员抓质量的浓厚氛围。

第三,差在管理措施上。为了保证产品质量,双星有一套科学、严谨的质量管理措施。比如,严格制度、严格考核,坚持"质量一票否决权";实行"三个倒推法",坚持"奖下罚上、质量倒推法、质量买单制";坚持"抓两头、控中间,岗岗、层层保质量"等。

第四,差在道德管理上。汪海遵循"实事求是"这一基本原则,大胆汲取了"儒、道、佛"传统文化的精髓用于现代化的企业管理,通过与市场实际相结合、与企业自身特点相结合,创造出了以"干好产品质量就是最大的行善积德"为代表的、独具双星特色的企业管理新概念,以此教育员工自信、自律和爱业、敬业、乐业,收到了很好的效果。

希望其他企业能够以双星为榜样,认真、虚心地向双星学习,真正做到"质量第一!"

第九个战术：
成本是关键

成本是关键

　　从抓"跑、冒、滴、漏"的基础管理开始，到我比喻为"牛鼻子"的资金切块管理，到大幅度缩减生产占用资金的成本管理，直到现在全集团推行的内部承包股份制，可以说，每一次的管理革命都促使双星有一个新的发展，上了一个新的台阶。

——汪海

汪海总裁亲自指导降成本、提质量、增效益

双星集团成本管理交流会

一、汪海语录

（一）成本管理的重要意义

● 成本决定着企业的盈亏和竞争力的大小，成本管理是企业管理的最根本，抓成本管理就是一场革命。

● 市场经济条件下，资金是衡量一个企业是否正常，检验一个企业能否良性运转的重要标志。

● 算好成本管理账，打赢市场竞争仗。

● 用算账的办法，用资金管理的方法，用经济的手段管质量。

（二）怎样搞好成本管理

● 成本管理要达到"三全"：全员、全面、全过程。

● 算活账，算综合账，算市场的账，算管理的账。

● 成本管理不仅仅是财务人员的工作，每位员工、每个部门都有一个成本问题，都存在一个成本管理问题。

● 人人都要懂成本，人人都要算成本，人人都要降成本。

● 资金管理标准：用事实说话，用数字讲理，用成果说明。

● 资金管理三化：深化、细化、量化。

● 资金管理三定：定量、定钱、定时。

二、做法与效果

（一）主要做法

1. 运用厂币、深化承包管理，最大限度激发人的积极性和创新精神

所谓"厂币"，是双星集团内部各分公司、部门、车间、工段、环节、班组、个人等之间资金往来使用的内部流通货币。厂币管理，是指通过用好计算机等科学化手段和现代化工具，对每道工序、每个工段、每个环节都用厂币进行买卖管理，各个分公司之间和车间、班组及个人之间的物料往来实行厂币买卖，以达到增强员工质量、资金、成本、降耗意识。这是一项严谨、复杂、真实的系统工程，

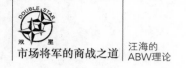

是抓好企业全面管理的"纲",是一个综合性、系统性、高科技、高水平的企业管理新方法。

2. 抓住资金这个"牛鼻子",实现"一条龙管理",做到"当天出成本"

双星抓住了资金管理和成本管理这个"牛鼻子",创造了其他企业做不到的"当天出成本"的资金管理的最高水平,真正实现了企业界喊了多少年的"一条龙管理",做到成本费用"一单一分析、一单一落实"。

3. 抓好精细化管理,杜绝"跑、冒、滴、漏",从"一粒砂、一克铁"上抓节约

在双星,断了尖的针,工人磨磨再用;掉在地上的胶粒,工人收集起来下次再用;管理人员复印一张纸,要拿"厂币"来购买;打印纸都是正反两面用。这些"抠门"、"小家子气"的做法,彰显出双星人针尖上"削"铁、"干毛巾"里再拧水的节约意识。

4. 实行家庭消费式管理

所谓家庭消费式管理,就是把家庭消费的理念应用于现代企业管理中,将节本降耗的目标任务分解到每个员工,每个员工就像在自己家过日子一样,精打细算,挖潜降耗,有效地降低了消耗、提高了产品质量。

5. 抓好称重计量工作,促进基础管理,实现成本核算的细分细化

双星的三个轮胎生产企业,狠抓天然胶原材料的消耗控制,原材料全部实行入厂称重交接管理。在加工过程中,加强各机台台账记录,确保中间流通环节无损失。

（二）主要效果

（1）强化了成本意识,取得了显著效益。

双星变过去的"死后验尸"为现在的"一单一分析、一单一落实、当天出成本",从源头上杜绝了产品积压、资金沉淀的经营风险,保证了企业的经济效益。

（2）降低了成本,增强了企业的市场竞争力。

在近几年原材料迅猛涨价、市场竞争异常残酷的情况下,在一些企业因成本管理不到位、"资金链"中断而停产或限产的情况下,双星集团的每个生产企业却都红红火火,形势喜人。

（3）强化了节约意识,塑造了双星人针尖上"削"铁、"干毛巾"里再挤水的节约风尚,创造了成本管理的新方法。

（4）创造了将厂币、文化、承包、执行力四个最佳结合的最高层次的管理,对民族工业作出了又一大贡献。

三、典型实例

（一）抓住企业管理的"牛鼻子"

在双星集团有这样一个故事:财务人员有一个问题想了好几年才想明白——银行的钱该不该花?

当初,双星总裁汪海对财务人员指示:成本是企业管理的"牛鼻子"。生产厂有钱就干,没钱就歇着!一些财务人员思想上怎么也接不上茬——资金不就是为生产服务嘛,安排多少生产,就得储备多少资金,天经地义。除了货款回收的钱之外,不足的钱到银行贷款补充上,把生产安排下去。停了产还了得?但既然总裁已经发话了,财务人员抱着对汪海的信任,只好硬着头皮照办了。按照新的资金管理规定:生产厂去供应科领料时,必须由厂长、财务负责人、计划负责人在领料单上签字后,再给集团财务处发传真,财务处查阅后看你有没有钱、有多少钱,然后通知供应科给你领多少钱的料。如果没钱领不来料就回去歇着。这就叫从源头上抓住资金这个"牛鼻子"。

生产厂怎么会没钱?起码说明生产厂投入产出有问题。产品不适销对路,资金不能及时收回,所以才没钱了。市场逼着你换脑袋,逼着你的产品适销对路,逼着你围着市场转、随着市场变。你不适应市场,周转不灵了,只能停产!这样逼着生产厂去琢磨市场,逼着生产厂在安排品种时小心谨慎,逼着生产厂在降低成本上动脑筋。这样一堵一截生产厂不但没停反而搞活了。

过去很多习以为常的做法,换个市场的脑袋去琢磨,真就不是那么回事。比如,从前供应商不要钱送来的料,觉得是捡了多大的便宜,放着吧,反正没花钱。殊不知,双星集团这么个国有名牌企业,人家才不怕你最后不给钱呢!现

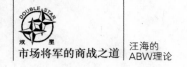

在用资金管理的眼光看,不要钱我也不能要,算小账还占用我的库房,我还得记着账、搭人管着。这些都是成本!

原来干会计只要账能算平,月底报上去就完成任务了。那是干完了再算,是账面上的算、事后的算、脱离实际的算。双星集团的几大生产基地过去都是大流水账,账来源于各个生产车间、各个工序的原始记录。这个记录是以保证生产为前提的,放余量特别大,同实际生产循环所必须占用的合理的资金相比差得很大。比如,1 万双的订单,实行计划上所谓的保生产,就要按 1.5 万双下,5 000 双的原材料就是多占用的。财务核算 1 万双的成本,账面看这个订单是赢利的,可没有人来管多采购领用的材料怎么办,也没有人算这个细账,不知不觉就造成了可怕的潜亏。这种"死后验尸"的算法,最大的缺陷是同市场脱节。产品不适应市场了,一停产就造成积压,造成资金的沉淀。有多少企业不就是这样让资金憋死的吗?

现在双星集团是动态的算账,算过程中的账,算细账,算市场效益的账。生产厂提高资金意识,"先算后干"。为抓好质量和成本管理,双星创出了承包管理新办法,各工厂都对生产一线的工序、机台、岗位、生产线进行了市场化承包,机台成了"责任田",承包人成了"小老板",出现了自己管、自己算、自己降、自己减,人人争当"小老板"、"红管家"的好局面。在承包这个新机制的激励下,广大干部员工爆发出巨大的能量,从管理方法创新、设备改造、能源消耗等各方面都取得了突出的成果。各单位创新了"竞标管理法"、"四自一包承包法"等100 多项成本管理新方法,降低了成本。比如,针对能源涨价的形势,各硫化鞋厂在导热油锅炉的应用上更加广泛,全集团 10 台蒸汽锅炉下了岗,仅燃煤一项,全年就节约成本 400 多万元。双星的成本,有很多就是员工们一厘一分抠下来的。这就是"成本"管。

(二)实行厂币运作,深化承包管理

像鞋和轮胎这种劳动密集型行业,由于生产工艺复杂,制造过程复杂,原材料多、半成品部件多,从原来"用料单领"到现在"用现金买",表面上看只是从"领"到"买"两个字的差异,但在员工的思想和灵魂深处却发生了质的变化,牵动了企业生产过程的每一个环节和每一个部门,起到了环环相扣、彼此制约的作用,哪个环节有问题,都会影响到全局,影响到效果,从根本上改变了计划经济国有企业"大锅饭"的管理模式。从过去"干了再说,干了再总结,月底算了再兑现"转变到目前"现场干,现场算,现场直接就兑现"的管理办法上来,增强了员工的压力感和责任心,有利于企业长期稳定的发展,有利于企业树立正气和正义的氛围。

通过厂币运作来深化承包管理正是双星符合市场发展、符合制造加工业实际情况的新的管理模式。这种双星特色的管理模式有机地贯穿了企业的成本管理、资金管理、质量管理的方方面面,牵动了企业生产过程的每一个环节和每一个部门,起到了环环相扣、彼此制约的作用,哪个环节有问题,都会影响到全局、影响到效果。

所以,厂币运作不能带病运转,一定要及时发现问题、及时解决问题。要通过制定标准,摸准系数,严格考核,建立一套完整的运作程序和模式,使每个部门、每个人都能够动起来,参与到厂币管理的新模式中来,以此激发大家的活力,增强企业的竞争力,共同提高企业的整体管理水平。

（三）实行垂直承包和横向承包[①]

汪海认为市场化承包,要解决的另一个重要问题,就是剔除官本位思想,在企业内部彻底地实行市场化,建立和谐共融的人际关系。

汪海非常痛恨"官本位",同时又是一位不创新毋宁死的领导者,他思来想去,想到了承包工作做得实、做得深入细致的鲁中公司,向他们提出了干部与工人同时进行一体化、全方位的承包方案。

到 2006 年 7 月,鲁中公司的市场化承包已经花样繁多,垂直承包、横向承包、专业承包、联合承包等各种模式都有,但是,在这诸多模式中垂直承包和横向承包使承包工作更趋完善、效果更好。

何谓垂直承包?即实行公司领导分管垂直承包、管理干部对口垂直承包管理。

实行垂直承包后,公司领导同财务、设备、质量等职能部门,不断对承包单

---

① 赵晏彪:《汪海三十年》,人民出版社,2008 年 3 月。

位的承包管理指标进行细化，不但制定出了业务理论、人力资源、产量、质量、材料消耗、动力维修费、安全管理等新目标，就连每月使用多少根针、多少张纸和卡片、多少把扫帚和刷子、多少副手套，以及员工违反劳动纪律的次数等等，也都定出了新标准，使承包规定达到了6 000余条，实现了精细化管理。

实行垂直承包后，领导干部带头创新，深化生产组织管理，公司在按照技术水平和特长合理分配操作工的基础上，对裁断、缝纫、硫化大底、生产胶料、成型等各个工序，不同的品种、不同的档次，实行定车间、定线、定机台或定人生产，进一步提高了效率，保证了产品质量。

制帮厂承包后，不仅比承包前压缩资金30多万元，而且在缝纫、裁断环节减下了18名质量检查员，在减员70人的情况下，缝纫每天多完成产量8 000双以上，使公司在取消两个配套厂的情况下，仍保证了及时供应。

实行垂直承包后公司领导和管理干部为了摸清导热油的用电量和燃煤消耗，整天蹲在锅炉室，对燃煤层厚度、多少时间送一次、一次送多少锨等进行测定，锅炉房里的温度很高，这些干部们不叫一声苦、不喊一声累，认真仔细地进行测试。他们根据测得的不同数据，制定各个季节的消耗指标，真正做到了节约一斤煤、一度电。导热油锅炉承包后，4台锅炉每天节煤120千克。

何谓横向承包？即以工作关系为基础，保全人员承包机台、收发辅助人员承包工序、拔尖操作工承包落后操作工等同级承包。

实行横向承包后，首先提高了人人参与设备管理和质量管理的热情，操作工在设备出现问题时不再看保全工的脸色，为了预防和减少设备问题的发生，保全工还主动把机台上的小油壶收了起来，把操作工为设备加油的权力"争"了回来，凭着掌握的设备知识，及时进行检查维护，更好地保证了设备的正常运转。承包前，成型风压电磁阀平均每月用20个，承包后每月用15个，月节约资金1 400多元。

正是承包形式的创新，鲁中公司的月维修费用由承包前的4万元压缩到2.7万元以下，质量一等品率提高了0.002%。2006年鲁中公司双星鞋产量突破1 500万双，创造了有史以来的最高纪录。

（四）"三个倒推"增效益

"三个倒推法"是指"质量倒推法"、"成本倒推法"和"计划清零倒推法"。

"三个倒推法"的运转程序是：以成品出现质量问题为倒推源头，按照工艺流程和岗位设置进行责任倒推，责任到人，环环相扣，直至追溯到原材料的"质量倒推法"、"成本倒推法"、"计划清零倒推法"这三个倒推管理法。出现质量问题后，直接与个人的收入、责任、利益挂钩，谁的责任谁承担，使上下工序相互检查监督，激励员工想办法提高原材料、半成品、成品的合格率，将质量问题和损失降到最低。

在双星鞋业工业园制帮车间，4线组长孙雪冬从工作服口袋里掏出一本存折，记者打开一看：2月25日存入252.33元，3月24日存入492.22元……存款余额3 005.12元。孙雪冬说："这是我们小组的'家庭账本'，存款是小组承包生产线以来，在生产中节约的物料费、水电费和超额完成合格产品的提成，这些钱是小组可以支配的收入。"

孙雪冬所说的"承包"，是指双星集团把岗位变成每个员工的"责任田"，促使员工"自己管、自己算、自己减、自己降"的内部市场化承包管理体制，双星人称其为"四自一包"。

如今，像孙雪冬这样的承包人在双星集团有许许多多，他们变成了双星的"管家"，变成了承包实体的"小老板"。企业从过去按工厂、车间算成本的管理，细化到机台、生产线上来，分段核算、一天一算、当天出成本。

2009年，双星青岛轮胎总公司单胎材料成本同比降低11.16元，电、水、气单耗分别降低3.06%、35.48%和0.66%；单胎重量公差波动由4公斤降为1公斤；完成各类设备研制、创新项目175项，创造效益3 860万元，生产效率提高近40%。汪海总裁说："管理是企业生存发展的根本，要让员工真正从企业管理中受益。"

四、专家点评

"提高经济效益"不仅是党和政府反复强调的一个重大问题，更是企业经营管理的根本出发点和落脚点。在商品经济条件下,企业的经济效益集中表现为在一定时间内,用多少成本,生产出多少产品,将产品卖出后的营业收入,在上缴国家税金以后,企业还有多少盈利。所以,提高经济效益,本质上就是"力求以同样多的成本取得更多的收入,或者说以比较少的成本取得一定的收入"。因此,企业产品成本的高低,不仅影响到国家财产的积累,而且同企业自身和职工的利益息息相关。所以,搞好成本管理就是企业经营取得成功的一个关键,或者如汪海总裁所说,是企业管理的"牛鼻子"。可见,企业要想取得好的经济效益,就必须抓好成本管理。

那么,双星集团的成本管理有何秘诀呢?

其一,他们有一个好机制。他们运用厂币、深化承包管理,最大限度激发了员工的积极性和创新精神,使每个员工"人人争当红管家,个个都是小老板"、"人人都是核算员,人人都是成本员",从而实现了"四要",即人员要少、效率要高、成本要低、质量要好。

其二,他们有一个好方法。他们抓住资金管理和成本管理这个"牛鼻子",实现"一条龙管理",做到"当天出成本"的资金管理的最高水平。变过去的"死后验尸"为现在的"一单一分析、一单一落实、当天出成本",取得了显著效益。

其三,他们有一个好模式。他们实施内部承包股份制,实现家庭式的消费管理,达到了"三全",即全员性、全方位、全过程。

其四,他们有一个好工具。他们运用"厂币",实现每道工序、每个工段、每个环节都用厂币进行买卖管理。

其五,他们有一支好队伍。双星集团不仅有汪海总裁这样出类拔萃的优秀企业家,而且有一支冲锋在前、团结一致的管理干部队伍,还有一支忠于企业、无私奉献、严谨认真、执行力强的铁军队伍,这是双星成本管理及其他所有工作能够做好的根本保证。

其六,他们有一套好系统。他们实现了各司其职、各尽所能。即领导要不断地抓,骨干要认真地做,要以财务为中心,协调各有关部门做好价格的提前预测,通过用好计算机等科学化手段和现代化工具,达到厂币运作的全面展开和顺利实施。

其七,他们有一套好文化。本战术中的"汪海语录",就是双星的成本管理文化,它是双星九大企业文化的组成部分。这些言简意赅、含义深刻、通俗易懂、朗朗上口的语录,有的就出自员工之口,后又被汪海总裁加以肯定、提炼、修饰和升华。这些成本管理语录,不仅深深地印在了员工的脑海里,而且成为员工工作的指南,这是双星成本管理能够成功的思想渊源。

第十个战术：
细节是艺术

细节是艺术

细节决定成败，小事决定发展，认真决定成功。各级领导骨干工作中只有注意细节，才能提高工作质量、服务质量、产品质量。要扑下身子从小事上抓管理，从细节上抓管理，从一句话上抓管理，从一点一滴上抓管理，认认真真抓好每一个管理细节，使整个管理没有死角。而且要把细节管理和严格处罚相结合。不严，就没有细；不严，细就流于了形式。

——汪海

90 年代初，原化工部李士忠副部长视察双星，亲自查看称重工作

汪海总裁对机械总公司精细化管理进行指导

一、汪海语录

（一）抓好细节的重大意义

- 细节决定胜败，小事决定发展，认真决定成功。

- 领导骨干工作中只有注意细节，才能提高工作质量、服务质量、产品质量。

- 严是决心，高是志气，细是责任心。

（二）精细化经营和管理的要求

- 从字面上看，"精"是指精益求精，是做专做精、做大做强的目标和标准；"细"是指细分细化，是抓细节、抓小事、抓具体人、抓具体事、认真扎实的责任心和作风；"化"是指多元化，是适应多元化经营的文化和机制。

- 所谓精细化经营，就是要改变原来初级阶段的粗放型经营模式，做到分市场、分渠道、分系列、分规格、分价位、分商标、分包装操作，用细分细化、精细化操作实现做精做专、做大做强的目标；就是要抓细节、抓小事、抓具体人、抓具体事，树立认真扎实的作风和执行力；就是要通过创新经营、多元化经营，彻底扭转"五老"①的经营方法，提高我们掌握市场、操作市场、驾驭市场的能力。

（三）怎样抓好细节

- 各行各业必须在小事、细节上下工夫，用高标准把产品做专做精、做出特色。

- 用严、高、细的标准落实工作，用数据对比的方法验证工作，用案例解剖的方法提高工作。

- "精细化"经营作为一种全新的经营理念和经营模式，对我们提出了更高的标准和要求，需要各级领导先提高、先到位，扑下身子做样子，抓小事、抓细节，抓好经营的重点和难点，抓好每一个具体人、每一件具体事、每一个具体品种。

- 要注重细节管理，要扑下身子从小事上抓管理，从细节上抓管理，从一

---

① "五老"指代理老化、网络老化、人员老化、经营模式和经营方法老化、竞争思维和竞争意识老化。

句话上抓管理,从一点一滴上抓管理,认认真真抓好每一个管理细节,使整个管理没有死角。而且要把细节管理和严格处罚相结合,每一个管理细节的要求,都有考核处罚的规定,谁违反了,都要进行处罚,通过严罚落实了细节管理。细抓和严罚是相辅相成的,不严,就没有细;不严,细就流于了形式。

- 零排放、零漏点、零污染、零故障、领导检查零不忘。

二、做法与效果

（一）主要做法

1. 深化体制和机制改革

深化体制和机制改革,落实内部承包股份制,最大限度激发人的积极性和创新精神。

2. 抓好企业管理的"牛鼻子"

抓好企业管理的"牛鼻子"——资金管理和成本管理。

3. 抓好精细化经营与管理

抓好精细化经营与管理,彻底扭转老的经营方法,杜绝"跑、冒、滴、漏"。

4. 抓好节能、减排、增效

抓好节能、减排、增效,改变经济增长方式,营造绿色和谐企业。

5. 抓好细节管理

抓好细节管理,"干毛巾拧出水,针尖上削出铁"。

（二）主要效果

1. 实现了用最少的投入,产出最大的效益

实现了从静态的滞后的算账到动态的财务管理的转变,用最少的投入,产出最大的效益。

2. 走出了利国、利民、利己的节能减排可持续发展之路

打造了资源节约和环境友好型企业,走出了利国、利民、利己的节能减排可持续发展之路。

3. 建设"资源节约型企业"已成为企业的重要发展目标

通过打一场商战中全员创新的人民战争，不断创新，改造旧设备，改变生产中"大马拉小车"的现象，解决老设备浪费能源的问题，"建设低投入、高产出、低消耗、少排放、能循环、可持续的资源节约型企业"已成为双星的重要发展目标。

4. 通过对老设备、老工艺进行改造创新，使老企业焕发出新活力

作为一个有着90年历史的老企业，没有固守传统观念，而是大胆地对老设备、老工艺进行改造、创新，产品、技术优化升级，有力地推动了双星轮胎、机械等产品向紧密适应节能和环保要求的高端市场迈进，使老企业焕发出了新活力。

5. 彻底解决了跑、冒、滴、漏的老大难问题

例如热电厂，原来跑、冒、滴、漏问题非常严重，通过动真格、抓细节，实现了无泄漏、零排放，年回收外排乏汽近11吨，节约除盐水费用97 000余元，并且年节约取暖费用35万元，创造了可观的经济效益。

6. 通过"拣芝麻"和"抱西瓜"，节约降耗已成为员工的习惯和行动

通过"拣芝麻"和"抱西瓜"，"节水、节煤、节油、节电"，在双星已不是一句口号，而已深入到每名职工心中，并成为自觉行为。2010年，水、煤、油、电节约降耗效果显著，降低了企业生产成本，为双星在原材料价格暴涨情况下，开拓国内、国际大市场增添了巨大优势。

三、典型实例

（一）抓细节，降成本

称重工作要从细节抓起，从不起眼、看起来微不足道的地方下工夫。细到一根针、一根线、一克胶都要称，原来以长度为标准进行考核计量的，也要用重量考核计量，做到既考核长度又考核重量；原来用点数计量的，也要用重量考核计量，做到用重量来考核计算数量。像海江公司，缝线以前是从刮布案子量长度，现在是通过称重计算出每米缝线的重量，直接算出了整个线的长度。原布

→ 汪海总裁经常走遍车间每个角落，强调企业的生产管理不能忽略每个细节

监管以前是跑码计量与实验室测试，现在直接进行称重，不仅准确度大大提高，而且可以查出整个布的内在质量，提高了整体管理水平。再如，他们通过对鞋眼的称重，精确得出了每公斤鞋眼的标准重量和标准数量，就发现了每公斤不同品牌的鞋眼在重量相同、规格相同、价格相同的情况下，却出现数量的偏差，最多的相差897个，而这897个就可以多做44双鞋。通过称重鞋眼以来，节约了66公斤鞋眼，节约资金2 000多元，解决了过去原材料供应商钻空子的问题，降低了生产成本。

（二）为了"一张纸"，总裁亲自批示

"一张纸"在绝大多数人的价值天平上，分量是微乎其微的；在一个大型企业的价值体系中，更是微不足道。因此，在生活和工作中随意地浪费一张纸的现象比比皆是，很多人对这种现象熟视无睹，认为此乃小事，不值得一提。但是，双星集团总裁汪海恰恰为了"一张纸"，亲自作批示，并把它当作一个严重的事情来看待，这不能不令人深思。

汪海对下属一个公司负责人用一张纸签一个名的现象严肃地作出了这样的批示："你们按照我的要求提出省钱文化，今天你给我汇报的最后一页什么内容都没有，签了个名用了一张纸，这和你讲的、做的比一下差得太大，参考。"该负责人看到批示后，自觉不对，主动免了自己一个月的奖金。

知名企业总裁就"一张纸"作出如此严肃的批示，在一些人眼里，这未免是"小题大做"。但如果审视一下汪海作这种批示下的企业的具体情况和社会背景，我们就会发现他这种做法不仅是恰当的、合适的，而且是非常必要的。

目前，国家号召建设节约型社会，要求整个社会厉行节约，绝大多数企业也开始制订节约计划。但有一个事实，在执行节约计划时往往出现一些说的和做

的完全相反的事情，尤其是在一些小事情上往往自觉不自觉地被人忽略。双星集团一贯大力倡导节约精神、倡导省钱文化。在这种情况下，这位公司的负责人在向集团领导作书面汇报时，却毫无必要地用一页纸签了个名。显然，这种做法与公司提倡的精神和文化自相矛盾。就像一些人在自己制作假冒伪劣产品的同时大骂伪劣产品坑人一样，

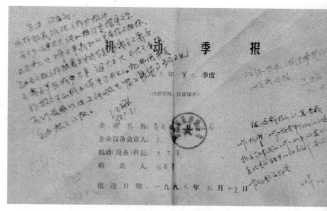

→汪海总裁对设备处报告用纸浪费作的批示

充满了喜剧般的讽刺效果。如果不是以就事论事的方式而是利用由此及彼的方式思考这件事情，可以说汪海这种做法实际上指向了一些企业长期存在的两个不良毛病：负责人说一套做一套的毛病；工作不是细致入微而是粗枝大叶的毛病。

在企业中，一些掌握权力的管理人员经常出现说一套做一套的现象，在工作上实行双重标准：对下属严格要求，对自己却随随便便；要求别人严格遵守规则，自己却超越规则之外；不是严于律己、宽以待人，而是严于律人、宽以待己。这种作风危害甚大，它不仅破坏了管理层的威信，还损害了管理层的形象。久而久之，各种措施都难以有效贯彻，最终只能是纸上谈兵。

汪海之所以针对浪费"一张纸"的现象作批示，正是为了校正这种不良习气。企业制定的规则不仅仅普通员工要遵守，掌握一定权力的各级负责人更要带头严格执行。这样做，有利于形成一种良好的氛围。同时，也免去了普通人群违反规则的借口。汪海要求从节约"一张纸"做起，使其所倡导的理念同细节行为达到完美的一致，克服说一套做一套的不良作风，有利于企业整个规则的落实到位。

总之，汪海认真地对待"一张纸"的使用问题，这体现了他追求细节、追求卓越、追求完美的理念，体现了所说与所做严格一致的双星文化。这种细微之处见精神的风格值得大力提倡。

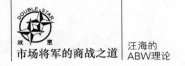
（三）九十七根针的故事①

有一次,汪海陪同客户参观一家工厂,当走到一名保管员面前时,汪海随手拿起了一包针问:"这包针还剩下多少根?"保管员回答:"原装百根,领走了3根,应该剩下97根"。汪海又说:"那么你给我数数看。"保管员不慌不忙地数起来,1根、2根、3根……一根不少,一根也不多,正好97根,让在场的客户目瞪口呆。

汪海认为,管理是企业的硬功夫,小到一根针,大到生产车间,都应该坚持"严、高、细"。不从小事抓起,大事也就管不好。

管理仅靠严还不行,还要讲管理的科学化。一双鞋从原材料入厂到最后出厂,要经过200多道工序,中途出现问题或投放到市场上后再发现问题怎么办?这个难题多年来一直困扰着世界制鞋业。但双星人发明的一张小小的数字跟踪卡,竟将这个世界难题轻而易举地破解了。所以,双星的鞋子不管卖到哪里,只要是有质量问题的回厂准能查出责任者。现在双星通过在各生产工序设控制点,将数字输入电脑,做到了"一单一算,分段核算,当天出成本",真正实现了企业"一条龙"管理。

双星还提出按国际名牌的质量标准衡量、要求和检验自己,并为此建立了一整套的质量监督保证体系,对产品质量也是超标准考核、超水平检验,并在国内鞋业首家通过了ISO 9001国际质量标准认证,取得了产品通向国际市场的通行证。

（四）从盘子上贴工号想到的②

在双星机械总公司餐厅吃饭的客户,常常会看到每个盘子上都贴有一个小小的、带有厨师编号的纸条,使人感到新鲜。该公司领导介绍说,这样哪道菜是哪个厨师做的就有数了,客户可以提意见。据说,一位客户就凭这点,连车间也没进就签下了订单。他说,管理能细到这种地步,还不叫人放心吗?

在市场竞争日益激烈的今天,企业要赢得市场,就要从细节入手,提高产品

---

① "九十七根针的故事",《下马观花看双星》,2000年。
② 王开良:"从盘子上贴工号想到的",《中国化工报》,2006年8月23日。

质量。但在日常管理中,有些企业常常自觉不自觉地忽视了细节。其实,应该科学地、辩证地看待细节同整体、同大事、同战略决策的关系。不要只看到其细小、微不足道的一面,更要看到种种大事都依细节而存在。任何整体都是由具体的小事构成的,任何战略决策都是对种种情况分析研究的结果。在高科技日新月异、经济全球化飞速发展的形势下,伴随着社会分工的越来越细和专业化程度的越来越高,一个要求精细化管理的时代已经到来。细节成为产品质量和服务水平的有力表现形式。如何处理好细节,从企业领导方面看,是领导能力与水平的艺术体现;从企业作风上看,是企业认真负责精神的体现;从企业发展上看,是企业实现目标的途径。强势企业都是在细节的比拼上下了大工夫的。双星机械总公司的员工原先也是敲敲打打,认为"干铁匠活的"从来都是这个干法,产品经常出现问题,销售不好。汪海总裁便向他们提出了"硬机械、细管理"的精细化管理要求,使员工变得仔细认真、一丝不苟了,产品在市场上逐步有了好口碑,销售变得红红火火。

注意细节,在每一个细节上下足工夫,才能全面提高市场竞争力,保证企业基业长青。

四、专家点评

众所周知,在近几年国内的图书市场上,曾经流行过两本观点针锋相对的书:

一本是《细节决定成败》[①]。本书作者以大量案例论述了"细节"在管理中的重要性。这本书意在提示企业乃至社会各界:精细化管理时代已经到来。芸芸众生能做大事的人实在太少,多数人的多数情况还是只能做一些具体的事、琐碎的事、单调的事,也许过于平淡,也许鸡毛蒜皮,但这就是工作、是生活,是成就大事的不可缺少的基础。中国绝不缺少雄韬伟略的战略家,缺少的是精益求精的执行者;绝不缺少各类管理制度,缺少的是对规章条款不折不扣的执行。

另一本是《战略决定成败》[②]。本书作者针锋相对地指出:"细节不一定决

---

① 汪中求:《细节决定成败》,新华出版社,2004 年。
② 余来文:《战略决定成败》,蓝天出版社,2005 年 1 月。

定成败,战略才真正决定成败。没有战略何谈细节,战略正确才有细节的正确,有战略就有计划,有计划就能决定做事的成与败。"

那么,对一个企业来讲,到底是什么决定成败呢?

众多企业的成功经验和失败教训都证明,一个企业要想取得成功,既需要正确的战略,也需要扎实的细节,二者密切联系,相辅相成,缺一不可。但是,二者的重要作用分别体现在企业发展的不同阶段,应该根据企业发展的不同阶段,来强调各自的重要作用。

在制定战略阶段,战略就决定成败。在这个阶段,中心任务就是为企业制定一个科学、创新、正确、可行的发展战略,所以就要突出强调战略,而不要过早地强调细节。因为,如果战略错了,再好的细节不仅毫无价值,而且还会造成巨大的浪费,甚至产生严重的副作用。

但是,在执行战略阶段,细节就决定成败。在这个阶段,中心任务就是将企业的正确战略付诸实施,执行到位,落实到位,所以就要突出强调做好细节。因为"战略再好,如果得不到有力执行的话,也无法达到预期的目标。如果无法将想法变为现实的话,再宏伟的理念也是无济于事的。如果不能够得到切实的执行,突破性的思维将只是胡思乱想,再多的学习也无法带来实际的价值,人们无法实现自己的目标,所谓革命性的变革也最终只能落得胎死腹中。"①

所以,正确的观点应该是:企业要想获得成功,首先必须制定好战略,接着要认真做好细节,并将二者有机地结合起来。

---

① 〔美〕拉里·博西迪、拉姆·查兰:《执行——如何完成任务的学问》,机械工业出版社,2003年1月,第16页。

第十一个战术：
竞赛是杠杆

竞赛是杠杆

　　通过技术比武和岗位竞赛，很多以前不敢想的事，我们去做了；很多以前办不到的事，我们办到了；很多以前不可能的事，我们成功了。我们今天的比武、竞赛，绝不是搞形式，而是借助共产党人的优良传统，把正气树起来，把员工的精神振奋起来，把大家的积极性调动起来，增强企业的凝聚力和向心力，共同把企业搞好、搞大。

——汪海

汪海总裁和青岛市政府领导、工会领导观看鞋厂缝纫维修工技能竞赛

双星集团生产技能运动会上正在进行的叉车比赛

双星厨师烹饪比赛现场

双星厨艺大赛作品展示

一、汪海语录

（一）开展岗位竞赛的重要意义

- 岗位竞赛是思想政治工作现实化、具体化、市场化、人性化的具体体现。

- 岗位竞赛是振奋员工精神、激发员工潜能、调动员工积极性的最好手段和措施。

- 岗位竞赛最能体现政治工作的威力和作用，体现政治工作的创造性和创新性。

（二）开展岗位竞赛的作用

- 竞赛出管理能人，竞赛出技术尖子，竞赛出市场精英。

- 用竞赛提高质量，用竞赛降低成本，用竞赛促进管理。

- 通过竞争和淘汰，做到能者上、庸者下，提高管理人员队伍的整体素质和市场经济的适应能力。

- 岗位竞赛激发了骨干员工的热情、感情、激情，增强了企业的凝聚力、向心力和战斗力。

- 岗位竞赛改进了工艺、设备，减轻了劳动强度，提高了技术水平和生产效率。

- 岗位竞赛是加强企业管理、推动生产经营、参与市场竞争的有力保证。

（三）岗位竞赛与思想政治工作的关系

- 在市场经济条件下，要想使各个行业达到本行业的最高水平，就必须加强思想政治工作，在思想政治工作上下工夫，用思想政治工作来统一员工的思想，树立发展的正气，振奋大家的精神，创造良好的环境，特别是竞赛比武活动，最能体现思想政治工作的威力和作用，最能体现思想政治工作的创造性和创新性。

- 我们各级领导特别是党政领导必须解决好政治、经济"两张皮"的问题，一定要结合生产经营的实际去研究人、教育人、启发人、激励人。

- 岗位竞赛绝不是"搞形式、走过场、做表面文章"，这种方式能激发大家的斗志,挖掘大家的创造力和创新意识,进行小改小革、技术创新。

（四）怎样搞好岗位竞赛

- 生产经营的难点就是岗位竞赛的重点。
- 岗位是市场,竞争在机台,全员都创新,人人出成果。
- 全员参与市场,全员参与竞争。
- 岗位竞赛练绝活,提质增效创名牌。
- 岗位竞赛要和生产经营相结合。
- 要围绕生产、两个文明建设一起抓岗位竞赛,人人有争创第一流的精神。
- 要围绕班组建设搞岗位竞赛,使班组管理更有特色。
- 要在每个岗位、每个工序,包括管理岗位和第三产业都要开展岗位竞赛,这是物质与精神相结合的一种好的形式。
- 要把岗位竞赛同提高"三个质量"结合起来,要号召党政工团都来抓,融入各项工作中去。

（五）怎样搞好岗位竞赛的创新

- 要根据企业转轨变型、企业内部承包的实际,要根据企业内部节约挖潜的要求,在管理的薄弱环节中开展岗位竞赛。
- 做到经常竞赛,经常比武,定期总结,严格考核,赏罚分明,真正地调动起大家的积极性,分工不分家,群策群力,促进三个质量的提高。
- 要不断地开展形式多样的竞赛,激发员工参与管理,形成"比、学、赶、帮、超"的良好氛围。

二、做法与效果

（一）主要做法

1. 把岗位竞赛、技术比武与思想政治工作紧密结合起来

把岗位竞赛、技术比武作为思想政治工作的重要手段,作为政治经济工作的最佳结合点,围绕创新、质量、技能、效率开展各种形式的竞赛活动,激发员工

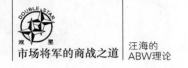

的工作热情和对企业的感情。

2. 把岗位竞赛这个有效方法与创新竞赛的激励机制结合起来

坚持用岗位竞赛这个最有效、最直接的工作方法,结合买断承包的内部股份制,不断创新竞赛的激励机制,广泛开展形式多样、有声有色的创新竞赛活动,培养出一大批优秀骨干人才。

3. 经常开展"五好"竞赛

所谓"五好",是指好家庭、好夫妻、好兄弟、好姊妹、好亲戚。经常在家庭、夫妻、兄弟、姊妹、亲戚当中开展生动活泼、亲密无间的"五好"竞赛,让有亲戚关系的员工在工作中能够互敬互爱、互相帮助,舍小家顾大家,涌现出许多好家庭、好夫妻、好兄弟、好姊妹、好亲戚,成为双星发展不可忽视的重要力量。

4. 在青年员工中开展"双星青年先锋"岗位竞赛

在 80 后、90 后青年员工中开展"让青春在企业闪光"大讨论教育活动的同时,开展"提技能练绝活、师带徒一帮一、创新提质大比拼、员工才艺展示"及"青年创新创效"、"青年示范岗"、"青年岗位能手"等"青"字号品牌创建活动,开展"双星青年先锋"岗位竞赛,增强青年员工主动爱岗敬业、主动参与创新、主动挥洒青春的积极性。

5. 在女工中开展巾帼英雄"双星花木兰"岗位竞赛

针对企业女员工越来越多的实际情况,开展巾帼英雄"双星花木兰"岗位竞赛,激发了广大女工的工作积极性。

6. 在老职工中开展"双星老黄牛"岗位竞赛

老员工是企业发展中的中坚力量,他们顾全大局,扎根双星,默默奉献,在管理、技术、生产等各个岗位担当重任,通过开展"双星老黄牛"岗位竞赛,为默默奉献的老员工搭建展示其价值的舞台,激励他们继续发扬勤奋敬业、认真执著的精神,锻造一支经验丰富、技术精湛的"双星老黄牛"队伍,为双星名牌发展增光添彩。

（二）主要效果

1. 建立了"能者上、庸者下"的竞争机制

通过比赛、竞争和淘汰，建立了"能者上、庸者下"的竞争机制，做到把能人选拔上来，大胆地用，大胆地让他们去施展才能；同时，将管理人员队伍素质"逼"上去，尽快提高管理人员队伍的整体素质和适应市场经济的能力。

2. 培养造就了一支高素质、高技能的骨干员工队伍

岗位竞赛激发了骨干员工的热情、激情，激活了骨干员工的创新潜能，提高了骨干员工的操作技能，涌现出了一大批"双星青年突击队"、"双星青年先锋"、"双星岗位模范"、"双星老黄牛"、"双星巾帼英雄"等先进个人，培养造就了一支高素质、高技能的骨干员工队伍。

3. 提高了技术水平和生产效率，提高了产品质量，减轻了劳动强度

通过比赛，不断进行工艺、技术、设备创新，大胆改造老设备和老工艺，改进老技术和老配方，改变老标准、老系数和老的操作法，克服了各种困难，极大地提高了技术水平和生产效率，实现了自动化、机械化，提高了产品质量，减轻了劳动强度。

4. 保证了企业人员稳定、生产稳定、质量提升、产量增长

通过亲情竞赛这种政治工作的新方法，对保证企业人员的稳定、生产的稳定、质量的提升、产量的增长等都起到非常重要的作用。据统计，双星各工厂有160个家庭、800对夫妻、260对兄弟、250对姊妹、700多对亲戚，亲情关系占员工总数的24%，再算上老乡、战友、同学，这种亲朋好友关系就接近50%，他们已经成为企业生存、企业经营、企业发展的主力军，他们的思想稳定、素质提高、技能提升和对企业的感情对企业的发展非常重要。

5. 培养了良好的人品和道德，不断增强企业的凝聚力、向心力和战斗力

通过开展"五好"竞赛，培养了员工良好的人品和道德，不断增强了企业的凝聚力、向心力和战斗力；培养了领导骨干良好的人品和道德，让有亲戚关系的员工在工作中能够互敬互爱、互相帮助，舍小家顾大家，成为双星发展不可忽视

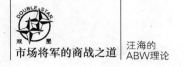
的重要力量。

三、典型实例

（一）岗位竞赛让双星员工星光熠熠

为充分调动骨干员工"学技能、练绝活、岗位练兵"的激情和热情,为广大员工创造展示自我、体现价值的舞台,增强企业发展活力,双星集团开展了"岗位建功·添彩双星"岗位竞赛活动,引导员工将青春闪光体现在竞赛争一流、工作出成绩上,激发了骨干员工的热情、感情和创新潜能,促进了创新、提质、降耗,推动了企业快速发展。

争做"老黄牛",质量再提升

双星集团各单位根据汪海总裁提出的"质量管理的难点就是岗位竞赛的重点"的要求,开展了"诚信在岗位,建功在岗位"等一系列竞赛,营造了"人人都是检查员,岗岗都把质量关"的良好氛围,锻造了一支经验丰富、技术精湛的双星"老黄牛"队伍。

双星青岛轮胎总公司开展胶料识别、胶料例查、半成品接头质量等多种形式的质量竞赛,将"炼胶要均匀、均匀、再均匀"的生产要求延伸到生产全过程,提高了胶料、半成品及产品质量。曾经连续多次获双星集团创新能手、质量标兵的炼胶厂炭黑工董俊杰在公司开展"双星老黄牛"竞赛以来,再接再厉,用诚信质量和做人的良心、道德,创造了"在炭黑工序工作13年,投放炭黑10多万吨,未加错一次炭黑"的新奇迹。

建立特色机台,踊跃体现价值

双星青岛轮胎总公司等单位,对各厂、车间员工进行摸底排查,在尊重员工意愿的基础上,根据员工的特点细分细化,重新调整搭配岗位,建立起了"老乡机台"、"战友机台"、"兄弟机台"、"'80后'、'90后'机台"、"夫妻机台",并且在这些特色机台之间展开竞赛,掀起了新一轮"比团结、比技能、比奉献"的竞赛热潮。

目前,双星青岛轮胎总公司共有18个战友机台、17个老乡机台、22个大学生机台、23 个夫妻机台、26 个兄弟机台和 71 个"80 后"、"90 后"机台,共有 130 多个特色机台在竞赛中获胜。该公司以"80 后"为主的技术升级团队,运用竞赛形式,充分发挥敢打敢拼的双星精神和团队力量,成功研发了欧盟环保配方、长途耐磨配方和矿山专用等专业化轮胎新配方,使双星轮胎更好地适应了市场要求。

双星瀚海公司运动鞋厂员工张兆振一家三口人都在车间上班,车间设立了"亲情机台",他们齐心协力参与竞赛,比谁工作干得好。其中,张兆振在装箱工序,创出了鞋盒侧立装箱法,装箱效率比别人高出 17%;妻子公培芹是一名案头验鞋工,抓质量铁面无私,使班组质量指标始终在车间内遥遥领先;儿子张明文连续扳帮 25 万双鞋,没出现一例质量问题,一家三口获得了"双星岗位模范"、"青年岗位先锋"的荣誉。

双星巾帼不让须眉

随着女员工的增多,双星巾帼队伍已成为生产中一支新主力军。双星在女员工群体中开展了争做"双星巾帼英雄"、"双星三八红旗线"等竞赛活动。思想上求团结,技术上苦钻研,"夫妻机台"、"姊妹机台"、"大姐生产线"、"巾帼英雄岗"比比皆是。

双星青岛轮胎总公司炼胶厂 D 区 2#255 终炼胶工序主机手陈立菲,2011 年上半年产量 23 841 车,凭着"80 后"的一股冲劲,多次获得"质量标兵"、"创新能手"的荣誉;双星东风轮胎总公司刘艳红是一名硫化主机手,工作起来一点都不逊色于男硫化工,产量、质量一直在班组名列前茅;双星鞋业工业园制帮车间四线线长孙雪冬,在带领全班 50 多名员工在车间开展的"双星吉尼斯纪录挑战赛"岗位竞赛中,凭其独特的"雪冬不停车操作法",以缝帮最佳成绩,登上"状元榜"。

当不了科学家,也要做个能工巧匠

谁练出绝活就用谁的名字命名,双星激励员工有奇招。

双星为员工搭建成长舞台,积极开展技术工人考工晋级和技术大比武。为激励职工学技术、练绝活,各单位研究出台了一系列激励机制,谁得冠军就给予奖励,谁练出绝活就用谁的名字命名、就奖励谁,让员工名利双收。

在双星无论什么岗位,人人把岗位当成了舞台,把技术练成了艺术。

双星鲁中公司对从事重点岗位或特殊岗位工作、技术精湛、业务能力强的骨干,实施中、高级技工奖励办法,更好地稳定了骨干队伍。被评为"硫化无敌手"称号的平板厂大底硫化工马涛,是一名每月都能得到200元补助的中级技工,他高兴地说:"领导给了我技工的高待遇,家人都非常支持我的工作,我要努力将这一荣誉保持下去!"

双星海江公司开展了"创新之星"、"金、银、铜"星级技工评选活动。潜水鞋的后帮和前帮有14个直径4mm的"眼",这些"眼"的制作相当费事,每天生产400双需要8个人打眼。成型车间刘彬等人在竞赛中积极摸索,自制了一台打眼机,实现了后帮、前帮一次性机械冲眼,一条生产线只需2人就可以供给日产800双的生产任务,彻底解决了潜水鞋靠人工打眼的笨重操作方法。

师徒同竞赛,技术成"大拿"

双星各单位积极开展"师徒赛",使员工认识到"技术是员工在企业生存的资本,是个人价值的体现",发誓要当拿得出手的技术工人。

双星青岛轮胎总公司子午胎一厂硫化A区硫化主机手纪霞将自己的工作经验毫无保留地传授给新职工,共带徒5人,在她的精心指导下,徒弟个个都是一把"好手"。比如,徒弟丁培琴刚从事硫化工作,看到庞大的硫化蒸气室不免有些胆怯起来,但看到师傅娴熟的操作,紧张的她马上放松下来。纪霞还把工作中的经验总结成顺口溜教给大家。就这样,丁培琴很快独立顶岗,技能提高很快。最终这对师徒在"师徒赛"中获"最佳师徒"荣誉。

双星机械总公司开展了"最佳师徒"竞赛,先后有30多名青年员工成长为技能骨干,有6名青年技术人员成长为技术骨干,赛出了"无缺陷角焊缝"、"一气呵成气割法兰"等21项绝活。

降耗当尖兵,增强竞争力

双星各单位开展的各种竞赛围绕岗位和机台进行,真正达到了"岗位是市场,竞争在机台,全员都创新"的要求,凝聚了人心,激发了干劲,增强了动力。

双星鞋业工业园裁断车间在各承包机台开展了"争当降耗尖兵"、"双星青年先锋"竞赛活动。裁断工张清解在生产高档凉鞋153#产品时,由于此品种要货急，销售部门下的第一笔订单1 050双要求尽快全部出货，车间库里只有绿太空皮27.4米，按定额核算完成该笔订单要缺1.1米，裁不好就"断料"。为保市场供货，裁断工张清解主动承包此品种的裁断，凭借娴熟的技能，不但弥补了缺的1.1米材料，而且节约0.2米，荣登车间"降耗尖兵"竞赛光荣榜。

双星中原鞋业公司取消蒸汽锅炉改用导热油锅炉后，出型的五辊压延机、三色机及围条口径板等一直采用电加热，每月耗电8 000多度。董俊勇结合中原地区气温高，太阳能能把水加热到70度的实际情况，提出了用太阳能先给水加热的方案。太阳能投入使用后，大大缩短了蒸汽产生的时间，节约电能30%以上，年可节电1.2万度。

双星集团通过岗位竞赛，激发了骨干员工的热情、感情，激活了骨干员工的干劲和创新潜能，增强了企业的凝聚力、创造力、战斗力，促进了双星各行各业的大发展。

（二）让青春在企业闪光——双星集团发挥"80后"、"90后"青年员工才智纪实

青年是企业发展的主力军。双星广大青年员工在双星文化理念的指引下，用青春拼搏奉献，用热情积极工作，用激情创新奋进，极大地增强了青年员工主动爱岗敬业、主动参与创新、主动挥洒青春的积极性，为企业战胜前进道路上的各种艰难险阻，实现创新发展，起到了强有力的促进和保证作用，充分展现了企业发展的蓬勃生机和活力。

→ 双星集团举行的各项文体活动丰富了员工的文化生活

提技能、练绝活，青春闪耀科技之光

双星集团各单位通过对新时期青年员工的深入分析，认识到新一代青年员工受教育程度明显提高，他们眼界开阔、知识丰富，对新技术、新思想的接受能力强，对新技术掌握得快。于是抓住这一特点，通过组织技能培训，开展争创

→ 庆祝双星辉煌九十周年文艺演出

"青年示范岗"等岗位竞赛活动,营造了浓厚的"比、学、赶、帮、超"氛围,有效调动了青年员工"提技能、练绝活,青春在岗位闪光"的积极性和主动性。

双星东风轮胎总公司炼胶厂开炼工伍丹刻苦钻研,练就了"识别胶片快、准"的绝活,在生产技能运动会上战胜了干了十几年的老师傅,取得了"胶片识别"大赛第一名的好成绩,被公司评选为"优秀质量标兵"。双星鲁中公司制帮厂操作工张栋基创出了"方格布不斜纹操作法"、"快速下胶法",被公司评为"金点子"标兵。

"提技能、练绝活,青春在岗位闪光",让双星青年员工走上了成才之路。

师带徒、同进步,青春闪耀友谊之光

"80后"、"90后"们刚入厂,技术上要有适应的过程。双星各公司大力实施""80后"、"90后"成才工程",制定"导师带徒"制度,对新进厂的员工,班组都要精心选挑思想素质过硬、业务能力强的师傅当导师,签订导师带徒责任书,确保他们思想上有人引导、操作上有人手把手地教,体现出老员工对青年员工的教育、引导和带动作用。师傅们兢兢业业,刻苦勤奋,一心扑在工作中的举动,让"80后"、"90后"员工心灵上受到很大的触动,同时也感受到了鼓舞和力量。"导师带徒"制度使新员工既在精神上得到安慰,又学习到真本领,更重要的是还学习到老员工那种吃苦耐劳、拼搏奉献的精神,树立了正确的世界观、人生观和价值观。

1991年出生的孟祥双,是刚被双星鲁中公司录用的平板厂硫化操作工,面对几十斤的硫化大底模具很是为难了一番。多次被评为双星集团"质量标兵"的操作能手田向华,主动请缨收小孟为徒弟,不仅把自己从事硫化工作多年积累的经验倾囊相授,而且主动关心小孟的衣食住行。在师傅的精心教授下,小孟仅用一周时间就实现了独立顶岗。双星鞋业工业园EVA车间的平剖卷材师傅姚加国,手把手地教徒弟韩西龙,当徒弟调试设备不当时,总是不断地鼓励:

"这次比上次强多了"，徒弟听后很有成就感，学起来也更有劲了。在师傅的耐心引导下，韩西龙的操作技能提升得非常快。

"师带徒"，让双星青年员工走上了团结和谐、共同进步之路。

比创新、赛质量，青春闪耀智慧之光

新时代的年轻人有着更高的知识水平和素养，他们思想活跃、见识宽广，这些年轻人刚刚踏入社会，渴望获得成功和荣耀，期盼得到认可。双星各公司通过推行内部承包股份制，开展全员创新竞赛活动，为青年员工搭建了展示聪明才智、体现自身价值的舞台，同时及时发现和培育青年员工创新典型，表彰奖励爱学习、爱钻研、善于创新的青年员工，充分调动了青年员工抓质量、搞创新的主动性和积极性。

双星青岛轮胎总公司炼胶厂 C 区"80 后"配胶工闫方科，以"感恩、激情、拼搏、创新"的行为准则来要求自己，用良心回报企业。2010 年 11 月份的一个夜班，他所在的 1#270 生产线在 ANN 换产 ABN 胶料时，主机手没有通知班组其他成员，在生产第一车 ABN 胶料时，闫方科凭借多年开炼工作的经验，发现胶料有异常现象，他第一时间停车，赶到主机处查找原因，避免了质量事故的发生。

双星东风轮胎总公司炼胶厂黄俊超带领班组 7 个年轻人比创新、赛质量，一年来，该班组连续在质量竞赛中取得好成绩。双星中原鞋业公司炼胶车间徐红有带领一帮大叔、大爷们，在工作中开辟"班后小课堂"进行创新改造。2011 年以来，以他为主创造的胶料自动下片、胶料自动晾干、自动扫粉等项目达 10 多项，不仅降低了员工的劳动强度，提高了现场管理水平和生产效率，而且半成品质量达到了 99.8% 以上。

比创新、赛质量，让青年员工走上了竞争中发展提高之路。

四、专家点评

社会主义劳动竞赛起源于苏联，是由"星期六义务劳动"衍生而来。1919 年 4 月 12 日，星期六，莫斯科喀山铁路的 13 名共产党员和另外 2 名工人经过一夜义务劳动，修复了 3 台机车，引发了群众性的星期六义务劳动热潮，被列宁誉为"伟大的创举"。这也被认为是社会主义劳动竞赛的最初形式，到今

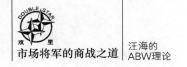

天已经有 90 多年的历史。

中国的社会主义劳动竞赛始于 20 世纪 30 年代陕甘宁边区开展的学习赵占魁运动,到现在已经过了 70 多年。当时是中国抗日战争最艰苦的年代,毛泽东提出"自己动手,丰衣足食"的号召,用自己的力量战胜一切困难。赵占魁作为一名锅炉看火工,在极端艰苦的条件下埋头苦干,成为工人阶级学习的模范和榜样,延安《解放日报》发表社论"向模范工人赵占魁学习"。到解放战争时期,这一运动又发展为"生产立功运动"。新中国成立后,又总结推广了许多先进经验,例如工业战线上的王崇伦工作法、纺织战线上的郝建秀细纺工作法、煤炭战线上的马六孩快速掘进法等,在全国掀起了"比、学、赶、帮、超"的群众性劳动竞赛热潮。后来,由于受"文化大革命"影响,劳动竞赛这种促劳动、鼓干劲的方式也停滞了十几年时间。从党的十一届三中全会以后,又开展了"为四化立功活动"。2006 年,全国总工会决定在全国职工中开展"当好主力军,建功'十一五',和谐奔小康"的竞赛活动。

上述劳动竞赛的历史脉络清晰地表明,劳动竞赛就是一场通过竞赛的平台,充分发掘广大职工的聪明才智和技能水平,并将广大职工的积极性、创造性引导到经济建设上来的政治与经济紧密结合的群众性活动,这是共产党人和工人阶级创造并长期坚持的优秀传统。

汪海总裁在领导双星集团三十多年的改革和发展中,继承和发扬了共产党人的这个优秀传统,不仅始终重视和积极组织开展劳动竞赛,而且对竞赛进行了许多创造和创新,形成了独具双星特色的市场化岗位竞赛活动。这一市场化岗位竞赛活动的主要特色是:

（1）领导重视，带头抓好竞赛

汪海总裁指出:"竞赛比武活动最能体现政治工作的威力和作用,最能体现政治工作的创造性和创新性"。每年,集团都成立以总裁任组长的竞赛领导小组,每年总裁都多次对《双星报》、各单位简报和信息报告等作出批示,并亲自到工厂和市场指导竞赛的开展。总裁和集团党委对岗位竞赛的重视,让大家开阔了思路,认识到岗位竞赛是实现政治目标的有效途径,是创造经济基础的有力措施,由过去的"让我抓竞赛"转为"带头参与竞赛"。

（2）全员参与，搞活竞赛

近年来，通过开展全员性的岗位竞赛，从工厂到市场，从骨干到员工，从工程技术人员到后勤服务人员全都动了起来，达到了竞赛促生产、促管理、促创新，竞赛提质量、降成本、消化不利因素上台阶的目的，全体员工通过竞赛增强了工作干劲，提高了素质和技能。

（3）联系实际，创新竞赛形式

根据汪海总裁提出的"政治工作要市场化、现实化、具体化、人性化"的理论为指导，通过岗位竞赛凝聚人、启发人、振奋人，联系实际，创新竞赛形式，只要有岗位就有竞赛，只要有竞赛就会有成果。

岗位竞赛的这些特点是双星集团独创的，围绕这些特点，双星的广大骨干员工在组织岗位竞赛过程中，还创新了许多新形式和新内容。

这些新形式和新内容具体表现为"八个结合"：一是岗位竞赛与领导骨干做样子、树形象相结合；二是岗位竞赛与文化理念创新相结合；三是岗位竞赛与学技能、练绝活相结合；四是岗位竞赛与诚信质量相结合；五是岗位竞赛与市场化招标承包相结合；六是岗位竞赛与岗位创新相结合；七是岗位竞赛与亲情化管理相结合；八是岗位竞赛与设备管理相结合。

总之，双星集团岗位竞赛的最本质特征就在于它的市场竞争性。正如汪海总裁指出的："计划经济的劳动竞赛不是市场竞争的东西，而我们所处的岗位和机台都直接或间接地连着市场、连着竞争，开展的各种竞赛也是围绕岗位和机台进行，真正达到了我所提出的'岗位是市场，竞争在机台，全员都创新'的要求。所以，今后必须将计划经济劳动竞赛改为市场化岗位竞赛。"这一点，既是双星岗位竞赛与计划经济劳动竞赛相区别的本质特征，也是双星岗位竞赛能够取得卓越成效的根本保证。

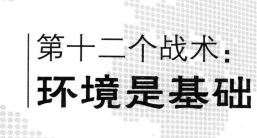

第十二个战术：
环境是基础

环境是基础

要改变生产环境，增强员工对企业的感情和信任。比如炭黑车间，还像以前那样黑乎乎的，你就是多给他1000元钱，他也不干。他会说："我宁愿在社会上拿2000元，也不愿在你这炭黑车间拿3000元"。还有半钢胎的硫化车间，两年前温度都在70度，都是男人穿着裤头儿进车间，只能男职工来干。现在车间里比实验室还凉快，一半以上都是巾帼英雄。这就说明我们的环境改变了，就增加了员工对企业的感情和信任，增强了企业对员工的亲和力、吸引力和凝聚力。

——汪海

从 20 世纪 80 年代初,双星就非常注重现场管理

双星集团鞋业生产厂整洁、宽敞、明亮、舒服的生产车间

一、汪海语录

（一）环境管理的重要意义

- 改变生产环境,增强了员工对企业的感情和信任,增强了企业对员工的亲和力、吸引力和凝聚力。

- 抓安全就是抓生产,抓安全就是行善积德,就是对员工负责、对企业负责,对工人的关心实际就是对生产的最大关心,对工人的热爱必须把安全作为自己工作的重点,必须提高到关系员工家庭幸福,关系自己是否真正有良心、有道德的高度,抓好落实。

- 工艺"零距离"帮助我们改变了多年来"搬、抬、推、扛、拉"的落后局面,改变了原始的、粗放的、笨重的劳动方式,把员工彻底解放出来。同时,改善了员工的生活和工作环境,增强了员工对企业的感情,在全国用工荒的宏观形势下,不管是偏僻的沂蒙山区的工厂,还是沿海的青岛市区,都实现了顺利招工,这是双星历史上从来没有的。

（二）双星环境管理的要求和目标

- 现场管理规范化、整洁化,展现名牌新形象。

- 爱厂如爱家,理厂如理家。

- 沟见底,轴见光,设备见本色。

- 强化基础管理,美化生产环境。

- 工序日日清,现场日日净。

- 设备是脸面,保养是关键。

- 以现场管理为突破口,全面强化基础管理。

（三）双星环境管理的过程和成绩

- 从80年代到现在,始终抓生产环境的改善,先解决生产环境无毒、无害、无异味的问题。

- 从计划经济到改革开放,始终抓员工的生产、生活环境的改善,建假山、建凉亭,美化厂区,建篮球场等运动场所,在车间种养鲜花、装空调和透风设备,解决了原来老国有企业普遍存在的脏、乱、差问题,实现了环保的、低碳的生产和生活环境。

● 动态管理和静态管理相结合,科学管理和"严、高、细"相结合,使现场管理走上了良性循环,保证了产品质量的稳定和提高。

二、做法与效果

（一）主要做法

1. 加强现场管理,搞好现场文明生产

加强现场管理,包括定置管理、定位管理,搞好现场文明生产。

2. 改善、优化生产环境,为员工营造舒适的劳动空间

改善、优化车间环境,如扩大工作空间,调整机器设备布局,改善通风、采光、照明等条件,为员工营造舒适的劳动空间。

3. 加强设备管理和设备创新,实现生产安全化、自动化

加强设备管理和设备创新,改造老设备,改进新设备,逐步改进进口设备,与老的工艺、设备决裂,依靠设备改造和创新提高劳动效率,减轻劳动强度,逐步实现生产过程自动化。

4. 改革生产工艺,尽量实现"零距离"

改革生产工艺,尽量实现"零距离",彻底改变了"搬、推、拉、抬、扛"的落后局面。

5. 美化生产环境,让员工精神愉快的进行生产

美化车间环境,摆放鲜花绿植,减轻员工的心理紧张情绪,轻松活泼进行生产。

6. 生产区域装饰宣传品,营造浓厚文化氛围

适当悬挂、张贴语录和标语等宣传品,营造一个团结、向上、轻松、和谐的劳动氛围。

（二）主要效果

1. 提高了现场管理水平，克服了行业中的"脏、乱、差"问题

提高了现场管理水平，克服了原来存在的"备品备件一大片，人来人往不间断，工模器具到处窜，文明生产不好办"的"脏、乱、差"问题。

2. 改变了生产工艺，减轻了员工的劳动强度

经过工艺创新，做到了工艺"零距离"，改变了多年来"搬、抬、推、扛、拉"的落后局面，改变了原始的、粗放的、笨重的劳动方式，减轻了员工的劳动强度，把员工从繁重的体力劳动中彻底解放出来。

3. 保证了员工的安全和家庭幸福

做到设备管理和安全工作两者兼顾，让员工安全操作不出事故，保证了员工的安全和家庭幸福。

4. 出现了很多全月"三零"机台，涌现出很多"五无"设备

出现了很多全月"零维修、零消耗、零排放"的机台，涌现出很多"无漏油、无漏气、无漏风、无漏水、无漏电"的"五无"设备，甚至连锅炉房也达到了这个标准，解决了轮胎企业现场管理的大难题。

5. 增强了企业对员工的吸引力和凝聚力

由于改变了生产环境，增强了员工对企业的感情和信任，让员工轻松劳动、体面劳动，促进了员工队伍的稳定、健康和发展，增强了对员工的吸引力和凝聚力。

6. 现场管理赢订单

双星各行各业的客户在对双星考察前都是抱着先去看看的态度，很多客户看后都被双星规范、严格的现场管理所折服，纷纷与双星签订订单，甚至很多客户透过现场管理看到的是双星"严、高、细"的管理理念，不断续单，与双星建立了长期的合作关系。

三、典型实例

（一）努力降低员工劳动强度

双星各单位针对新生代农民工很多人不情愿做"普工"，而注重选择相对体面、轻松工作的实际特点，创新改造工艺流程，实现工艺过程"零距离"，并不断引进和改造设备，提高设备自动化操作水平，降低了员工的劳动强度，为员工创造好的工作环境和条件，促进了员工队伍的稳定。

→ 整齐划一的双星机械加工车间

双星青岛轮胎总公司进行了天然胶、胶片、胎面、钢丝圈、三角胶等十大工艺的零距离改造，降低劳动强度，使有的岗位女员工也能干。双星东风轮胎总公司2001年对硫化车间设备进行自动化改造，改造了屋顶风机，改善了工作环境，降低了劳动强度，现在硫化车间人员到岗率是历年来最高的。双星鞋业工业园制底车间打毛工序原来用手工打毛，工作又累又苦，但收入较低，公司创新制作了自动打毛设备后，工作环境干净了、效率高了、劳动强度小了、月工资涨了。打毛工郝家伟高兴地说："双星是大企业，管理正规，通过创新，现在活轻了，挣钱多了，我们一定在双星好好干。"

（二）昔日穷山沟，今日"小香港"——鲁中"花园式工厂"

双星鲁中公司的所在地沂蒙山老革命根据地，由于资源条件限制，地理位置偏僻，交通不便，信息闭塞，长期是一个穷山沟。自从双星集团在此成立了双星鲁中有限公司以后，促使当地发生了巨大的变化。

双星鲁中有限公司于1992年利用原裕华机械厂旧址，与沂源县政府本着"互惠互利、共同发展"的原则建成投产。

双星鲁中有限公司成立后，将双星先进的管理经验与当地的实际情况相结合,依靠诚信、创新管理,得到了迅速发展,实力、规模不断壮大。

双星鲁中公司在自身快速发展的基础上,积极回报社会。自成立至今,已先后投资6 000多万元帮助当地修建公路、发展医院等,而且不断加强厂区环境建设,陆续建成了双星花园、双星动物园、双星绿色广场、双星塔、双星商务中心、观音庙等景点和设施。涓涓流水,微波荡漾;幽幽曲径,拱桥高塔;白鹅引项,翠竹涂青;湖中鱼儿

→ 被誉为沂蒙"小香港"的鲁中公司厂区

开心地追逐,成群的鸟儿"扑棱棱"掠过,这是人们对鲁中公司最直观的印象——花园式工厂,也是当地百姓休闲娱乐的好去处。此外,每年春季,公司都会以"活跃地方,造福一方百姓"为目的举办一届庙会,深受百姓好评。

双星鲁中公司的发展不仅为自己创造了效益,还有力地促进了驻地经济的繁荣活跃,缓解了当地的就业压力。依靠鲁中公司发展起来的纸箱厂、织布厂、海绵厂、制帮加工厂等企业年产值可达到2 000多万元,解决了1 000余人的就业问题。依靠双星员工发展起来的商业一条街,商店达到80多家,生意红火。

正如当地群众所颂:昔日穷山沟,今日"小香港"!

(三) 鲜花说话①

车间内鲜花盛开,锅炉工穿上干净的白大褂,来到位于革命老区沂蒙山的双星鲁中公司,大多数人都不会相信,这就是中国人自己开的制鞋工厂。这里98%的工人是当地的农民,由他们生产的一流鞋子被运到大洋彼岸的美国等国际市场。

三十几年来,双星遵循行业规律和市场规律,不断进行调整,从1984年开

---

① 宋学春:"鲜花说话",《人民日报》,2002年11月。

227

→装有中央空调的双星轮胎生产车间一角

始向外转移生产线,陆续在青岛郊区及全国建起成都、贵阳、张家口等十几家生产厂。员工大多来自于西部落后地区,对管理带来一定难度。"只有没管好的企业,没有管不好的企业"。为此,双星集团汪海总裁采用国际化管理的方式,并引入中国传统的"军事化、家庭化"的管理方式,带领全员向企业管理的最高境界攀登。比如,制定严格的"车间管理无死角,材料管理无浪费,面上管理无灰尘"的现场管理标准,使车间真正达到"(地)沟见底,轴见(亮)光,设备见本色"。

对于如何管理,汪海的体会是:"领导松一尺,下边松一丈;管理不深化,企业就要垮。最难管的地方要管得最好,最脏的地方要管的最干净。只要用心去做,在山区也一样出国际化工厂!"为给工人营造一个良好的环境,促进现场管理上水平,向国际水平的管理标准进军,双星车间、锅炉房内均摆上了鲜花,将鲜花生长状态和整洁情况,作为衡量车间、锅炉房整洁无尘的标准。每天进行检测,只要发现花叶上灰尘多,则证明车间内不干净,对有关值班长进行严惩。用"让鲜花说话"的办法来管质量、做产品,大大带动了双星的整体管理上水平。

负责出口工作的人员既代表企业的形象,也代表中国人的形象,为了提高他们的素质,根据企业实际,双星集团制定了64字职员形象标准,包括"日清日结、礼貌待人、团队协作"等内容。双星从原材料到生产再到销售,管理都相当严格,赢得了国际客户的信赖。

正如汪海在双星于纽约举行的新闻发布会上所说的:"外国人说我们硬件不好,是指产品质量不好;说我们软件更差,是指我们管理更差。但我可以自豪地告诉大家,双星是世界制鞋企业当中管理最好的企业。"由此扭转了外国人眼中"中国国有企业管不好、管理差"的错误看法,为中国人争了光,为中国人争了气。正是过硬的管理，夯实了双星"长寿企业"的基石。

（四）密炼工穿上了白大褂

双星凭借自身强有力的品牌实力和雄厚的资金实力，使双星轮胎步入超速

发展的快车道。根据实际，汪海提出了"软橡胶、硬管理"的新理论，用双星"抓具体人，抓具体事，一抓到底，抓住不放"的管理精髓开展工作。管理悄然在变。前来调试设备的德国同行竖起大拇指，用他不太流利的中国话说："我到过许多国家的轮胎密炼中心进行过设备调试，但这么一流的密炼中心只有中国的双星有，员工可以穿白大褂上班，这是轮胎史上的奇迹！双星的管理真了不起！"

→ 整洁宽敞的双星轮胎立体仓库，做到每条轮胎不落地

四、专家点评

工效学是一门新兴的边缘学科，其名称是根据英文单词"Ergonomics"翻译过来的。"Ergonomics"这个词是由两个希腊词根组成的，ergo 是出力、工作的意思，nomic 是正常化、规律的意思。因此，Erginomics 的含义是人的工作规律问题。也就是说，这门学科是研究人在生产和工作中合理地、适度地劳动的问题。工效学是根据人的心理、生理和身体结构等因素，研究人、机械、环境相互间的合理关系，以保证人们安全、健康、舒适地工作，并取得满意的工作效果的机械工程分支学科。

工效学在"人、机、环境"系统的研究中，经历了"人适应机"、"机适应人"、"人机相互适应"几个阶段，现在又深入到"人、机、环境"三者协调的"人—机—环境"系统。在系统内，从单纯研究个人生理和心理特点，发展到研究怎样改善人的社会性因素。随着市场竞争的加剧和生产水平的提高，工效学在机械产品的设计和制造以及整个制造加工行业中的应用也更加广泛和深入。

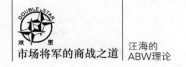

工效学的几个主要概念是：

（1）人的能力。这包括人身体的基本尺寸、人的作业能力、各种器官功能的寿命及影响因素等。只有对人的能力有了了解，才可能在系统的设计中考虑这些因素，使人所承受的负荷在体能可接受的范围之内。

（2）人机交往。"机"在这里不仅仅代表机器，而是代表人工作时所在的物理系统，包括各种机器、各种自动化系统、电子计算机、办公室等等。人类工效学的座右铭是："使机器适合于人（Fitting the task to the man）"。

（3）环境对人的影响。人所在的物理环境对人的工作和生活有非常大的影响作用，因此，很自然地，环境对人的影响是人类工效学研究的一个重点内容。这方面的内容包括：照明对人的工作效率的影响，噪音对人的危害及其防治办法，音乐、颜色、空气污染、空气温度和湿度对人的影响等等。

研究人类工效学的主要目的有三个：第一，使人工作的更有效；第二，使人工作的更安全；第三，使人工作的更舒适。这三个目的有时是相一致的。例如一种新机器可能比旧机器的效率更高、更安全、更舒适。但是在许多情况下，这三个目标是相矛盾的。例如一种更安全、更舒适的操作方法可能比旧方法效率要低些；某一新机器可以使人工作的更舒适，但增加的效率不足以补偿增加的投资等。这个矛盾的解决显然取决于人与机器的相对重要性，取决于人所处的时代、环境等。

西方社会比我们发达、生活水平比我们高，因此在那里工效学更强调人的重要性，他们宣扬"使机器适合于人"。而我国的生活水平总体还比较低，生产力也比较落后，在很多地方还是"人适应于机器"。

过去，由于我国人口过多，就业压力很大，人们非常不注意劳动效率，自然也就不重视人类工效学。但是，随着人民生活水平的迅速提高，人们将越来越重视自己的工作和生活的质量，人们将会逐渐认识到人类工效学对搞好企业的必要性和重要性。另外，我国已经进入了国际市场，为了提高我国产品在国际市场上的竞争力，我们也需要提高劳动效率和降低劳动成本。因此，人类工效学在我国有着广阔的发展前景。特别是我国近几年出现的"用工荒"的现象，就要求企业必须高度重视研究和应用工效学，科学地改善员工的劳动环境，改变员工的劳动条件,减轻员工的劳动强度,保障员工的身体安全,增强企业对员工的亲和力、吸引力和凝聚力。

双星集团在汪海总裁的领导下,早就重视了工效学在企业管理中的应用,他们采取了多种措施,如加强现场管理,改善、优化、美化车间环境,加强设备管理和设备创新,减轻劳动强度,改革生产工艺等,取得了显著的成效。所以,在全国普遍存在"用工荒"、行业中的同类企业严重缺员的情况下,他们却能够解决"招工难"的问题,保证生产正常,实现人心稳定、人员稳定,员工有凝聚力、有战斗力,企业满员、满负荷运转。

在全国的"用工荒"现象越来越严重的形势下,双星集团的经验对所有企业都具有重要的现实意义和深远意义。

第十三个战术：
亲情是纽带

亲情是纽带

　　员工是企业的主力军，产品的生产靠他们，市场的竞争靠他们，企业的发展更要靠他们的劳力来实现。要在生活上关心员工、爱护员工，有困难的时候要帮助他们，有需要的时候要支持他们，能想到的尽量想到，能做到的尽量做到。员工的事再小也是大事，只有领导尊重员工、关心员工、帮助员工、心里想着员工，员工才会心里装着企业，才愿意在这个企业继续干下去。

——汪海

双星为职工建的职工公寓

双星一直致力于为职工打造良好、舒适的工作环境和生活条件。图为双星鞋业工业园职工乔迁新公寓剪彩仪式

双星注重丰富员工的文化生活,为员工配备了电子阅览室、职工俱乐部等休闲娱乐场所

双星集团举行的各项文体活动丰富了员工的文化生活

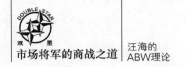
一、汪海语录

（一）亲情管理的重要意义

- 人是兴厂之本，管理以人为主。
- 人力资源是企业最宝贵的资源，人才竞争是第一竞争。
- 员工是我们的伙伴、同事、战友和亲人，是我们企业生产力的主力军，是我们完成任务不可缺少的战斗力，是企业不断发展、不断壮大的第一要素。
- 增强企业凝聚力、向心力和员工战斗力。

（二）亲情管理的载体

- 后勤工作是亲情管理的重要载体，前方打胜仗，后勤作保障。
- 后勤服务保障、亲情化管理工作是企业管理的重要内容，是搞好生产经营、参与市场竞争的有力保证。
- 抓生活就是抓生产，抓生活就是抓质量，抓生活就是抓创新，抓生活就是抓政治工作。
- 后勤不后，保障在先，服务到位。

（三）怎样搞好亲情管理

- 企业给员工爱心、热心，员工给企业真心、诚心。
- 用亲情温暖员工，用感情留住员工，用真情激励员工。
- 用心关心员工，用爱感化员工，用情打动员工。
- 道管、情管、钱管、制度管。
- 想员工所想，急员工所急，以情感人，以诚招人，以心留人。

二、做法与效果

（一）主要做法

1. 换位思考，尊重关心员工

管理者要认识领导和员工都是双星人，都是平等的，工作分工不同而已；要换位思考，转变原来歧视员工、看不起员工的旧思维、旧观念和粗暴的管理方法，从人格上尊重他们，从工作和生活上关心他们，这是双星管理人员的基本标准。

2. 调动员工积极性，增强员工信心

要结合每个人的能力和水平尽量做到人尽其才，为他们提供能发挥才能的岗位，为他们搭建能展现自身价值的交流平台，通过各类竞赛、文化活动等调动员工积极性，让他们感觉在双星干有奔头、有希望，增强员工信心。

3. 加强交流沟通，跟员工交朋友

要从思想上与他们真诚地交流、沟通，随时掌握和调整他们的情绪，跟员工成为朋友，要成立帮扶小组，建立走访制度，建立员工档案，从小处、细处关心和帮助员工，对员工进行潜移默化的影响，提高员工对企业的忠诚度。

4. 调整和完善生产组织方式，体现人性化生产

各行业都要改善生产组织方式、生产环境，让员工得到合理休息，如双星轮胎实行的"两休一不停"，让员工有更弹性的工作时间，降低了员工对企业管理制度的抵触情绪，体现了双星人性化的生产模式。

5. 改善工作条件和生活环境，为员工提供便利

通过改造生产环境、创新工艺流程，实现工艺过程"零距离"，减轻员工劳动强度，建设带有地暖、配套设施齐全的职工公寓、大学生公寓，在生产一线建起职工餐厅、职工服务部，提供一流的后勤管理服务，如建立电子阅览室、电影放映室等文化设施，以及夫妻房、幼儿园、洗衣房、便利店等生活设施，给员工一个安全、健康、稳定、舒服的工作和生活环境。

6. 加强员工培训，给员工提供持续不断的充电提高机会

通过推出"教育视频"，举行各项主题大讨论活动，举办技能和管理培训班等，给员工提供持续不断的充电机会，培育员工，提高员工的综合素质和技术才能，增强员工尤其是核心人才对企业的忠诚度。

7. 搭建体现价值的舞台

通过转变企业经营机制，实行市场化竞标承包的形式，给员工搭建起施展才能的大舞台，使员工充分发挥个人价值，靠开放的竞争舞台和高收入来稳定

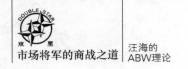
员工队伍。同时,通过举行知识竞赛、演讲比赛、篮球比赛、乒乓球比赛、书法绘画比赛等活动,举办技能运动会、岗位竞赛、技能比武等活动,使员工练就绝活、增长才干,使企业发现人才。

(二) 主要效果

双星创名牌和发展名牌的历程充分证明了汪海总裁创造的亲情化管理具有强大的凝聚力、保障力、推动力。具体来说,双星亲情化管理在以下方面发挥了重要作用:

1. 增强了企业的凝聚力、战斗力和竞争力

通过努力唱好融洽感情、沟通思想、协调工作的"三部曲",把企业营造成了一个"大家庭",班组充满了亲情,质量、创新等各项工作都得到了保证,增强了班组和企业的凝聚力、向心力和战斗力。

2. 增强了思想政治工作的实效性

思想政治工作的内容是相当广泛的,包括见面问候、为职工解决实际问题、提高福利水平等等,这些都属于思想政治工作范畴。亲情化管理就是人性化的思想政治工作的最好形式。

3. 激活了用人机制,促进了人力资源管理

双星大力倡导"以人为本,亲情化管理"的理念,按照"从政策上留住人才、从工作上培养人才、从生活上关心人才、从待遇上留住人才"的原则,建立了完善的人才培养和人才使用机制,制定了许多优惠政策,在待遇上尽力向专业人才倾斜,在生活上、工作上努力为他们创造宽松的环境。

4. 带动了后勤管理上台阶

"关心员工生活就是最好的思想政治工作",从衣、食、住、行等小事做起,呵护员工的生活起居,体现真情关怀,促进了后勤工作上台阶,有力地推动了亲情化管理。

5. 促进了企业和谐发展

通过"用心管、用情管",使企业营造了浓厚的和谐氛围,增强了员工团结协作的意识,改变了员工以前对企业漠不关心的态度,使他们对企业有了深厚

的感情，从而制造出优质的产品回报双星，使双星在国际和社会上树立了良好的形象。

三、典型实例

（一）双星的三个"特别假"

汪海总裁带头推行亲情化管理，在青岛市企业中第一个推出元宵节、中秋节、职工生日三个"特别假"。

这是 20 世纪 80 年代初期的事。当时，每到农历正月十五，也就是元宵节，上中班的职工们总是归家心切，由此使得每年这一天中班出残次品的记录都比较高。当时汪海就想，与其让职工们心不在焉，工作效率低，还不如让大家早早回家与亲人团聚，痛痛快快地过个好节。就这样，双星有了第一个"特别假"。

还有一件事，促成了双星第二个"特别假"。那是 80 年代中期的一个中秋节，当时汪海正在车间里检查工作，一位姓赵的工人师傅对他说，女儿专程从北京赶回来与父亲团圆，让他向领导请半天假，可是他没有答应，他说他这一辈子还从来没有因为私事请过假。汪海听到这里，立即特批他回家与女儿团圆，并决定在中秋节这一天，凡是上中班的都可以有半天的"特别假"。当时全厂上下听到这一消息后，都欢欣鼓舞，就这样，双星又多了一个"特别假"。

→ 80年代初，双星最早实施亲情化管理，用"为员工过生日，放一天假，送一个生日蛋糕，提一条合理化建议"的做法，增强企业凝聚力。图为汪海总裁赠送给职工一个自制的"双星生日蛋糕"

后来，汪海又决定，每位职工于自己的生日当天都可以免费得到单位所送的一个生日蛋糕，并可以享受一天的生日假。一位老职工生日的那一天，汪海亲自去给他过生日。他激动地说："企业为我过生日，我为企业作贡献"。这就是双星的第三个"特别假"。

（二）工地的特殊"访客"

改建双星出口鞋分厂时,当时厂房还没有盖好,为了加快工程进度和速度,就让改建厂房和设备安装两个工程同时进行。时值冬天,一天晚上,汪海总裁正和其他领导班子成员在厂里开会,突然刮起了刺骨的寒风,当时汪海就说:咱们先别开会了,下去看看突击干活的工人们怎么样。到工地一看,厂房没有窗户,寒风直往里灌,冻得人直打哆嗦。汪海发现工地上的工人们慌慌张张的,原来他们违反了厂里"在工作时间严禁喝酒"的规章制度,正在偷着喝酒。面对这种情况,汪海没有批评他们,反而体谅工人们的处境。当时汪海就对办公室主任说,你出去给我买五瓶白酒,再把后勤处长找来,让他马上组织人给突击干活的工人们做些热汤、热饭御御寒。不一会儿,酒送来了,热汤、热饭也送来了,几十个工人感动得热泪盈眶。他们说:"厂长,你的酒,温暖了我们的身体,更温暖了我们的心。"就这样,在突击完成这项工程的过程中,后勤部门天天给工人们送酒、送热饭,而且为了御寒还特意给每人发了一件棉背心。工人们的干劲更大了,结果15天的活,9天就圆满完成了。

在行政管理上,汪海经常对各级领导说:"工人病倒了,精神上需要安慰,再忙也要抽空去看望。你看了就是最好的治疗,从感情因素讲,这比任何药品都起作用。"

→ 双星是青岛市最早为职工配备班车的企业

（三）轿车的故事

80年代初,厂办公室新买了一部轿车,但汪海总裁就是不坐,每天照常骑着自行车上下班。他的理由很简单,就是因为当时职工还没有坐上班车。一直等到双星买了班车以后,职工们再不用奔波挤公交车时,汪海才使用了那辆轿车。尽管如此,这辆车也不是汪海总裁个人的,他常常让它去干别的"营生"。有一次,一位工人发生工伤后,所有人都在那儿等车,就是不派办公室这辆车。在他们眼里,工人是没有资格坐这种车的。当时汪海就急了,他说:"你们就想着拍我的马屁,现在工人都快不行了,可你们还想着为我留车,这还叫人吗?"就这样,这辆轿车将受伤的工人送到了医院。可以说,汪海总裁所做的这一切都是为了增加员工的凝聚力,以此促进生产力的发展,这正是"有情"和"人性"的具体表现。

(四)"薪 + 新 + 心"破解用工荒①

作为具有近百年发展历史,拥有鞋业、轮胎、机械、服装、热电、印刷、三产配套等23个产业、6万名员工的双星集团,近年来,在"用工荒"的大环境下,招工形势较好,人员相对稳定。双星是咋解决"用工荒"的呢?

双星集团总裁汪海指出,双星集团始终将"人"放在发展首位,把人力资源作为企业的第一要素,将人力资源作为制造加工业的第一市场,视人才竞争为第一竞争,建立起了以"待遇留人、情感留人、事业留人"相结合的用人理念,并创新招工形式,做到"招得进、留得住、管得好、用得好",将"用工荒"挡在了门外。

"待遇好,解俺后顾之忧"

2012年2月12日,在双星鞋业工业园的"双星社区",来自山东泰安的成型车间员工张德新开着新买的面包车,拉着媳妇和父母,从超市购回大包小包的点心、肉、鱼等,工作一周了,全家要好好过个周末。

"这儿的环境很好,条件也很好,我们夫妻俩住在公司配备的'夫妻房',女儿在双星幼儿园,除固定节假日,还有灵活的轮休待遇。春运高峰期,公司还给我们家在外地的职工统一订票或包车送回家,火车票全额报销。我们在双星工作生活得有尊严、有希望,很愉快。"张德新告诉我们。

住在同一社区来自聊城的孙增永则告诉我们:"双星不少住'夫妻房'的员工还将自己的父母、姐弟、同学等介绍到了双星鞋业工业园工作。"

"引凤"需"筑巢",房子不解决,人才留不住。为稳定双职工队伍,今年春节前,双星鞋业工业园在原有50套"夫妻房"的基础上又改造了30套"夫妻

---

① 王开良:"'薪 + 新 + 心'破解用工荒",《山东工人报》,2012年3月5日。

房"，使双职工大都住上了套房，住"夫妻房"的现已达到80家，稳定了160个重点岗位的外地员工，并吸引了他们更多的同乡亲朋到双星上班。

双星各单位实行内部承包股份制，各级领导和管理人员既包产量、质量，还包人员稳定，不仅要让员工有满意的收入，在员工生活上更是把细小的事都作为企业的大事来抓。比如，双星鲁中公司平板厂员工中年人多，孩子读中学的多，每到周五下午，许多员工都要请假到20里外的乡镇中学接孩子。厂长郝元华把员工的困难当作自己的困难来解决，用自己的私家车去接孩子，解决了员工的后顾之忧，大家高兴地说："管理人员和我们员工真是心贴心。"

双星集团通过提高员工收入和创造好的工作、生活环境，让员工体面工作、温馨生活，住得舒心，干得安心，生活得开心。

"俺跟着老乡到双星"

按照双星的用人标准，以"亲戚带亲戚，朋友带朋友，老乡带老乡，同学带同学"的方式实现"亲情化链式招工"，是双星集团近年来在破解用工难题、保障企业储备人才供给时找到的一条新路。

企业只有把员工看成"合作伙伴"，给予足够尊重，才能赢得员工的"忠诚度"。双星加快技术工艺升级步伐，改善工作环境，降低员工劳动强度；不断进行机制创新，让技能好、水平高的员工多挣钱；推出"自由选岗"、"双向选岗"新办法；持之以恒地开展岗前培训和实际操作培训，推行"师带徒"制度，开展"一帮一，一对红"竞赛，做到"徒弟有进步，师傅同受奖"，使新员工短时间内掌握了技能、提高了产量、保证了质量、促进了安全生产；创新轮休办法，解决员工"休班难"的问题；不断开展各种岗位竞赛，完善"首席技师"、"金牌技师"和"青年技工"、"金蓝领"选拔考核机制；开设"绿色农庄"，种植绿色蔬菜，低价卖给员工；管理骨干节日里主动给员工拜年、问候……一系列尊重员工、理解员工、关心员工、激励员工的举措，让员工干得称心、舒心、安心。

双星集团各单位看到，这正是新形势下双星解决招工难所具有的独特优势，好的口碑比到人才市场打着牌子招工都有效，于是出台各项政策，激励各级领导骨干承包"招兵"，鼓励每位员工"亲带亲"、"邻携邻"、"老乡带老乡"、"朋友带朋友"、"同学带同学"，打破了原来单纯靠政府部门、靠人才市场或靠中介介绍的传统招工形式，创造了"亲情化链式招工"新模式，效果很好。

双星青岛轮胎总公司子午胎一厂成型工田世鹏，春节放假期间组织自己的同学、老乡们一起观看《双星辉煌九十周年》光盘，向他们介绍集团的发展规模、公司的福利待遇等，年后有9人跟着他到了双星轮胎工作。

双星机械总公司通过同学带同学，招收到43名具备一定理论知识和实际操作技能的职业技术人员。

双星鞋业工业园制帮车间五线员工张云霞，先发动她的小姨来公司上班，她的小姨又带来村里6名老乡，都是熟练缝纫工，其中一名叫金云云的新职工说："俺跟着老乡到双星，心里踏实。"

双星瀚海公司运动鞋厂新员工郑富娟报名到包装车间上班后，又把父亲郑玉海介绍到公司上班，看到双星良好的条件，郑玉海又把他的妹妹介绍到厂里，妹妹又把她的表妹介绍到车间上班。

有些员工几乎"全家总动员"到双星上班。据统计，双星集团各单位2012年春节后共招收1 483人，采用亲戚带亲戚、朋友带朋友、老乡带老乡的招工方法，招收1 108人，占新招收人员的74%，这体现出了员工对企业的感情和信心，同时各车间通过组建"亲情岗"，使新员工在熟悉的环境下工作，找到了家的感觉，更好地增强了企业的凝聚力、向心力和战斗力。

"'种'文化才能落地生根"

处处有活动，天天有娱乐。双星集团及所属各单位举办的文艺演出，不到社会上请明星大腕，都是员工自编、自导、自演，每个单位都有自己的文艺队伍，参与各种文化活动已实实在在地成为员工幸福生活的一部分。

"文化不靠外边送，重要的是靠自己'种'。双星'办'文化、'种'文化、'乐'文化，在丰富员工精神文化生活、提高员工愉悦度的同时，很好地发挥了用企业文化教育人、激励人、凝聚人的作用"，双星集团领导介绍说。

双星青岛轮胎总公司爱好音乐的员工自发组建了"名人乐队"，乐队成员充满激情，举手投足"星味十足"，拥有大批的"粉丝"，每次大大小小的演出，都会看到他们熟悉的身影。

双星东风轮胎总公司成立了军乐队、新东风电声乐队、舞蹈队等，给大批音

乐和体育爱好者搭建了切磋的平台,并多次代表公司参与集团和社会举办的各种文体活动。

双星鞋业工业园建立了书画室、电子阅览室、台球室、乒乓球室等文体娱乐场所。公司领导感慨地说:"通过'种文化',我们留住了人。现在有时周边外资企业来挖人,也没能将人拉过去。看来,没有文化就留不住人!"

没"文化"企业难留人,创"文化"既留人又留心。双星通过开设网吧、影吧、歌厅,举办生日派对、联谊舞会、才艺大赛、文艺汇演等,努力满足员工的精神和生活需要,在活跃和丰富员工精神生活的同时,有力地激发了员工的精神、活力和朝气,达到了"开心留人"、"文化留人"的效果。

人力资源的竞争比产品的竞争、市场的竞争更严峻、更激烈。双星集团将与员工的关系视为共赢关系,而不是雇用关系,通过各种创新举措,如提高员工薪资待遇、采取"亲情化链式招工"形式、关心员工、用文化凝聚人心等,有效化解"用工荒",不仅没有出现员工短缺,"工源"反而比较充裕。

"现在'用工荒'的客观形势已经存在,但我们通过主观努力,创造好的工作和生活环境,发挥内因作用,可以战胜外因带来的不利因素,改变客观环境的影响。"汪海总裁一席话或许能够给我国劳动密集型制造加工业战胜"用工荒"提供些许有益的启示。

四、专家点评

所谓"亲情管理",就是将严格标准与情感投资相结合,努力做到以法服人,以情感人,把"家"的概念推行到企业中去,在企业创造一种家庭式气氛,互相尊重。在企业经营管理中不能只靠制度,更重要的是靠亲情。只有公司上下融洽、合作得好,才能充分调动每个人的才能,发挥员工的最大潜能。

亲情管理要求企业领导和管理骨干在管理活动中对待员工就如同对待自己的亲人一样充满关爱之情。员工是我们企业的主体,他们大部分时间都是在企业中度过的,员工的喜怒哀乐都直接影响到他们的工作状态和工作结果。所以,作为企业的管理人员一定要关注每个员工的思想动态,真正从细微之处为员工着想,使其真正能够感受到企业对每个员工的重视和关爱,把企业当成自己的"家"，在企业里找到与"家"一样的感觉，从而珍惜在名牌企业工作的机会，把自己的聪明才智和力量贡献给企业，推动企业不断发展。

所谓亲情化的企业管理模式，实际上就是一种强调人情味的人性化管理模式。只有做好亲情化管理，才能保证企业健康稳步发展。

亲情管理是汪海从近四十年的管理实践中创造的，并经实践证明是行之有效的现代科学管理方法。其内涵极为丰富，效果极其显著。

分析亲情管理的内涵可知，它既包含中国古代的"儒、道、佛"的理念和现代的"做好思想政治工作、关心群众生活、注意工作方法"等行之有效的管理理念和经验，也包含马斯洛的"需求层次理论"和行为科学、人际关系、心理学、工效学等发达国家先进的管理理论；既包含生产力范畴的革新（如美化生产环境、改善工作条件、创新生产设备、改革生产工艺、减轻劳动强度，实现文明、卫生、轻松、愉快、体面生产），也包含生产关系方面的改革（如实行划小核算单位、责任落实到人、市场化承包、内部买断股份制、厂币运作、家庭化和军事化管理等）；既关心员工的生产和工作，也关心员工的生活、健康、婚姻、孩子等；既关心对员工工作时间的管理，也关心对员工业余生活的管理；既关心对多数员工的共性问题的管理，也关心对个别员工个性问题的特殊管理……

认真研究汪海的亲情管理经验，就会发现它有五个特点：

一是核心明确。即一切的一切都是围绕着"人"。"人是兴厂之本，管理以人为主"、"员工是企业生产力的主力军，是我们完成任务不可缺少的战斗力，是企业不断发展、不断壮大的第一要素，没有他们的默默无闻工作，我们将一事无成"。所以，企业"要让广大员工觉得'在这个企业干，有发展，有希望'，甚至有一种'回家'的感觉"。只要"企业给员工爱心、热心，员工就会给企业真心、诚心"。

二是高度重视。汪海总裁非常重视亲情管理，将其提升到思想政治工作的重要内容来抓，提升到和生产经营同等重要的位置来对待。正是汪海总裁的亲自抓、亲自要求、亲自示范，给基层骨干树立了榜样，提升了亲情管理的内涵，在市场经济商战中，为稳定员工队伍、增强企业竞争力发挥了重要作用。

三是内容广泛。如上所述，凡是涉及员工的生产、工作、生活、健康、婚姻、

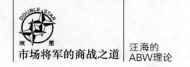

孩子等问题,都在企业领导关心的范围之内。

四是方法多样。它既有深入细致的思想政治工作做先导,又有科学先进的机器设备做物质基础;既有充满动力和活力的先进体制和机制做动力,又有丰厚的经济效益、较高的工资福利做保证;既靠专职的政工、后勤、管理和技术人员全力投入,也打全员参与亲情管理的人民战争。

五是效果卓著。"市场是检验企业一切工作的标准",也是检验亲情管理的标准。亲情管理取得的成效,首先表现为在当前全国"用工荒"形势下双星集团却没有出现"用工荒",尤其面临全国同行业众多厂家招工难,个别厂家甚至把招工广告贴到厂门口的情况,双星员工思想不但没有受到影响,反而工源充足,保证了生产需要。其次,在当前国内国际经济放缓的大环境下,双星通过加强亲情管理,进一步激发了员工战危机、渡难关的积极性,一批批适销对路的新产品不断推向市场并取得成功,成为国有制造加工业企业逆市破壁实现出口上扬的典型代表。

正如汪海总裁指出的:"人力资源是企业最宝贵的资源,人才竞争是第一竞争。"双星集团各单位领导自觉并且积极地应用亲情化管理,做到了"用感情留人,用环境留人,用机制留人,用发展留人,用事业留人,用待遇留人",从而保证了企业人员稳定,生产红火。他们的宝贵经验,值得所有的企业学习。

第十四个战术：
钱管是保证

钱管是保证

用好钱是最好的思想政治工作，不抓用钱管理的领导不是一个合格的市场领导，政治工作也需要经济作保证，再讲奉献的双星人也需要钱，用钱管人，用钱减人，用钱用人，用钱抓人，可以最大限度地调动人的积极性，这是当前市场经济中最好的办法。双星人要"靠勤劳、靠劳力、靠拼搏"先富起来，最终实现"名牌发展，个人发财"。

————汪海

1989年，汪海总裁在荣获全国思想政治工作创新奖之后，在全国企业思想政治工作研讨会上提出："用好钱就是最好的思想政治工作"

一、汪海语录

（一）钱管的重要意义

- 政治工作也需要经济做基础,再讲奉献的双星人也需要钱。
- 情是基础,严是关键,钱是催化剂。
- 双星人要靠勤劳、靠努力、靠拼搏先富起来,这也是把精神与物质结合好、平衡好、运用好。企业要发展,国家能受益,个人也要有所得。
- 是否有利于发展生产力是检验一切工作的根本标准,也是检验政治工作的标准。要把促进生产力发展、提高经济效益作为思想政治工作的出发点和落脚点。

（二）怎样发挥钱管的作用

- 用好钱就是最好的思想政治工作。
- 用钱管人,用钱减人,用钱用人,用钱抓人。
- 靠勤劳、靠努力、靠拼搏先富起来。
- 名牌发展、个人发财、员工过上好日子。

二、做法与效果

（一）主要做法

1. 用"钱"做好思想政治工作

用"钱"做好思想政治工作,解决政治、经济"两张皮"的问题。

2. 用"钱"理顺各种分配关系

用"钱"理顺各种分配关系,按贡献大小实行分配,拉开工资收入差距,按劳取酬,多劳多得,不劳不得,杜绝吃"大锅饭"。用"钱"衡量水平高低和贡献大小;晋升职务,提高工资。

3. 用"钱"肯定贡献和业绩

用"钱"衡量超额劳动和创新成果,鼓励那些肯付出、没级别的能人拿高薪,鼓励不同工作领域的员工积极创新,鼓励新员工主动学技能,鼓励生产经营

中多涌现标兵、能手、星级技工,对有功者嘉奖,对大功者重奖,让员工工作有目标、有动力。

4. 用好"钱"提高员工的福利

用"钱"提高员工的福利,如解决与员工切身利益密切相关的住房、食堂、医院、幼儿园、班车、澡堂、休假、旅游等问题。

(二)主要效果

1. 解决了政治、经济"两张皮"的现象,做到了精神与物质的最佳结合

双星突破了计划经济时期思想政治工作不敢言钱的禁区,彻底解决了过去喊了多年而一直没有解决的政治、经济"两张皮"的现象,做到了"精神物质一起抓,并使之达到最佳结合",丰富了思想政治工作的内涵,提出了"用好钱就是最好的思想政治工作"的理论观点,并对作出突出贡献的人员予以重奖,奖彩电、奖房子、奖汽车;又提出"双星人要靠勤劳、靠努力、靠拼搏先富起来",以此成为双星人做人做事的标准和事业追求的目标,极大地激发了双星员工的积极性和创造性,指引着全体双星人在市场经济当中不断前进,创造了双星发展史上的一个又一个奇迹。

2. 找到了思想政治工作的落脚点

双星改变了计划经济时期抓思想政治工作的"假、大、空",把工夫下在"真、小、实"上,着眼于与"人性"贴近、再贴近,让员工能看得见、摸得着,运用"细化、公开、公正"六个字,将集团内部6万名员工的"名"(各种荣誉)和"利"(包括职务、工资、奖金、奖励、红利、福利等)的分配做得大顺民心,找到了市场经济条件下思想政治工作的落脚点。

3. 重奖有贡献的员工,调动了员工工作积极性

对在创新、质量、经营等各方面有突出贡献的员工,从80年代最早的奖励电视机,到今天奖励房子,双星发挥了钱管的重要作用,极大地调动了员工的工作积极性,每年集团都有千名以上员工受到集团级奖励,80%以上员工受到车间级以上奖励。

4．激发了员工的热情、激情，增强了员工的凝聚力和向心力

用"钱"管让员工切实感受到了"有付出就有回报"、"在双星干有奔头"，激发了员工的工作热情和激情，增强了员工的凝聚力和向心力。

5．促进了企业的基础管理工作

对有创新、有小改小革项目的员工进行奖励，促使员工更加积极地进行创新和小改小革，不断促进企业各项基础管理工作的提升和完善。

三、典型实例

（一）用"钱"管——双星特色的思想政治工作

1991 年春，原中宣部部长王忍之到双星考察，汪海从烟台赶回来，向中央领导作汇报，他第一句话就问："你愿意听真话还是假话？"

王忍之不禁一愣："当然听真话！"

"真话好说，就是难听。"汪海卖了个关子。

王忍之说："共产党人讲究实事求是，自然要讲真话、老实话。"

于是汪海直言不讳地说："不管是市、省宣传部门，还是你们中宣部发下来的文件，我们都很少去学习执行。"

"那你抓什么？"王忍之问。

"我就抓一条：一个中心、两个基本点，只要不违背党的基本路线、基本原则就行了。"汪海说，"我们双星有自己的'三热爱'——爱双星、爱集体、爱岗位。工人爱国得先爱厂，爱厂先爱岗。只要做到这三点，就是爱党、爱国、爱社会主义。所以我们提出双星人的形象意识是'为国家争光，为民族争气，为双星增辉'。在新的形势下，思想政治工作要加强、要提高，必须创新，要让大家听起来感到你说的是实话，说得有道理，愿意照着去做，我看这就达到目的了。假如你成天在这里学文件，在那里念报纸，他觉得离他的思想十万八千里，这样的思想政治工作白白耗费精力，徒劳无益。比如现在搞市场经济，我们的思想政治工作就提出全员转向市场。全员转向市场，不是说大家都上市场卖鞋去，而是一针一线与市场相连，缝鞋帮的缝不好就会影响质量，影响双星的形象，就等于砸

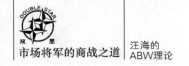
了工人自己的饭碗,别的也就谈不上了……"

面对一个中央领导,这样的话虽然是大实话,却不是谁都能讲出来的,这就是汪海的可贵之处。所以王忍之在参观工厂后对他说:"我走了 14 个沿海城市,就碰到你一个人说实话。"

汪海别具一格提出了"市场政治"的观点,要以市场政治指导企业在市场经济下的行为。汪海的"市场政治"这一概念的内涵和外延是:市场政治是市场经济条件下的企业的上层建筑,它是统领企业一切工作的指导思想和核心理念,它包括企业的思想政治工作、企业管理、企业文化以及相关的制度层面的东西,是物质与精神的辩证统一。简言之,就是在市场经济中的企业政治。

双星之所以能够率先走向市场,首先是思想进入了市场,超前的思想在实践中形成了超前的理论,然后又来指导事业发展,使双星在企业内部及外部环境都十分恶劣的条件下,能够突出重围并不断发展壮大,走出了一条属于自己的路,创造了自己的企业文化。回顾双星三十多年来的发展道路,在每个历史阶段基本上都没有大的失误,始终挺立潮头,归根到底就是因为有着正确的市场政治理论作指导。

可以这么说,汪海的市场政治理论的灵魂就是实事求是、一切从实际出发,其指导思想就是邓小平理论。在这一旗帜下,才能创造性地把企业政治具体化、实效化。

双星所谓的市场政治,有很大成分是讲企业在市场经济中的思想政治工作。很多人认为在市场经济中企业不需要思想政治工作了,其实这是一个认识的误区,这种观点对企业尤其是国有企业贻害多多。汪海始终认为,市场越活跃,越需要务实的思想政治理论、灵活的思想政治工作,思想政治工作不但不能削弱,反而要加强。假如没有正确的思想、理论作指导,没有优良的政治作风作先导,在市场上也就不能创造性地扮演好自己的角色。

在 1984 年汪海树立双星企业精神时,其中一项是"兴利",当时许多人都不理解。在当时的舆论环境下,义、利之辨是很严酷的、是有政治风险的,在那个只讲奉献、只讲精神的年代,讲兴利、讲金钱物质的东西,很多人认为这不符合马克思主义,是庸俗哲学,是资产阶级错误思想,舆论斗争很激烈。可是企业搞经济怎么能不谈"利"呢？不从实际出发，不实事求是，把思想政治神圣化、教条化，也就使思想政治工作越来越空洞、枯燥，越来越被人们所厌弃，只能对经济建设产生消极作用。汪海抓政治，在企业内部解放思想，首先从"兴利"开始。

后来汪海又提出：用好钱就是最好的思想政治工作。在市场经济中，怎么把你手中的钱运用得最好，让它发挥最大的效益，同时又用钱把人的积极性调动起来，为企业作贡献，创造价值，这是特定历史条件下国有企业要探讨的问题。以往，政治、经济"两张皮"的现象喊了很多年，双星却把它们很好地解决了。从最早开展的"三个一百"竞赛到"成本在我身边"竞赛、"刀下留钱"竞赛，以及以资金为中心、以降低六大费用为重点的深层次管理和三个"知名度"大讨论等等，都是精神与物质、思想政治与经济的有机融合。思想政治工作也需要经济作保证，不能只讲奉献，不讲利益。1992年，汪海又提出双星人要"靠勤劳、靠努力、靠拼搏先富起来"，也就是要把精神与物质的关系、个人与企业的关系结合好、平衡好、运用好。企业要发展，国家能受益，个人有所得。

在中宣部的一次理论研讨会上，汪海发言讲，货币是商品的一般等价物，它虽不能代表人格，但它在社会上流通，没有它人就不能生存，你去饭店吃饭，没有钱就吃不上，所以说企业在用钱方面是很有学问可研究的。赞同他的观点的人说，"用好钱是最好的思想政治工作"，这个说法提得好，哪个单位把钱用得好，哪个单位的精神文明和物质文明就都会建设好。

另外，市场政治也是民主政治。双星的职工民主管理委员会从1983年开始就参与企业管理，职工代表对企业具体的人、具体的事包括对管理层进行面对面的实事求是的评议，而且具有至高无上的权威性，被称为企业政治的典范。管理也是政治。双星提出要在实际工作中管理人、教育人、解放人，提倡思想政治工作要深化、细化，敢于抓具体人、具体事，这才是更重要、更过硬的思想政治工作，是思想政治工作具体化成功的一个表现。

有个时期上面要求党政分家，有的企业连党委会的牌子都摘了下来，似乎企业不再需要思想政治工作了，汪海却有他自己独特的认识："党委会牌子不能摘，新形势下厂长要抓政治，党委也要抓经济，这样才能保证企业的健康发展。现在党的工作重心转移了，一切以经济建设为中心，党、政都要围着经济转，怎么能分家呢?"后来上边又传达了新精神:党政班子不但不能分家,还要加强党的工作。一些企业又纷纷重建党的机构,增加党务干部,汪海却不盲从,说:"折腾什么? 两套班子,两张'皮',岂不是又要造成党政矛盾么?"这就是汪海,虽然善于逆向思维,却一贯坚持一个原则:一切从实际出发,实事求是。

汪海讲,一个企业家不但要像战场上的将军,还应是一个有着自己思想的政治家,不懂政治,尤其是不懂中国的政治,很难在市场上取胜。汪海常发逆耳之言,但谁也不能否认他很有政治头脑,这是一种更高级的智慧。

→ 早在20世纪80年代初期刚出现彩电时,双星就已经奖励创新能手彩色电视机了

(二)重奖科技创新人才[1]

今年 52 岁的李有才是个能人,1961 年从郑州工业学校毕业后就来到青岛第九橡胶厂。这么多年来,厂里人都知道李有才是个"革新迷",年轻时迷,年过半百了还迷!

李有才好琢磨,又爱提建议。从 60 年代初到现在,他提的各种革新建议真可以车载筐挑了。虽然厂领导换了好几茬,可谁也未曾冷了李有才那颗为了工厂呕心沥血的心。

1963 年,李有才搞出了脱楦机,代替了把成品鞋一双双从鞋楦上拔下来的手工劳动,提高工效 30 倍,当时化工部曾专门开会推广李有才的这项新技术。可李有才却说:"搞这项发明时,我是提过几个点子,但主要是领导都采纳了,还帮我解决这、解决那,不然也白搭。"1964 年,在厂领导的支持下,李有才又用裁断机的原理发明了切割胶鞋底海绵的冲切机,提高工效近 40 倍。通过这两件事,大伙都说"有才真是有才"。

有才平时话不多,但他只要萌发一种革新的想法,就憋不住要找领导提。他说:"有好点子不提,那是对厂子不负责。"

---

[1] 杨立华:"重奖科技创新人才",《大众日报》,1990 年 6 月 14 日。

1985 年，汪海出任青岛第九橡胶厂厂长。这位山东大汉走马上任办的第一件事，就是号召职工提合理化建议。有一天下班后，李有才找到汪海，提出了搞胶鞋成型连续化、自动化的设想。汪海一听乐了，和李有才一起有板有眼地谈到晚上 9 点多。李有才最后说："让我搞，我还有个条件，我要两个人。""行，你自己挑。"第二天，李有才挑选的两个肯学能钻的小青年就向他报到来了。

厂区西头有两间小屋，不大，还挺阴冷，但李有才感到在这里搞研究已经挺好了。自打李有才领着帮手在这里搞起了研究，汪海就成了这里的常客。他经常来询问李有才有什么困难，鼓励大家好好搞。

李有才从胶鞋的出型开始研究。过去胶鞋边上的胶皮彩条都用手工贴，费工不讲，质量也差。经李有才潜心研究，捣鼓出一种双色围条机，不久又搞出了多色围条机，一次就能自动在鞋边上贴 4 种不同颜色的彩条。专家们鉴定后认为，这种设备填补了我国胶鞋生产中的一项技术空白，性能可与日本、韩国同类产品媲美。为此，李有才得到了轰动岛城的重奖——一台当时社会上人人梦寐以求的彩色电视机。

（三）双星奖励特级创新能手出国旅游——奖旅游、增信心、渡难关[1]

2008 年 12 月 18 日下午，双星集团在青岛总部举行了"双星集团特级创新能手出国旅游活动启程仪式"，为企业 34 名特级创新能手赴中国香港、澳门地区及新加坡、马来西亚九日游举行隆重的欢送仪式。双星集团总裁汪海和这些特级创新能手一一握手表示祝贺，勉励他们在今后的工作中努力创造新成绩，为战胜金融危机影响不懈努力。双星特级创新能手们头戴

→ 双星集团特级质量标兵出国旅游启程仪式在双星集团总部举行，汪海总裁亲自为34名特级质量标兵出国旅游送行

---

① 王克林："双星奖励特级创新能手出国旅游"，《西部皮革》，2009 年 2 月 15 日。

红色双星帽、身着双星运动装、脚蹬双星名人跑鞋,身披"双星集团特级创新能手"大红绶带,手拉双星高档大红旅行箱包,个个笑容满面,洋溢着无比自豪和荣耀之情。

多年来,双星集团坚持年年对质量标兵、创新能手、双星劳模"奖旅游",这些标兵、能手、劳模大都来自一线的生产、技术和管理骨干。组织他们爬泰山、登长城、游故宫、观看升国旗仪式……营造出浓厚的"学先进、赶先进、当先进、做劳模"的新风气,又为企业不断发展奠定坚实的人才基础,铸就人才强势。

双星每年组织创新能手、质量标兵、双星劳模免费旅游的做法,虽然花费不小,但对企业来说,已经成为其激励机制中的重要组成部分。双星集团总裁汪海谈道:"这是双星坚持多年的精神和物质相结合,实现思想政治工作具体化的一种好形式。通过这种形式,广大员工确实受到了很好的教育和激励。这个钱花得值。他们都是企业的岗位明星,为企业发展作出了贡献。这些先进中的先进,是企业参与市场竞争、战胜发展中不利因素的最宝贵财富。我们通过组织他们出国旅游,开开眼界、开拓思路,考察一下市场,这将使他们在今后的工作中更有热情。特别是目前的金融危机,企业更要靠核心技术,靠充分挖掘人才发展潜力,创新思维,打好商战中创新的人民战争,才能渡难关,战胜危机。"

即将踏上出国旅程的双星鞋业工业园制帮车间主任孙爱芹,按捺不住激动的心情,高兴地对车间的姐妹们说:"做梦都没想到,集团会对一名基层的普通管理骨干给予出国这么高的待遇,我们更应该珍惜工作,回报双星。"

四、专家点评

在市场经济时代,"人"首先是以"经济人"的姿态生活的,即首先必须以获取一定的经济收入作为其生存的基本条件,然后才能从事其他活动,比如政治、法律、道德、艺术、教育、哲学、宗教等。在这种情况下,如果一个人的劳动付出与收入所得长时间处于不平衡状态,即"人不敷出",这个人的积极性必定受挫。但是,在很长一段时期内,特别是在极"左"思潮盛行的年代里,我们却总想以"君子喻于义,小人喻于利"之类的思维方式来解决这个历史唯物论的基本问题,得到的结果总是事与愿违。

人作为高级动物,体现自身价值是与生俱来的本能。人的这种本能的体现形式有两种:一种是精神上的追求,如授予荣誉称号、颁发证书奖牌等等;另一种就是物质上的追求,其集中表现就是追求"钱",这是精神鼓励所不能替代的。因为在市场经济当中,货币是商品交换最主要的前提和保证,它虽不代表人格,但却在社会上流通,没有它人就无法生存,因此,任何人都无法回避"钱"。

汪海总裁较早地认识到了这一点,他常说:"再讲奉献的双星人也需要钱。"

所以,早在80年代初期,他在讲企业精神时,就将"兴利"作为一条很重要的内容列入其中。可以说,"兴利"这一观点的提出,强烈地冲击了当时那个年代共产党人耻于言利的思想禁区,长时期遭到非议,但却使双星人在进入市场初期就牢固树立起市场经济的效益观念。后来,他又将"兴利"扩大化,大胆地提出了"用好钱就是最好的思想政治工作"这一理论观点,并对作出突出贡献的人员予以重奖,从而更大限度地调动了全员的积极性与能动性。后来,他又提出"双星人要靠勤劳、靠努力、靠拼搏先富起来"。这不仅是将精神与物质结合好、平衡好、运用好的具体体现,同时也成为双星人做人、做事的标准和事业追求的目标,并指引着全体双星人在市场经济当中不断前进。

革命导师恩格斯早就指出:"人们首先必须吃、喝、住、穿,就是说首先必须劳动,而后才能争取统治权,从事政治、宗教和哲学等等。"①恩格斯阐述的这个历史唯物论的基本原理,即物质第一、精神第二,应该成为企业管理,特别是企业薪酬管理的根本方针。

那么,这是否意味着完全否定精神的作用呢? 不是。历史唯物论认为,精神与物质相比当然是第二位的,但这绝不是说精神是无用的。相反,精神对物质具有反作用,在一定的特定条件下,精神可以转化为物质,精神对物质具有强大的能动作用。所谓"一定的特定条件",主要是指特定的人(如革命领袖、战斗英雄、劳动模范等极少数精英人物)、特定的环境(如物质条件极度匮乏,连

---

① 恩格斯:《马克思恩格斯文集》(两卷集),人民出版社1958年版,第2卷,第162页。

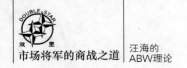
续残酷的战争,如红军长征、抗震抢险、抗洪救灾、与歹徒搏斗等)、特定的时间(如各种竞赛的冲刺阶段、登山接近顶峰时等),在这种特定条件下,就必须强调精神的能动作用,促使精神转化为强大的物质力量。这并不违背历史唯物论,恰恰是避免了机械唯物论,坚持了唯物辩证法。

"精神对物质具有强大能动作用"这一原理,汪海总裁不仅深谙其精髓,而且在他的管理实践中运用到了炉火纯青的程度。

第十五个战术：
名管是升华

名管是升华

　　我希望受表彰的典型代表在先进的道路上继续努力，发挥生产一线主力军作用，继续争先进、当模范，成为创新能手、质量标兵，并协助领导把各项生产经营搞上去，把员工的精神面貌振奋起来，团结、培养更多的人当先进，做到后进赶先进、先进更先进，真正把个人、家庭的小团体先进发展成为车间、工厂的大集体先进，一心一意把企业发展得更好。

——汪海

双星奖励一百多名劳模到天安门广场观看升国旗仪式，圆了许多人的梦想

双星始终坚持奖励市场一线优秀经营人员

一、汪海语录

（一）双星人的荣誉观

- 人在双星自豪，干在双星光荣。
- 名牌为我增光，我为名牌增辉。

（二）双星人的荣誉目标

- 双星人"五爱"：爱祖国、爱双星、爱名牌、爱行业、爱岗位。
- 双星人"三名"：创国际名牌、当世界名厂、做双星名人。

（三）双星人对荣誉的态度

- 向后看，一切画句号；向前看，一切从零开始。
- 珍惜自己取得的荣誉和待遇。
- 珍惜双星创造的条件和机遇。
- 珍惜自己所拥有的权利、地位和价值。
- 荣誉面前戒骄傲，不断创新再提高。

（四）对受表彰双星人的希望

- 先进更先进、后进赶先进、全员争先进。
- 成绩面前不满足，表扬面前不骄傲。
- 敢找差距更清醒，善提问题更明智。
- 只讲个人的面子，不讲企业的面子，就会没有面子。

二、做法与效果

（一）主要做法

1. 从物质和名誉上奖励先进员工外出旅游

对质量标兵、创新能手、双星劳模等除了进行隆重的表彰奖励外，还奖励他们旅游。如奖励他们到四川青成山、湖北武当山、洛阳龙门石窟等景点旅游。

2. 组织双星劳模到天安门广场观看升国旗仪式

双星集团组织各单位劳模在天安门广场上观看升国旗仪式，进行爱国主义

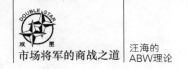
教育,将爱国、爱厂、爱岗位联系起来,增强了双星民族品牌与国外品牌抗衡的信心。

3. 让优秀员工成为书的主人公、成为"电视明星"

双星将各单位涌现出来的先进员工典型事迹汇编成书,让员工成为书里的主人公,使员工备受鼓舞。已经有《百名诚信员工的诚信故事》《这里星光灿烂》等书出版。此外,还把员工的感人事迹编入《教育视频》栏目,让员工成为"电视明星",对员工起到了很大的激励作用。

4. 以员工名字命名操作法,培养"绝活员工",创"品牌员工"

创"品牌员工"行动是双星实施员工素质工程的"升级版"。以员工名字命名操作法,培养"绝活员工",是对员工创造价值的认可,是对他们最好的激励,能让员工创造更大的价值。

5. 员工当先进,家属也光荣

员工有了成绩,公司把喜报寄给先进员工的家属;员工受到表彰,公司把家属请到表彰现场。这些激励形式让员工全家和家乡父老都感到光荣、感到自豪。

(二)主要效果

1. 增强了员工的积极性、荣誉感和忠诚度

员工干出成绩,除有"利"的表彰外,还获得了"名",这对员工产生了巨大的激励作用,增强了员工的积极性、荣誉感和忠诚度。

2. 打造了一支有激情、有干劲的员工队伍,人人争当"品牌员工"

通过争创"品牌员工",员工的积极性和创造性不断被挖掘,打造了一支有激情、有干劲的员工队伍,这成为双星在新的发展阶段的一股新的竞争力,营造了浓厚的"学先进、赶先进、当先进、做劳模"的新风气,为企业不断发展奠定了坚实的人才基础,铸就人才强势。

三、典型实例

（一）双星劳模天安门广场观看升国旗仪式①

双星从 80 年代就坚持评选双星劳模,在进行物质奖励的同时,还给予精神奖励,如奖励出国旅游、到外地参观等,让员工既得利又得名。

2006 年 9 月 4 日一大早,由一百多名双星劳模组成的"红色军团",在天安门广场上观看了升国旗仪式。"我们要通过这种活动形式激发员工的爱国热情、民族热情和干好民族品牌的工作热情。"双星集团总裁汪海在活动现场激动地对记者说道。

伴随着中华人民共和国国歌,五星红旗冉冉升起,双星集团的劳模们始终肃穆敬礼,直至整个仪式结束。双星集团瀚海公司劳模赛桂平满怀激动的心情说道:"到天安门看升国旗是我多年来的梦想,今天终于实现了。我深深地感到这'中国第一旗'真正体现出国家的形象、民族的骄傲,飘扬着民族的希望,凝聚着全国人民对祖国的无限热爱。"

随后,一百多名劳模登上了天安门城楼。天安门作为新中国成立的象征,其图形已成为我国国徽的组成部分,见证了中国近代历史的变迁和中华民族的崛起。这一切,无不激励着双星人去壮大和发展民族品牌的热情。"现在中国还是太缺少民族的品牌,这已经给全国人民敲响了警钟,创民族品牌刻不容缓!"汪海说。

对此,他指出,国家经济的发展需要民族品牌的支撑,在企业做民族品牌的同时,政府要支持民族品牌,专家学者要研究民族品牌,商家要推销民族品牌,消费者更要热爱我们的民族品牌。"只有全民合力发展民族品牌,才能使我们的国家更加繁荣富强。"汪海说。

此次活动激励员工在新的竞争形势下,将爱国、爱厂、爱岗位联系起来,增强了双星民族品牌与国外品牌抗衡的能力。

---

① 何沙洲:"双星劳模天安门广场观看升国旗仪式",《经理日报》,2006 年 9 月。

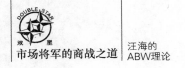
（二）双星闪耀"品牌员工"

日前，双星鲁中公司正式命名"裁断创新专业户李光星"、"扳帮机维修神扳子杜义成"、"包装小管家王成东"等一批新的"品牌员工"，这一仪式的举行，标志着该公司创"品牌员工"行动已经结出硕果。加上双星其他单位命名的"品牌员工"，双星集团"品牌员工"不断涌现，这些以员工名字命名的品牌已成为双星在新的发展阶段的核心竞争力，成为增加双星品牌含金量的富裕"金矿"。

创"品牌员工"行动是双星实施员工素质工程的"升级版"。活动开展一年多来，双星各单位掀起了人人争当先进典型、争做"品牌员工"的热潮。双星集团总裁汪海评价说，认识"品牌员工"的价值，培养更多的"品牌员工"，这是企业最大的核心竞争力所在，是企业应有的人才战略。

双星以创"品牌员工"行动作为管理新亮点，进一步激发了员工立足岗位、创新提质降耗的积极性，增强了员工展现自身价值的荣誉感和自豪感，不仅对企业提高质量、降低成本、减轻劳动强度、深化亲情化管理、提高工作效率和促进安全生产方面发挥积极的推动作用，而且树立起了双星品牌新形象，增加了名牌含金量。

"品牌员工"的创建，使双星员工有了新的方向和目标，大大激发了他们前进的动力，促进了企业创新提质降耗，对战胜原材料价格暴涨等不利因素发挥了重要作用。

（三）双星集团"工人名字命名操作法"显成效[1]

双星依靠自主创新加速企业技术创新、工艺创新、设备创新，不仅提高了生产效率，降低了能源消耗，较好地克服了原材料价格上涨带来的不利因素，也培养出了一大批创新意识强的技术工人。

双星以员工名字命名操作法，已成为员工提高操作技能和岗位成才的重要途径，并在提高产量、提高效率、降低消耗等方面发挥了巨大作用。双星人最大限度地发掘人才，让每一个人都尽其所能，提出并实践着"一线员工是创新的主

---

[1] 齐化宝："双星集团'工人名字命名操作法'显成效"，《双星报》，2006 年。

力军"、"岗位是市场,竞争在机台,全员都创新,人人出成果"的创新理念。双星鞋业工业园制帮车间用员工名字命名排刀法,激发了员工创新的积极性,员工创新排刀降耗的热情高涨,他们创出了"万国上下顺排排刀法"、"辛涛'山'字形排刀法"等十几个用员工名字命名的排刀法。2005 年以来,车间节约原材料 2.4 万余元。双星鲁中公司健美女鞋缝纫线组以前有 9 名沿帮工,每人每天只能干五六百双,最高也没超过 800 双。沿帮工王安香创出"倒手不停车操作法",干到了 1 050 双。这一操作法在全车间推广,每人每小时平均产量增加了 5 双。双星机械总公司用员工名字命名操作法,发动员工大打创新的人民战争,一把刀变成四把刀,普通车床改成了万能车床,效率提高了 3.5 倍。

（四）开办"双星教育学院"

双星把使用与培养人才相结合,坚持多种形式的教育培训,开办了"双星教育学院",精心选拔一些青年职工进行学习深造,聘请橡胶行业、大专院校的知名专家和学者授课。一些"土专家"甚至还出了自己的"专著"。

四、专家点评

需求层次理论(Maslow's Hierarchy of Needs),亦称"基本需求层次理论",是行为科学的理论之一,由美国行为科学家和心理学家亚伯拉罕·马斯洛于 1943 年在"人类激励理论"的论文中所提出。

马斯洛的需求层次理论把人的需求分成生理需求、安全需求、归属与爱的需求、尊重需求和自我实现需求五类,依次由较低层次到较高层次排列,但这样的次序不是完全固定的,可以变化,也有种种例外情况。一般来说,某一层次的需要相对满足了,就会向高一层次发展,追求更高一层次的需要就成为驱使人的行为的动力。相应地,获得基本满足的需要就不再是一股激励力量。

五种需要可以分为两级,其中生理上的需要、安全上的需要和感情上的需要都属于低级的需要,这些需要通过外部条件就可以满足;而尊重的需要和自我实现的需要是高级的需要,他们是通过人的内部因素才能满足的,而且一个人对尊重和自我实现的需要是无止境的。特别是自我实现的需要,这是人的最高层次的需要,它是指实现个人理想、抱负,发挥个人的能力到最大程度,达到自我价值实现境界的需要。比如,一个作曲家必须要作曲,一个美术家必须要绘画,一个诗人必须要写诗,一个企业家必须要创新未来、创造企业……也就是说,"一个人能够做什么,他就必须要做什么",这种需要就是"自我实现的需要"。所以,人必须干称职的工作,这样才会使他们感到最大的快乐。自我实现的需要可以促使人们努力挖掘和实现自己的潜力,使自己越来越成为自己所期望的人物。

汪海总裁将人的需要归纳为"精神需要"和"物质需要"两大类,简言之,就是人活着就是追求"名"(精神需要)和"利"(物质需要)。他经常讲,"人一定要有一种精神,精神的力量是无穷尽的。"这是人与动物的根本区别,也是人的最高追求。

基于他对人的需要的深刻理解,他除了从物质上满足员工的需要外,特别重视采用多种创新办法,如评选先进模范、颁发荣誉证书、以个人名字命名创新成果、将个人的先进事迹上企业电视台宣传、给先进个人戴大红花和红绶带等,来满足员工的精神需要,并取得了非常好的效果。这是一种投入小、收效大,简单易行,行之有效的管理方法,值得所有企业学习。

第十六个战术：
考核是要害

考核是要害

如果有了"全而细"的制度法规，大家不去严格执行，而是将制度法规"写在纸上，挂在墙上，锁进抽屉里"，必将是废纸一张，由此也必将使制度法规流于形式，并带坏了作风。所以说严肃法规、严格执法是一切工作得以顺利发展并巩固提高的基础和保障。

————汪海

"有章必循,执法必严"、"有情的领导,无情的纪律",严格的考核和执法有度的领导是双星管理行之有效的保证

"人人有责,岗岗考核",双星各行业严格考核,该奖就奖,该罚就罚

一、汪海语录

（一）严格考核的重大意义

- 理论是指导,法规是保证,落实是关键。

- 有了制度法规,不抓落实一切等于零。

- 如果有了"全而细"的制度法规,大家不去严格执行,而是将制度法规"写在纸上,挂在墙上,锁进抽屉里",必将是废纸一张,由此也必将使制度法规流于形式,并带坏了作风。

- 严肃法规、严格执法是一切工作得以顺利发展并巩固提高的基础和保障。

（二）双星考核的标准

- 双星治企方针:严、高、细。

- 有岗就有责,有责就有法。

- 人人有责,岗岗考核。

- 上去的工作不能下来,落实的工作不能有假。

（三）双星考核的措施

- 严明纪律、严格执法、严格标准、严格要求、严肃法规。

- 超标准检查、超常规考核、超计算机管理。

- 突出一个"严"字、打破一个"情"字、做到一个"实"字。

- 要处理好法规制度与钱的关系、与认真考核的关系、与规范市场的关系、与管人的关系。

二、做法与效果

（一）主要做法

1. 建立、健全考核标准

建立、健全考核标准,做到"有岗就有责,有责就有法"。

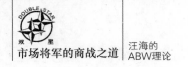
2. 建立、健全考核制度

建立、健全考核制度，做到"人人有责，岗岗考核"。

3. 建立、健全考核机制

建立、健全考核机制，做到"严格考核，敢动真格，该奖就奖，该罚必罚"。

4. 建立、健全考核组织

建立、健全考核组织，做到"全面考核，逐级考核，考核到人，一考到底"。

5. 建立、健全考核体系

建立、健全考核体系，做到既要有自上而下的领导考核，也要有自下而上的员工考核；既要有分部门的专业性考核，也要有群众性的全员考核，人人都做考核员，打一场全员考核的人民战争。

（二）主要效果

1. 建立了一整套制度法规

三十年来，双星创造了"有岗就有责，有责就有法"的法制管理新模式，进行了几十次厂规厂法、国家"大法"的法制教育，并针对发展中暴露的问题不断地修改完善双星的制度法规，建立了上万条、几十万字的制度条例，并依据企业的制度法规在企业发展的不同阶段先后处理了几百人。正因为双星有"严、高、细"的治企方针，才管出了今天一流的企业集团。

2. 树立了双星"家法"的最高权威

双星的各项规章制度，大都是经职工代表大会讨论后制定的，因此被职工们称作双星的最高"家法"，具有最高的权威。谁要是违反了，不论资历、年龄有多老，成绩、贡献有多大，处罚起来都是毫不含糊。

3. 创造了强大的、极具活力的激励机制

激励制度包括企业的产权制度、福利制度、奖励制度等等，它决定生产过程中财富的分配规则。双星集团建立和完善了一整套激励制度，如对整个集团内部实行包、租、股、借、卖，多种形式并存，激活了内部激励机制，将遍布全国的连锁店大胆进行了卖断，改国有为民营，充分调动了经营者的积极性。双星各生

产单位经常不断地采取多种形式,开展一系列的技术比武和岗位竞赛,做到及时奖励,既奖金钱,也奖彩电、奖汽车、奖房子,极大地激发了员工的积极性和创造性。

4. 创造了强大的、极具压力的制约机制

双星集团不仅重视制定各种法规制度,更重视法规制度的考核和落实。如鲁中公司通过积极与外部市场接轨,不断对质量管理制度进行补充和完善,如今已经形成了"质量三检"、"质量三级督查"、"以制定产"、"以制定工资"等367条具体的质量管理规定和质量考核法规,并且坚决执行,考核落实。由此在工序中形成了"人人关注质量,岗岗干好质量"、"人人都是检查员,每道工序都把关"的浓厚氛围,产品质量得到极大提高。

5. 创新了绩效考核的新模式

针对社会上长期存在的"以包代管"、"以卖代管"的错误倾向和"老大难"问题,双星创造了"包了也要抓、卖了也要管"的新模式,在"抓"和"管"当中一样的考核、一样的检查,形成了"对外一个整体,对内化整为零"、"管而不死,活而不乱"的新气象,创造并落实了"质量问题买单制","谁出问题,谁花钱买单、买教训",这是双星集团质量管理的一大特色,提高了精细化操作水平,收到了很好的效果。

三、典型实例

(一)"家法"无情[①]

有一位曾经为双星立下汗马功劳的集团副总裁,只因为卖给了一个个体户一车鞋,违反了集团公司制定的销售工贸一体的制度,不但被职工民主评议免去了一半年薪,而且还在全集团干部会上公开检讨。

汪海总裁的一名老战友的女婿,依仗岳父的这层关系,屡屡违反厂规厂纪,分管领导碍于这层关系,只给了他一个较小的处分。后来,事情反映到汪海那里,汪海便叫来那位分管领导,让他拿出双星的规章制度,对照一下该怎样处

---

① 摘自中央广播电台双星系列报道之二,1995 年。

罚,结果一对照,应该给予开除厂籍的处分。汪海当即就让人事部门将这个人开除了厂籍。后来,老战友找到汪海求情,汪海说:"双星的规章制度是职工代表们制定的,代表着全公司员工的利益,除了职工代表大会,任何人也没有权力更改。"

激烈的市场竞争,使双星的决策者们早已认识到,市场如战场。因此,从硝烟弥漫的战场到琳琅满目的市场,都必须有严明的纪律,令出则行,令禁则止,不达目的决不罢休,只有这样,才能取胜。1995 年 6 月,双星集团公司决定在沂蒙山区再建一座大型"鞋城",并给一位总裁助理下了死命令:99 天内"鞋城"不能建成投产,就地免职。果真,99 天后,一座年产鞋一千万双的大型"鞋城",昂然矗立在沂蒙老区,创造了双星发展史上的奇迹。因此而受到嘉奖的总裁助理却感慨地说,"如果当初没有集团公司下的死命令,我是无论如何也不可能完成任务的。"

双星人视"家法"为"天条",始终坚持严格考核的权威管理。创业以来,正是坚持了严格考核的权威管理,才使双星的事业得以稳定、持续、高速的向前发展。资产总额比十年前增长了 180 多倍,销售收入增长了 50 多倍,在没有伸手向国家要一分钱的情况下,累计上缴的利税相当于向国家上缴了 33 个十年前规模的老厂,从而走出了中国民族工业的自强之路!

(二)包了也要抓,卖了也要管

"承包是管理的最好方法和最佳模式,2011 年要将内部承包股份制全面推开"。双星鲁中公司在积极推行承包的同时,做到了"包了也要抓、卖了也要管"。一方面,他们针对锅炉房承包效果不明显的问题专门召开现场会,当时制帮厂厂长要求锅炉房用煤指标今年比去年千双必须降低 0.5 公斤。通过领导骨干靠上抓,2011 年 3、4 月份就节约用煤 7 500 公斤,说明包了以后领导骨干认真抓才能搞好。另一方面,制帮厂实行单品种材料买断以后,始终坚持各项指标的严肃性,做到奖罚分明。裁断工李光星打破了传统从左到右的梯形排刀法,根据品种的需求采用多种形式的排刀方法,不仅创造了企业效益,而且提高了个人收入。同样,鞋业工业园五年前对三个独立公司实行买断改制,公司制定了一系列管理、考核措施,三个公司利用集团的规模优势、"三名"优势,借鉴双星的管理经验，走出去挣外部市场的钱很快发展起来，2011 年他们还克服了鞋业工业园 59 万元的不利因素。

所以说，"包"和"卖"只是一种管理方法，包了以后抓和不抓不一样，卖了以后管和不管不一样，在抓和管当中一样地考核、一样地检查，就会形成"对外一个整体，对内化整为零"，这个企业就被激活了。

（三）谁出质量问题，谁花钱买单

"谁出质量问题、谁花钱买单"，是双星管理的一大特色，也是多年来一直坚持的一项质量规定。该制度在增强操作人员的责任意识、提高精细化操作水平、打造质量精品等方面，均起到了较好的促进作用。

双星鲁中公司运动鞋厂成型压缝操作工段有强，在生产高档商务休闲鞋 1102# 时，由于工作马虎，造成一只没有经过压缝的鞋子流入了下道工序，结果这只没有被压合处理的开胶疵点鞋被包装工序"堵"出来。段有强因这次操作失误，不但失去了当月被评选为"星级技工"的资格，还花 20 元钱将这只鞋买回。

经过这次花钱买质量问题的教训后，他对干好产品质量有了深刻的认识，岗位责任心和质量互检意识都有了很大提高。后来，班组承包人看到了段有强在质量管理上发生的大转变，为提高班组整体质量管理能力，就将他调整到了班组的最后一道工序挂鞋工序。到新的工序后，段有强在认真做好挂鞋工作的基础上，积极进行质量互检，真正将问题堵在了班组之内。在他的促进下，他们班组 2011 年 4—6 月份连续被评为公司诚信质量班组，他本人也在争做"双星青年先锋"岗位竞赛中脱颖而出，被评为"双星青年先锋"，并得到了公司领导亲自奖励，他也成为众多"质量问题买单"管理制度受益者中的一员。

四、专家点评

众多成功企业的经验和失败企业的教训都证明：企业的各项管理制度要想贯彻到底，收到成效，必须抓好绩效考核。否则，所有的制度都形同虚设，毫无作用。正如 IBM 公司前董事长郭世纳说的："如果强调什么，你就检查什么；你不检查，就等于不重视。"

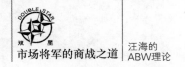

所以,"要搞好绩效考核",就几乎成了每个企业领导的口头禅,而每个企业也几乎都在进行绩效考核。但是,许多企业却是在"搞形式"、"走过场",绩效考核的效果都不尽如人意,像双星集团这样认真搞绩效考核的企业真是凤毛麟角。

双星集团的绩效考核之所以搞得好,除了它有独特的企业文化,充满动力、活力和压力的体制和机制,坚强的领导骨干之外,还有健全完善的考核标准、考核制度、考核机制、考核组织、考核体系和全员参与等一整套成功经验,特别是他们严格考核、兑现奖惩、敢动真格的精神,更值得大家学习。

正如汪海总裁强调指出的:"如果有了'全而细'的制度法规,大家不去严格执行,而是将制度法规'写在纸上,挂在墙上,锁进抽屉里',必将是废纸一张,由此也必将使制度法规流于形式,并带坏了作风。所以说严肃法规、严格执法是一切工作得以顺利发展并巩固提高的基础和保障。"

第十七个战术：

市场是标准

市场是标准

市场是企业的最高领导，市场是检验企业一切工作的标准，市场是检验企业的最好天平。跟着市场走，围着市场转，随着市场变。

——汪海

🔘 双星专业运动鞋

🔘 双星旅游鞋

🔘 双星皮鞋

🔘 双星轮胎

双星是中国橡胶行业唯一同时拥有四个中国名牌的企业

一、汪海语录

（一）市场对企业的重要价值

- 市场是企业发展的动力和源泉。
- 市场是企业的最高领导,市场是检验企业一切工作的标准,市场是检验企业的最好天平。
- 用户是上帝,市场夺金牌。
- 金杯银杯不如消费者口碑,你好我好不如市场说好。

（二）双星人对待市场的态度

- 有人就穿鞋,关键在工作。
- 有车就用胎,关键在工作。
- 等待别人给饭吃,不如自己找饭吃。
- 跟着市场走,围着市场转,随着市场变。
- 只有疲软的产品,没有疲软的市场。
- 产品＋感情＝市场。
- 自己拿自己当骨干,自我感觉良好,自己走自己的路。
- 不管白猫黑猫,抓住老鼠就是好猫;不管说三道四,双星发展是硬道理。
- 不找市长找市场。
- 下海进市场,出海闯市场,上山争市场,品牌运作抢市场。

（三）双星人对市场的认识

- 市场如战场,竞争如战争。
- 岗位就是市场,机台就是市场。
- 全员转向市场,全员参与竞争。
- 琳琅满目的市场就是硝烟弥漫的战场,市场中的企业家就是战场上的将军;市场是永不停息的战场,对市场我们永远是学生,市场上我们永远是列兵。

（四）管理对市场的重要价值

- 双星进入市场三十多年的成功首先是管理的成功,管理好坏决定市场

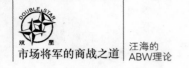

竞争成败。要认识到,管理是市场竞争最秘密的武器,管理是市场竞争最核心的竞争力,管理是市场竞争制胜的法宝。

● 谁的管理好,谁的管理过硬,谁能把管理持之以恒地抓下去,谁就在市场上抢先了一步,谁就是竞争的胜利者,谁就是最后的成功者,谁就能笑到最后。

● 没有过硬的管理,企业就没有未来和希望。成功在管理,失败也在管理。有的企业搞不好,垮了台,根源还在管理上。

● 从双星名牌的长远发展来看,已经进入了名牌发展的高级阶段,这个阶段的目标是"树百年品牌,建百年老店"。只有把管理这个最难的事抓好了,才是真正地进入了高级阶段,才能实现"树百年品牌,建百年老店"的目标。

二、做法与效果

(一)主要做法

1. 敢为人先,敢闯"六关"

双星人"敢为他人先",勇于改革,敢闯禁区,敢于创新,努力做好市场营销工作。改革开放初期,计划经济统购包销,企业只管生产、不问经营,当时双星生产和销售出现矛盾,面对堆积如山的解放鞋,求借无门,没有钱发工资,员工失去信心,企业濒临倒闭。双星人敢为人先,敢闯"六关",成为国有企业中市场的先行者。

(1)第一关:下海关

早在 20 世纪 80 年代初期,大家还不认识市场,不了解市场,根本没有市场的概念。双星的老产品——解放鞋断了销路,双星人被"逼"下海进市场,最早搞起了自营销售。为制裁双星人的"越轨"行为,包销的商业部门不再收购双星鞋,被断了后路的双星人逆流而上,坚持"不找市长找市场",不等、不靠、不要,闯过了下海进市场的第一关。

(2)第二关:自营关

双星第一个打破了统购包销的流通体系后,开始了自产自销。第一个打破了计划经济的物价局定价、常年不变的价格体系;在当时只有国家商业部才能开订货会的年代，第一个以企业独家名义召开全国产品订货会，引起当时商业部门的联合抵制，被迫于 1984 年在深圳、1986 年在北京，随后在国内外建立了36 家自营公司，自己进商场、进批发市场、建连锁店，从"等着别人给饭吃"到"自己主动找饭吃"，闯过了自我经营的第二关。

（3）第三关：资金关

为了扭转"四老"（老技术、老工艺、老产品、老厂房）企业的落后局面，在当时向主管部门汇报不听、向银行贷款不予理睬的困境中，双星人最早进行横向经济联合，最早运用名牌的无形资产和管理技术优势，1984 年开始在山东、新疆、张家口、重庆、成都、贵阳等地联营，在广东、福建、浙江等地进行定牌加工，双星人借外力、借资金，用无形资产，使鞋业形成了西南双星、中原双星、华北双星、华东双星、华南双星的大格局。双星主动实施低成本扩张，最早发挥无形资产的作用，闯过了无资金的第三关。

（4）第四关：联姻关

80 年代初社会观念还是"好酒不怕巷子深"，企业在媒体上打广告，被认为是"王婆卖瓜自卖自夸"。双星被"逼"下海进市场，在产品销售遇到困难以后，深感宣传的重要性，1984 年，双星冒出了惊人举动，第一个以企业的名义召开新闻发布会。这个新的宣传企业的举动，招致了种种非议甚至审查，在当时青岛市委刘鹏书记亲自过问下才躲过这一"劫"，闯过了市场、企业和媒体联姻的第四关。

（5）第五关：转岗关

在产品调整和产业转移过程中，面对 7 000 名城市职工转岗问题，双星没有向政府要政策、讲条件，也没有把他们推向社会，而是敞开大门办"三产"，在国有企业中最早成立劳动服务公司，最早建成青岛市最大的双星不夜城，举办了青岛最早的"双星之夏夜市"和"大吃街"，在崂山风景区建设了青岛第一个大型旅游休闲度假村，先后涉足餐饮、旅游、酒业、出租车、加油站、房地产、广告业等三十多个行业，当时社会上评论双星是"不务正业"，在国有企业中引起了强烈反响。双星最早主动实施"二产"转"三产"，成功闯过了职工分流转岗的第五关。

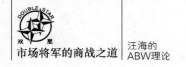

（6）第六关：出海关

1987年，双星成为行业第一家拥有自营进出口权的试点单位。1988年，双星第一个以企业的名义参加广交会和美国国际鞋业博览会；1992年，第一个在美国举行国际新闻发布会；1992年，第一个在德国国际鞋业博览会上弘扬"东方鞋文化"；1995年，出口创汇突破5 000万美元（扭转了双星出口在100多万美元徘徊了近三十年的局面），原化工部顾秀莲部长专程发来贺信，双星人成功闯过了越洋出海的第六关。

双星人敢闯"六关"，坚持"跟着市场走，围着市场转，随着市场变"，实现了"双星市场新特色"。

2. 打通营销渠道，创造三十种营销策略

经过三十多年的实践和总结，双星创造了三十种营销策略，有力地打通了营销渠道。

（1）渠道营销

面对广阔的市场，企业需要主动出击，打通营销渠道，才能在竞争中立于不败之地。随着企业规模的扩大，双星在全国最早开始了连锁经营的实践，鞋服、轮胎营销网络在全国遍地开花，为树立双星新形象，提升品牌影响力，拉动市场销量，起到了良好的作用。

（2）文化营销

现在消费者买诚信、买放心，市场进入卖文化的高级阶段，品牌企业卖的已经远远超越了产品本身，还包括名牌的形象与服务，卖的是企业的文化，双星用文化赢订单。比如双星轮胎京、津、冀市场开拓小组在走访市场的过程中，发现沧州一轮胎经营公司每月能卖出一定数量的轮胎。于是，主动出击，向该公司经理介绍双星品牌，宣传双星企业文化，并赠送介绍双星发展历程和企业文化的光盘，让他们了解双星轮胎员工的精神风貌、现场管理及特色企业文化。该经理看了双星轮胎的宣传片后，被双星浓厚的企业文化、严格的质量管理、优良的生产环境，深深地感染和吸引，决定与双星名牌合作。现在，沧州这一轮胎经营公司每月销售双星品牌轮胎都在100万元以上。

（3）心理营销

在同质化竞争激烈的环境中，在物质极大丰富的情况下，在品牌众多的情况下，在市场供过于求的情况下，谁懂得经营心理，调好价、打大折，敢卖、会卖、用心卖，谁就会成功。经营心理是深层次的营销理念，它比任何促销方法都持久、都深入人心。双星集团总裁汪海提出的"产品＋感情＝市场"的经营理念，就要求做好心理促销。比如，根据人们追求舒适、健康的生活环境，推广宣传抗菌、透气的专利产品——双星空调气垫鞋，在母亲节期间推出的"买妈妈鞋送爸爸鞋"的"买一送一"活动，在父亲节时推出的"买爸爸鞋送妈妈鞋"的优惠活动，等等。这些方法和措施，促进了心理促销。

（4）知识营销

知识营销是通过宣传、介绍产品，让消费者不仅"知其然"，而且知其"所以然"，使消费者萌发对产品的需要，培养顾客忠诚度。双星各生产单位都编制一些介绍产品的小册子，随着产品发到各连锁店，使营业员向顾客介绍产品时，心中有"底"。比如，双星登峰户外用品部编写了双星登峰培训手册、单品种导购明白卡等，对店员进行"知识营销"培训，对销售产生了极大的拉动力。

（5）时空营销

时空营销，即最有效地利用时间创造"卖点"，并取得广告效应，将时间转化为经营优势，说白了就是"营销时间"。双星采取"时空营销"法主要有两种形式：一是设定"目标时间"，抓住人流最多的"黄金时间"集中进行宣传推销，如双星许多连锁店推出的"限时促销"，激起消费者的购买欲望，其广告效应也不可小觑；二是抓住节假日商机，进行宣传促销，如情人节主推双星情侣鞋，母亲节、父亲节宣传销售双星老人健身鞋、爸爸鞋、妈妈鞋等。

（6）天气营销

天气营销则是根据天气的变化，以变应变，调整产品和经营策略。双星做好"天气营销"，一是做到"跨季订货、跨季生产、跨月上市"；二是研究各地的天气特点，有针对性地推出产品；三是双星各经营公司把收听、收看天气预报当成大事，看"天气脸色"行事。2010年夏季，双星许多地方的代理商都制作了精美的折叠式雨伞，印上"穿用双星，潇洒一生"的广告语，逢雨天对购物满100元的

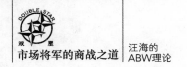
消费者赠送雨伞一把。消费者在购买产品的同时，又免费得到了实用、方便的赠品，提高了双星品牌的美誉度。

（7）服务营销

服务营销是指企业为充分满足消费者的需要在营销过程中所采取的一系列活动。服务营销不仅仅是某个行业发展的一种新趋势，更是社会进步的一种必然产物。双星提出了 200% 服务理念，教育员工这不是单纯地去解决售后服务、产品质量的问题，它关系到双星名牌形象、关系到能否留住顾客。在双星，有的员工为了一双鞋的质量问题，驱车数千里，妥善处理赢得用户赞誉；有的员工及时妥善处理用户来信，取得"穿鞋还是要穿双星鞋"的承诺；双星技术开发中心、双星海江公司等单位还不惜赔钱，为特殊需求的消费者特制大号鞋、异型鞋……这一系列做法都是从"赢心"出发，建立起消费者与双星的感情，把企业的服务印在了消费者的心中。

（8）情感营销

情感营销就是把消费者个人情感差异和需求作为企业品牌营销策略的核心，通过借助情感包装、情感促销、情感广告、情感口碑、情感设计等策略来实现企业的经营目标，寓情感于营销之中，让有情的营销赢得无情的竞争。双星巧用情感营销，取得了很好的效果。例如，2009 年 8 月，双星橡机公司一经营人员在一次走访中，得知山西一家企业计划购进一批输送带设备，但由于客户对双星橡机不了解，在设备供应商选择上没有把双星橡机公司列入名单。面对这一不利局面，双星橡机公司经营人员相信天道酬勤，先后 18 次登门拜访客户。当中秋佳节来临之时，双星橡机公司经营人员放弃了和家人团聚的机会，再一次去拜访了客户老板，向他送上了双星真诚的祝福。看着双星橡机公司经营人员执著的眼神，客户老板被深深打动了，答应中秋节过后一起前往双星橡机进行实地考察后再作决定。中秋节过后，客户老板带着他们的管理人员如约而至，对双星橡机的生产制作能力和产品性能进行了详细的考察。在考察过程中，客户不仅对双星橡机的技术实力非常认可，而且被双星独特的企业文化和富有哲理的管理理念所折服，一份 1 000 多万元的订单顺利签约。

（9）娱乐营销

随着经济社会的不断发展，人们的需求层次逐渐提高，人们在进行消费时不但注重产品提供的物质享受，更注重其所带来的精神享受。如何进行娱乐营销正成为新一轮竞争的趋势。双星巧用"娱乐营销"赢得了市场。双星集团在一些形象店门前摆放"黑猫"、"白猫"塑像；在店内配备彩电、DVD、休闲座椅等设施，举行鞋文化表演、双星有奖知识问答、购物有奖等活动，让顾客在购物时感到轻松、愉快。娱乐与营销距离的拉近，也很好地拉近了双星品牌与消费者的距离，激发了顾客的消费欲望。

（10）体验营销

体验营销是指企业通过采用让目标顾客观摩、聆听、尝试、试用等方式，使其亲身体验企业提供的产品或服务，让顾客实际感知产品或服务的品质或性能，从而促使顾客认知、喜好并购买的一种营销方式。双星营业员对双星防水鞋、绝缘电工鞋、空调气垫鞋等的宣传促销也是别出心裁。他们把防水鞋浸在盛有一定深度水的盆内，向顾客展示和验证该鞋的防水性能；对空调气垫鞋则请顾客将鞋放在耳朵上，按压鞋底，听鞋内腔出气和吸气效果，使顾客真切地感受到该鞋的空调功能。正是这些感受体验式的、新颖的宣传促销策略，使得双星具有高科技含量的各类专业鞋迅速走红市场。

（11）个性营销

企业把对人的关注、人的个性释放及人的个性需求的满足放到空前重要的地位，企业与市场逐步建立一种新型关系，与顾客建立更为个人化的联系，向顾客提供一种个人化的销售和服务。在举世瞩目的国庆六十周年庆典上，参加阅兵式的部分军车配套的军胎是"双星造"。为了满足部队快速机动的需要，总装备部对双星提出了开发大规格、重量轻、机动性强、越野性高的新一代全钢越野军胎的设计要求，为此，双星技术人员在两个月时间里拿出设计方案，一次性在竞标中通过。

（12）定制营销

定制营销是指企业在大规模生产的基础上，将每一位顾客都视为一个单独的细分市场，根据个人的特定需求来进行市场营销组合，以满足顾客的特定需求。定制营销能使企业产品销售变被动为主动，更好地迎合消费者。双星集团技术开发中心及各生产厂经常收到一些消费者来信，也有一些消费者亲自登门,要求定制特大号或大号鞋,而双星名人体育运动服饰有限公司也经常接待一些前来集体"定制",或单人量身"定制"服装的消费者。南昌一位双星代理商说:"你有多大脚,我有多大鞋,特大号就是我们的一个'招牌菜'"。

(13)体育营销

体育营销就是以体育活动为载体来推广自己的产品和品牌的一种市场营销活动,是市场营销的一种手段。对体育营销有两种理解:一种是将体育作为商品销售的体育产业营销,另一种是借助体育活动而进行的其他产业的营销。通常提及的体育营销是指第二种。三十多年来,双星不断参与体育界、文艺界举办的一系列赛事、活动,像80年代举办的国际女排邀请赛,90年代的赞助"马家军"、全运会,2000年后的冠名苏迪曼杯、组建双星雄鹰篮球队、赞助中国国家登山队攀登珠峰、赞助克利伯环球帆船赛等等,在支持中国的体育事业的同时提升了双星品牌的知名度和影响力。各代理也争相与当地学校、政府等部门联系,赞助一些体育运动会等,很好地宣传了品牌,扩大了销售。

(14)差异化营销

差异化营销就是指企业面对已经细分的市场,制定不同的产品策略及促销策略,再对策略予以百分之百的执行。2008年以来,整个全球经济"遇冷",我国传统的鞋帽等出口企业遭受严重影响,双星海江公司及时调整产品结构,加大新产品创新力度,相继开发出了一系列引领消费时尚的产品,提升了市场竞争能力。比如,他们研发出多色围条新技术,使围条上形成多种图案和色彩,青春靓丽,起到很好的装饰美化作用,受到客户的高度赞赏;他们攻克了鞋面夜晚发光新技术,打制出在黑暗的环境中能发出亮光的鞋子,开发出了鞋底散发香味的时尚休闲鞋,把双星硫化鞋卖到国内外高端市场。

(15)品牌营销

未来的企业竞争必将是品牌层次上的竞争。在市场中,深入人心、良好的品牌形象可以使企业在与零售商和其他市场中介机构的关系中占据有利地位。双星通过提升品牌的质量和服务满足消费者需求,突出品牌的外在形象、品牌的情感形象、品牌的功能形象、品牌的社会形象、品牌的文化形象、品牌的心理

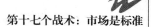

形象,最终达到了提升双星品牌在消费者心目中的形象和地位,大大增强了产品市场竞争力。

（16）事件营销

事件营销作为一种公关传播与市场推广手段,它主要是通过把握新闻的规律,制造具有新闻价值的事件,并通过具体的操作,让这一新闻事件得以传播,从而达到营销的效果。双星善用事件营销。比如在 2009 年轮胎特保案期间,针对美国出台对中国轮胎企业的不平等待遇,国内各大新闻媒体高度关注,进行了实时跟踪报道。双星总裁汪海作为中国第一代优秀企业家、中国轮胎业的代表人物,事件发生当天就在中央电视台经济频道《经济直播》节目,就特保案给中国轮胎业所造成的影响、双星所采取的应对措施,以及对整个事件的态度、看法等问题进行现场连线。双星把节目播放时间及时通知轮胎代理、客户和骨干员工进行收看,增强了轮胎代理与双星合作的信心,也取得了很好的宣传促销效果。

（17）植入式营销

植入式营销又被称作"软广告",它的植入范围包括电影、电视、报刊、网络游戏、手机短信等各种媒介,甚至还包括小说。双星当年的大鞋广告、近几年在春节晚会前插入的双星轮胎广告和在青岛电视台影视频道插入的双星名人标志和产品广告等,都是很好的植入式营销做法,抓住了营销的本质,传播了品牌形象。

（18）网络营销

网络营销是市场营销中网络电子商务的应用,也就是通过电子信息网络进行市场营销,互联网成为市场营销的新途径,成为双星网络营销的"高速路"。双星集团建有网站,通过先进的电脑软件将新产品绘制成图,向客户推荐。双星各鞋服专业公司积极进行网上销售,并通过国内一些知名网站与海外客户沟通,大力宣传,不断发挥网上优势,广交世界各地的朋友,从而使客户越来越多,业务迅速拓展。

（19）关系营销

关系营销是指企业通过长期不断地满足顾客的需要,建立与顾客之间稳固的、长期的相互信任关系和友谊,达到顾客满意的结果。比如,双星轮胎进出口总公司牢记汪海总裁"用情感动客户,把客户当作亲人来对待"的教诲,始终与埃及某客户建立密切的关系。自从与双星轮胎合作后,该客户断然拒绝了与其他品牌的合作机会,一心一意地经营双星轮胎,特别是 2009 年发生的一件事情让他更加坚定与双星名牌合作的信心。原来,该客户在 2009 年紧急需求少量12.00R24DSR188 规格的轮胎。由于是刚刚合作的新客户,按照常理,在老客户与新客户的订单发生冲突时,双星轮胎进出口公司有理由推迟为新客户发货。但在生产计划紧急的情况下,双星轮胎进出口公司在保证老客户订单不受影响的情况下,排除各类困难毅然调整了生产计划,保证了客户的需求,这件事情深深地感动了他,他表示这样的品牌值得支持,也值得付出。为此,在与相关业务人员不断的沟通交流后,2010 年 5 月,埃及这位客户毅然在匈牙利建起了当地第一家双星轮胎专卖店。

（20）公关营销

通过开展公关专门活动进行社会营销,这既是一种短线投资,又是一项长期投资。比如,2009 年双星橡机公司经营人员在展会上结识了伊朗某客户经理,得知他们准备扩产的信息。为了抓住机遇,该公司外贸人员及时与客户沟通交流,与客户建立了良好的关系。后来,客户通过考察确立了包括双星橡机公司在内的几家企业到伊朗进行业务洽谈,在伊朗政局不稳的情况下,国内许多商家都决定延期洽谈,但双星橡机公司经营人员迎难而上,毅然赶到伊朗谈判。双星人的敬业精神和真诚的合作态度打动了客户,最终也赢得了订单。

（21）创意营销

如果说常规的营销是"搬地球",那么创意营销就是借势、用巧力"撬地球",双星很善于用创新思维赢市场。2009 年 6 月,双星橡机公司接到了河南某轮胎公司发来的感谢电,该公司表示订购的价值 4 000 多万元的设备已经全部正常生产,对双星橡机公司表示深深的感谢,并希望下一步需要的设备还继续由双星橡机公司供应。按照常理,应该是双星橡机公司感谢用户购买他们的设备,用户为什么花钱买设备还感谢他们呢?原来,由于受金融危机影响,该用户有意启动子午胎项目,但苦于资金紧张,无力购置大量的设备,就一直在观望等待。眼看着大订单就在眼前，却无法拿到手，双星橡机公司业务员想，假如用户也像买房一样把设备抵押给第三方，资金问题不就解决了吗？于是，他们借鉴国外公司采用第三方融资的办法，将设备卖给第三方金融机构，再由金融机构将设备租赁给使用厂家，这样既让用户用上了设备，自己也卖出了设备，而第三方投资公司也得到了实惠。

（22）绿色营销

绿色营销是指企业以环境保护为经营指导思想，以绿色文化为价值观念，以消费者的绿色消费为中心和出发点的营销观念、营销方式和营销策略。双星青岛轮胎总公司本着"低碳经济、绿色制造"的生产宗旨，也为了进一步适应欧盟市场要求，同时借国际市场反倾销的机会，扩大双星轮胎在国际市场的影响，打造双星轮胎产业发展新的竞争力，开发出 8 个规格、21 个花纹的环保轮胎，增强了国际市场竞争力。双星机械公司开发的国内首创的转台式 V 法造型线设备，不仅能节约空间 50% 以上，而且生产效率比普通的 V 法造型线提高 1 倍多；开发的二代双模硫化机，使用当前最先进的氮气硫化工艺，缩短硫化时间近20%，提高整体硫化效率 15% 以上，深受市场欢迎。

（23）概念营销

概念营销着眼于消费者的理性认知与积极情感的结合，通过导入消费新观念来进行产品促销。比如，双星基于 EVA 大底的休闲鞋品类，开发出超轻、舒适、放松的"周末鞋"、软底舞蹈鞋等等，销售情况十分理想。双星名人体育用品公司针对服装业走向低碳经济这一趋势，生产出了全新植物纤维的低碳系列概念服装，广泛采用竹炭纤维、玉米、大豆生物基纤维，不仅考虑到对环境的爱护，而且满足了消费者对服装性能、舒适度、美观、健康的全方位需求。该类产品一经上市，就深受消费者青睐。

（24）公益营销

公益营销就是以关心人的生存发展、社会进步为出发点，借助公益活动与消费者进行沟通，在产生公益效果的同时，使消费者对企业的产品或服务产生偏好，并由此提高品牌知名度和美誉度的营销行为。比如，双星积极开展"买走双星产品，带回千缕温馨"活动和"五一给劳模送鞋"、"七一向新中国成立前的

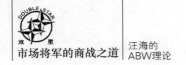
老党员赠鞋"、"八一向现役军人赠鞋"、"教师节双星大献礼"等各种亲情化促销活动,既满足了消费者购买产品的欲望,又有利于赢得顾客发自内心的感激和信赖。

(25)捆绑营销

捆绑营销,意味着需要打破传统的营销思维模式,避免单独作战,发挥不同类别品牌和产品的协同效应。比如,双星卖"双鞋"。在国内市场上,2009年以来,双星轮胎不断加大销售体制和策略的改革,加大对全国代理商的整合力度,淘汰落后的、不适应市场和双星发展的代理商,加快物流平台的建设,加快配套市场的开发,通过"买双星轮胎送双星鞋,买双星鞋送双星轮胎"的活动,发挥人鞋、车"鞋""双鞋联动"的优势,利用双星名牌的广泛影响,促进了市场销售。

(26)口碑营销

与传统的电话、电视广告等需要人力耗损的营销方式相比,口碑营销成本极低,在当今社会有着不可替代的作用。比起传统的营销方式,顾客更倾向于相信推荐人的话。比如,2010年4月,双星机械总公司环保公司市场再传喜讯,在继贵阳某客户5吨电弧炉除尘系统成功运行1年、湖南株洲某客户5吨电弧炉除尘系统成功获得该市环保局验收后,又成功在广西某大型机械厂中标了一台3吨电弧炉除尘系统设备。2009年年底,双星机械总公司环保公司得知广西某大型机械厂欲购置一套电弧炉除尘系统,得到消息后,公司立即派业务人员在第一时间联系到了该项目的负责人。但是该企业比较倾向于有多年生产经验的相关企业,对双星环保起初不太认可。但当他们听到贵阳某客户的5吨电弧炉除尘项目也是出自双星环保之手后,非常惊讶,并表现出了很大的兴趣。他们主动向贵阳客户了解了双星环保设备的使用情况。贵阳客户不仅称赞双星环保的电弧炉除尘项目性能很好,运行非常稳定,而且积极向他们推荐双星环保的设备。了解到这些情况后,该企业负责人主动找到了双星环保的业务人员,决定购置双星环保机械设备。

(27)节日营销

有能力和远见的企业总会针对特定节日,大胆创新,研究和挖掘消费者的节日消费心理行为、节日市场的现实需求和相关产品的特色所在,并制定出行之有效、颇具节日特色、适应节日营销的产品组合策略,推出适合节日期间消费者生活、休闲、学习等的新产品,从而另辟蹊径,抢占先机,顺利打开节日市场通路。比如,2010 年"六一"儿童节期间,双星名人鞋服郑州物流平台积极用创新性思维打好节日市场战,开展了以"关心未来、双星送情"为主题的"庆祝'六一'儿童节才艺大赛"促销活动,客流量很大,围观人群非常多,较好地提升了双星知名度,同时也带动了销售。

（28）色彩营销

色彩营销是指将色彩融入品牌主题并导入产品研发和销售,通过将产品的颜色由单一色系演变至多个色系的组合,吸引消费者的眼球,通过色彩的变化可以演绎一场视觉盛宴,促使消费者产生购买欲。双星产品的外观设计与包装运用了色彩营销战略。

2011 年 11 月 16 日上午,全球首批彩色轮胎在位于湖北十堰的双星东风轮胎总公司下线,红、黄、绿、蓝、迷彩等颜色的轮胎进入市场。双星为汽车穿上了"彩色鞋",打破了百年来黑色轮胎"一统天下"的历史,这意味着,未来的汽车,将会变得更加光彩夺目！红色的家用车配上红色的轮胎,绿色的出租车配上绿色的轮胎,蓝色的商务车配上蓝色的轮胎,白色的跑车配上黄色的轮胎……浑然一体又个性十足的双星彩色轮胎赚足了人们的眼球。

双星鞋服多年来始终关注着中国流行色彩最前沿的资讯,给产品本身、产品包装、人员服饰、环境设置、店面装饰、购物袋等配以恰当的色彩,使商品高情感化,成为与消费者沟通的桥梁。尤其是在产品研发中特别注重色彩运用,一直走在时尚前沿,产品受到美国、德国等世界各地消费者的喜爱。像双星海江公司开发出荧光休闲女鞋,绚丽的帮面印花,代表最新的市场潮流,从而受到少女们的青睐。

（29）会议营销

会议营销指通过寻找特定顾客,通过亲情服务和产品说明会的方式销售产品。比如,2010 年英国《金融时报》青岛国际金融高峰论坛于 2010 年 5 月 20 日在青岛万达艾美酒店举行。双星登峰"W-HAI"户外用品部在会场设立了形象展台,引起了广大参会人员的关注和青睐。现场气氛热烈,双星登峰"W-HAI"

户外用品部员工为嘉宾详细介绍产品功能和特点。英国《金融时报》副主编、美国执行主编 Gillian Tett 小姐对双星登峰登山鞋产生浓厚的兴趣,一边仔细看鞋,一边用汉语说道:"双星也开始做户外用品了,款式质量真的很不错"。在会议茶歇时间,现场销售达 8 000 多元人民币。

（30）旅游营销

旅游营销是指通过在旅游景点开店,把活广告"树"在了旅游景点。旅游景点的物价一般都比较高,把店开在旅游景点,企业能赚取更多的利润,最重要的是能够使企业更好地树立运动品牌形象。从 2009 年 5 月份开始,中国电视剧制作中心在扬州著名的凤凰岛风景区开拍电视连续剧《沉香》。"双星名人"鞋服扬州物流平台领导及时捕捉到这个商机,果断作出决定在凤凰岛风景区开设鞋服专卖店。该店自开业以来,吸引了众多游客和剧组人员的光顾,双星旅游鞋、登山鞋、户外运动装等产品销售火爆,不仅大大提高了双星名人品牌的知名度,而且带来了实实在在的效益。

（二）主要效果

2010 年 3 月 26 日至 27 日,中国商业联合会、中华全国商业信息中心公布了 2009 年度中国市场重点零售企业各类商品的最新监测统计结果,其中,双星名人实业股份有限公司生产销售的双星牌旅游运动鞋夺得 2009 年度同类产品市场销量冠军。从 1998 年开始,双星已经不满足只做鞋,通过吸收合并,实现了由给人做鞋到给车做"鞋"的跨越。双星通过品牌和资金运作以及创新营销,迅速扩张至鞋业、轮胎、服装、机械等产业,构筑起大双星格局,提升了其在国内外市场上的竞争力。短短几年,双星轮胎就发展成为中国轮胎十大民族品牌之一,跃升至我国轮胎业第五位。在美国《橡胶与塑料新闻周刊》组织的 2011 年度全球轮胎 75 强排行榜中,双星轮胎以稳步提升的销售收入,跃居世界轮胎行业第 21 位,比 2010 年提升了 3 个名次。根据全球橡胶权威杂志《欧洲橡胶杂志》(*European Rubber Journal*)的统计,青岛双星橡塑机械有限公司在 2012 年全球橡胶行业排名第 11 位。双星现在年销售收入逾 120 亿元,出口创汇 3 亿美元。

三、典型实例

（一）被逼下海进市场

就在汪海开始全面改革时，企业突然面临严峻的生存考验！

1983年，商业部门停止收购橡胶九厂生产的200多万双解放鞋，这一消息传出，如同平地一声炸雷，把全厂职工震蒙了。这无疑宣布产品断了销路，企业没了生路。

面对"鞋山鞋海"，汪海急得火直往上蹿。眼看着发工资的日子就要到了，难道新官刚上任，职工们就没饭吃了？

那么有骨气的汪海，在职工的饭碗面前豁出了脸皮，他先是到商业部门游说，可商业部门说，"你们生产的解放鞋卖不出去，我们不能再做赔本的买卖了"。万般无奈，汪海找到了橡胶公司，好话说了几大筐，没想到橡胶公司的领导因为在汪海的任命上被"夺了权"，这回可让汪海撞到了枪口上，他们对职工的生计置若罔闻，摆出一副没事人的架势，答复汪海，"商业部门不收购，我们也没办法"。

汪海终于忍无可忍，怒发冲冠，冲着他们吵道："这个厂到底是谁的？生产计划又是谁下达的？现在生产任务我们完成了，可你们说不要就不要了，还讲不讲信义？还有没有王法？"

可汪海的吵闹、讲理无济于事，换不来一分钱，他们就是要出汪海的丑、看汪海的笑话。

回到厂里，看到仓库、大院及楼道里，甚至办公室里都堆满了鞋，汪海想到了儿时最钦佩的梁山好汉，那一百单八将并非愿意铤而走险，落草为寇，而是被环境剥夺了生存的权利，才占山为王、替天行道啊。汪海觉得他当下的处境就和那些落草的好汉一样，确实是被逼无奈。企业的出路已被切断，只有上楼抽梯，背水一战了。

想到这儿，汪海豁然开朗。鲁迅先生曾经说过，"世上本没有路，走的人多了，也便成了路"。对，路是人走出来的。有了鸡，还怕没有蛋？汪海马上召开党委紧急会议，情绪激昂地说："我们企业要生存，职工要吃饭，任何恩赐、施舍都救不了我们，我们只有自己救自己！我决定，我们自己去卖鞋。"

就这样，不顾当时限制企业私自销售产品的禁令，汪海带领大家迈出了进入市场的第一步。为了避开商业部门驻厂人员的耳目，他们就像昔日的敌后武工队那样总是在夜间出动，把产品偷偷地运出厂外销售。

尽管如此，还是走漏了风声，商业部门勃然大怒，并以此为借口，停止收购橡胶九厂的所有产品。这一下，汪海没有了后顾之忧，他索性带着业务员大白天里就背着鞋进了市场，放胆闯荡了起来。"人心齐，泰山移"，仅仅一年的工夫，靠着一张嘴、两条腿，橡胶九厂积压的200多万双解放鞋全部销售一空。也正是这背水一战，使双星成为青岛市国有企业中第一家实行

→ 1983年，汪海带领职工偷偷卖鞋，开始进入市场（右起第二是汪海）

"自营自销、自负盈亏"的"双自"企业。

以后，汪海成了名人，在接受记者采访时经常说："从1983年年底我们迈出了自营销售的第一步，成为全国同行业中最早进入市场、直接参与市场竞争的厂家，并非我多么高明或有什么远见，而是严酷的客观事实逼迫我们非进入市场不可。"

在与市场的接触中，汪海悟到：改革前的国有企业是生产的巨人与市场销售的侏儒不和谐的结合体。一方面是生产过程的大而全、面很广，但这巨人却过度虚弱，没有活力；另一方面则是产品销售、市场信息及在企业机体中的反馈功能严重地先天不足。在国家用计划经济的拐棍支撑着两者的平衡时，矛盾尚不觉得十分突出，可一旦撤掉这根拐棍，这个"畸形人"便立即

→ 1984年11月，双星第一个以企业名义举行新闻界座谈会，标志着双星全面吹响改革进市场的号角，开始全员转向市场

失去了重心，无法正常前进……所以企业要生存、要发展、要壮大，只有一条路，就是面对市场，把市场作为企业的最高领导，让市场作为检验企业一切工作的标准。在带领企业闯市场的三十年间，汪海坚信一条真理，那就是：企业的命运不在天，不在地，而在市场。

汪海在悟到市场对于企业命运的决定性作用之后，果断指出：企业管理部门最大的职能，说一千道一万，只有一条，就是为市场服务、服务、再服务。不为市场服务的部门，就没有存在的理由。在对安全科操刀改革之后，汪海也悟到"企业改革说到底就是人的问题，而在人的问题上就看你敢不敢动真格的。只有在人的问题上，你能敢为天下先，那么在市场上才能有所作为"。在这两个理由的支撑下，汪海在全厂开始强力推行大缩、大减、大合并，围绕市场重组管理机构。

通过"并庙、搬神、减和尚"，橡胶九厂过去的27个科室变成了17个，行政管理人员也由过去的350人缩减为200人，大大精干了干部队伍，克服了以往部门之间的扯皮、内耗。相反，他把平时只能开开票、算算账的仅有4个人的销售科，扩大为生产经营信息公司，引进竞争机制，招兵买马，组建"市场敢死队"。

当时，成立这个生产经营信息公司在全厂引起轰动。首先，在厂宣传栏贴出招贤榜，准备在工人中公开招聘100名销售人员。那些常年埋头于生产线上的年轻人意识到这是个改变自己命运的好机会，都抢着报名，甚至拉关系、走后门，托人说情，全厂的气氛像水加热到了100摄氏度，开始沸腾了。

为了树立厂里的正气，体现公平原则和市场原则，针对这个招贤措施，汪海制定了三条规定：第一，择优录用；第二，不搞终身制；第三，关系一概不照顾。这就是说，谁干不好，哪儿来的还要回到哪儿去。而那些被面试录用的第一批销售人员，经过短暂的营销培训之后，立即被派到全国各地去开拓市场。

出发前，汪海为挑选出的100名精兵强将送行，他慷慨激昂，声情并茂地说："今天，大家就要上路了，上路就会联想到鞋。想一想，原始人从猴子群里走出来时，脚上哪里有鞋？后来要走路，要劳动，这才有了鞋。所以说鞋是人类文明最初的标志之一，它使我们的祖先摆脱了原始的愚昧。正如人类的历史在不断发展一样,人类走路所穿的鞋子也在不断变化,先是树皮鞋,以后又有了草鞋、木屐、布鞋、胶鞋、皮鞋……别看鞋不起眼,上至王公贵族、总统首相,下至黎民百姓,又有谁不穿鞋?再想想,在人的穿戴中,鞋处在最底层,所以忍辱负重、舍己利人就是鞋的品格。我们就要记住一条:'有人就穿鞋,关键在工作'。大家的足迹将要踏遍天涯海角,那么就让我们把合格的鞋送到各种人的脚上吧……"

这些"敢死队"的队员们不负众望,仅一年时间,就使九厂的销售联系网点从零发展到了几百个,实现了企业自销能力的60%以上。

正是汪海不服输的性格使他勇敢地迈出了这一步,成为最早走入市场的第一人。也正是由于他的坚决,企业获得新生,迈进了最早进入市场的成功企业之列。

→ 1986年,双星第一个以企业名义召开全国鞋业订货会

(二)卖产品,先卖品牌、卖文化

面对众多强大的竞争对手,双星橡机公司以双星名牌为依托,利用汪海总裁提出的"卖产品,先卖品牌、卖文化"的经营理念,积极开拓国内外市场。2010年,双星橡机公司靠双星文化赢得泰国客商的青睐,先后夺得了3 000多万元的订单。

双星橡机公司与泰国某用户的接触是从2008年6月份开始的,在前期的洽谈中,双方的交流一直非常融洽。可就在双方快正式签约的时候,因为付款方式产生分歧,用户欲放弃与双星橡机公司的合作,寻求新的合作伙伴。国内一些知名企业得到信息后,纷纷与该用户取得联系,展开了激烈的争夺。

面对这一被动局面,双星橡机公司经过深入分析,认为:用户之所以思想动摇,归根结底是对双星橡机的实力、诚信度了解不够。眼看距离原定合同签约日期不到一个月的时间,如果不能让用户充分了解双星橡机,机会就会被抢走。对此,双星橡机公司成立了专门的项目攻关小组,到用户公司进行深入交流。

攻关小组成员向用户的员工及管理人员派发了宣传光碟和双星手表、双星挂饰等特色小礼品，并向他们介绍了双星名牌。看到该用户大多数员工都住在公司，他们便租来音响设备，请来泰语翻译，利用晚上业余的时间，在职工宿舍楼下的小广场播放双星橡机公司的宣传光碟、双星总裁汪海的访谈录像以及历届双星职工联欢晚会录像等节目。一传十，十传百，到最后小广场上的人越来越多……短短15天的时间，这家用户一多半的员工都知道了"中国双星"，知道了中国"鞋王"汪海。

该用户80岁高龄的董事长在听了员工议论后，忍不住好奇，也亲自去看了两场宣传活动。当他看完汪海总裁的访谈，被汪海总裁的名人风采所打动，主动接见了双星橡机公司的销售代表。在听了双星橡机销售人员的全面介绍后，他对双星产生了浓厚的兴趣，执意要亲自到双星看一看。随后，泰方一行8人来到了双星机械总公司，在参观生产现场后，销售人员又特意安排他们到双星橡机公司的终端用户查看设备的使用情况。看着双星设备流畅的运转，听着现场工人的赞扬，用户满脸笑容。返回泰国后不久，该董事长便亲自回电双星橡机公司，同意与双星橡机公司合作，并接受全额现金电汇的要求。他说："双星是中国的名牌大企业，他们信誉好、知名度高，跟双星合作非常放心！"

"企业文化就是生产力、竞争力，就是经济社会竞争的原动力"，"文化管理是最顶尖的管理"。一直以来，双星机械总公司用独特的双星文化管理企业，用双星文化开拓市场，取得了丰硕成果。

（三）举办双星轮胎海外经销商年会，打造国际物流平台

2011年3月8日，双星轮胎首届海外经销商年会在美丽的海湾明珠、世界贸易之都——迪拜的亚特兰蒂斯酒店隆重召开。

在年会上，双星集团总裁汪海发表了热情洋溢的讲话。他说："自2008年金融危机以来，欧美市场竞争异常激烈。为应对挑战，双星加大、加快了中东和非洲市场的宣传和开发。进入中东和非洲市场两年来，双星轮胎得到了快速发展，这也表明了中东和非洲市场的发展潜力是无限的、是最有希望的地区。我们要进一步加强合作，实现共赢。"同时，他还向与会客户和代表介绍了双星集团鞋业公司引进的最新制鞋技术。

→ 双星始终坚持国内国外两个市场，两条腿走路

近两年来,面对原材料涨价、美国轮胎特保案、国际市场竞争加剧的严峻形势和压力,双星轮胎在汪海总裁的带领下,不断调整经营思路,用好"双鞋联动"策略,在开拓欧美市场的同时,加大力度向俄罗斯、中东、非洲、北亚等国家和地区转移,已在埃及、苏丹、迪拜三个市场建立了双星轮胎专卖店,提升了双星名牌知名度,带动了双星轮胎和鞋服销售。会上,与会人员共同观看了双星集团宣传片以及技术、新产品介绍,并共同探讨了双星轮胎新的一年的销售大计。

来自苏丹和迪拜等地的双星轮胎专卖店经理在发言中表达了与国际一流的双星轮胎企业合作的信心和决心。

汪海总裁在现场亲自给在 2010 年表现突出的苏丹、迪拜、埃及等地区的双星总代理商赠送了印有双星集团全貌图、双星卡通形象、双星商标图案或客户本人头像的双星特制世界顶尖时尚休闲鞋。客户们在看到这种鞋后很兴奋,尤其看到自己的头像被清晰地印到了散发着香气的鞋面上后无不拍手称奇,纷纷对双星集团的制鞋技术表示佩服,从而也对双星轮胎的制造工艺及水平刮目相看,更加坚定了与双星集团合作的信心。许多代理商都用他们国家高规格的礼节向汪海总裁赠送了礼物,并向汪海总裁表达了将双星轮胎在他们地区做成第一品牌的决心。

此次参会的各国代理商达到 40 多人,订单金额达 1 000 多万美元。中国驻迪拜总领馆经商室叶洪领事在发言中高度评价了双星产品的品质和汪海总裁的睿智。叶洪说:"中国政府鼓励企业走出去,双星集团重质量、讲信誉,在海内外均拥有良好的口碑,希望通过此次年会,能够更好地宣传双星轮胎,扩大双星轮胎在海外的影响力和市场占有率。"

四、专家点评

汪海的"ABW 理论"是在市场经济条件下创造的,它是汪海创造的双星市场理论的重要组成部分。而双星市场理论的核心和精髓就是："市场是企业的最高领导,市场是检验企业一切工作的标准,市场是检验企业的最好天平。"

"ABW 理论"是否科学,是否有效,是否可称为"中国式管理"？这不是一个理论问题,而是一个实践问题。换句话说,这个问题不能靠辩论来解决,而只能靠实践来解决。因为,实践是检验真理的唯一标准。

而双星三十多年来取得的举世瞩目的成就,以雄辩的事实向世人证明："ABW 理论"不仅是科学的、有效的,而且是"中国式管理"的一个杰出典范。

正如汪海总裁指出的："双星进入市场三十多年的成功首先是管理的成功,管理好坏决定市场竞争成败。双星事业的发展,内外销市场的开拓靠的就是我们的管理过硬,我们最拿手、最为外界佩服的就是管理,管理是市场竞争最秘密的武器,是我们克敌制胜,保持竞争不败的一大法宝。"

第十八个战术：

企业家是核心

企业家是核心

　　企业家最基本的是应该把企业当成自己的家，要全身心扑在企业上。作为民族企业家，要具有政治家的头脑、哲学家的思维、理论家的远见，军事家的谋略、诗人的浪漫风情、实干家的苦干精神、外交家的翩翩风度、鼓动家的激情与演说才干、冒险家的胆识与创新勇气。同时，更要具有以下"特质"：第一，要有以民族文化为底蕴的独创的管理理论；第二，要有气节，具有强烈的民族责任感、民族精神，代表国家魂、民族魂。决定企业命运的不是所有制，是企业家，企业家是企业的核心。

——汪海

双星集团总裁、世界风云人物汪海

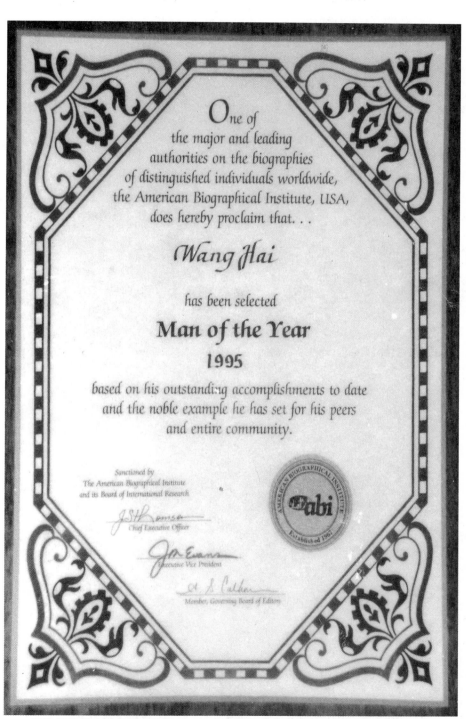

One of
the major and leading
authorities on the biographies
of distinguished individuals worldwide,
the American Biographical Institute, USA,
does hereby proclaim that...

Wang Hai

has been selected

Man of the Year
1995

based on his outstanding accomplishments to date
and the noble example he has set for his peers
and entire community.

Sanctioned by
The American Biographical Institute
and its Board of International Research

Chief Executive Officer

Executive Vice President

Member, Governing Board of Editors

汪海总裁是中国继邓小平后唯一一位获得全球最具影响力的"世界风云人物"

1987 年，汪海总裁荣获全国"五一"劳动奖章

2000 年，第一届职工代表大会第十五次联席会议推举汪海总裁为双星集团终身总裁

一、汪海语录

（一）企业家是民族精神的体现者

- 新时期的"三民主义"——民族精神、民族品牌、民族企业家。

- 弘扬民族精神，打造民族品牌，培育民族企业家。

- 民族精神、民族品牌要靠民族企业家去创造，国际商战要靠民族企业家去拼搏，民族企业家是民族工业的掌舵人、是民族精神的体现者，因此，要实现"中国创造"就必须大力发展民族企业家队伍。民族企业家是民族企业的缔造者、是民族品牌的捍卫者。

- 企业家要永远记住邓小平的话："我们一定要有自己的拳头产品，一定要创造出中国自己的民族品牌，否则就要受人欺负。"

（二）企业家要做"黑猫企业家"

- 企业家不是一种官衔，而是一种职业。

- 不管白猫黑猫，抓住老鼠就是好猫；不管说三道四，双星发展是硬道理。"双星猫"是双星企业文化的独特代表。企业要发展，就要做"黑猫企业家"。

（三）所有制不是决定企业命运的决定因素

- 所有制是非常重要的因素，但不是决定企业命运的决定因素。决定因素是人，是企业家，是企业经营者。

- 要做具有个性、人性、党性的"三性"企业家。

- 在市场上要有发展的头脑，但不要有发热的大脑。

（四）优秀企业家应具备的素质

- 企业家要学会反思维，只有反思维才能创造奇迹。

- 要做市场企业家。所谓市场企业家，就是被市场认可的企业家——热时认，冷时也认；冷时能够生存前进，热时能够壮大发展。他们能用一种精神去感召人们跟着他去做事；他们敢于打破常规，总是做别人认为是不可能或根本办不到的事；他们对市场中不可知的风险，有着敏锐的直觉、嗅觉和极强的决断力。

（五）企业家应该具备的心态、立场、身体和品质

- 名利淡如水,事业重如山。
- 自己拿自己当骨干,自我感觉良好。
- 跟着共产党不变,当鞋匠不变,结发妻子不变。
- 事业和身体、家庭是相辅相成。只有身体健康,才是完整的成功。
- 领导面前不显小,职工面前不显大。
- 客观地想,科学地创,认真地做,务实地干,愉快地过,潇洒地活。

（六）企业家应该是企业的形象代言人

- 真正的企业家应该是企业最真、最好的形象代言人。
- 企业家是国家经济的支柱和核心,他们所创造的社会价值和经济价值,不逊色于任何一个影视明星,只有他们才最有资格当代言人。

二、汪海——双星之魂

历史证明:一个伟大的政党,必定有一个伟大的领袖;一艘远行的航船,必定有一个英明的舵手;一个杰出的企业,必定有一位杰出的企业家。双星是在汪海总裁的领导下,克服重重困难,才造就了今天的双星王国,赢得了今天的辉煌。谁都无可否认,没有汪海,就没有双星。汪海作为中国第一代优秀企业家,是双星名牌的缔造者,是双星事业的核心和灵魂,是双星员工的精神领袖,是民族企业家的杰出代表。

在国有企业里,做一辈子厂长、经理的大有人在——这个企业干三年,那个企业干五年,一直干到退休。然而,在一个国有企业做一辈子厂长、经理的却不多,汪海是其中不多见的长寿企业家。他是中国国企改革的开拓者、是创造民族品牌的先驱者、是中国改革开放的见证者、是中国优秀企业家的成功者、是中国企业界的"常青树"。

汪海为什么能常青常胜?

（一）定位明确、目标远大的职业企业家

国内外众多的经验都证明,要做一个成功的企业家,首先必须给自己确定

一个"明确的定位和远大的目标"，并始终专注于自己的"定位和目标"，不达目的，决不罢休。这是企业家取得成功的首要条件。汪海就是一个成功企业家的典范。

在领导双星改革进市场的三十多年实践中，由于种种原因，汪海曾经被戴过 30 顶不好的"帽子"，如"目无组织"、"无法无天"等。但是，双星改革进市场取得的辉煌成就证明，汪海的一系列新思想、新观念、新决策、新战略都是正确的，都是适应市场新时代的要求的。因此，汪海又赢得了 10 顶舒心的"帽子"，即全国首届优秀企业家、市场将军、山东怪杰、崂山奇人、职业企业家、长寿企业家、世界风云人物、终身总裁、红帽子、鞋匠等。

在这 10 顶"帽子"中，汪海最喜欢的"帽子"有两顶：一是"鞋匠"，二是"职业企业家"。

汪海经常说："我是个鞋匠，不研究'鞋门鞋道'，哪行啊！鞋是人类文明的最初标志之一，它使我们的先人摆脱了原始的愚昧。别看鞋不起眼，上至王公贵族、总统首相，下至黎民百姓，谁不穿鞋？再想想，在人的穿戴中，鞋是最底层的，所以忍辱负重，舍己利人就是鞋的品格。那么，我们呢，就记住一条：'有人就穿鞋，关键在工作'。我们将要走遍天涯海角，把各种合格的鞋送到各种人的脚上……"

他还说："我把自己定位为职业企业家。"而且，在许多大会上公开宣布："我不进官场走市场。"当有人推荐他去担任主管工业的副市长时，他婉言谢绝了。他说："我就是干企业的。"他给双星确定的市场目标是："立足山东，面向全国，冲出亚洲，走向世界。"他给双星确定的品牌目标是："创中国名牌，创世界名牌"、"树百年品牌，建百年老店"。他认为，"作为企业家如果不想让企业成为世界名牌、世界第一，那么他就不是一个合格的企业家。"正是这些明确的定位和远大的目标，既给汪海提供了源源不断的动力，也保证了汪海能够将他的不懈动力始终用于实现他的"定位和目标"，这就从根本上保证了他的成功。

世界成功学大师拿破仑·希尔说得好："你必须知道自己的一生想要追求什么，下定决心得到它。一心一意地专注于你的目标，才能确保成功。思考并且规划你想要追求的目标，完全不去理会其他干扰。这就是所有成功人士所遵

循的公式。"汪海就是这些成功人士中的一位杰出典范。

汪海不仅有明确的定位和远大的目标,而且始终专注于自己的"定位和目标"。在全国的国有制鞋企业99%破产倒闭、纷纷转产的严峻形势下,他所领导的双星集团不仅没有破产倒闭,也没有撤退转产,而是独立寒秋,坚守鞋业,逆势而上,蓬勃发展,已成为拥有鞋业、轮胎、机械、服装、热电、印刷、房地产、三产配套等在内的23个行业的综合性制造加工业特大型企业集团。现拥有6万名员工,140余家成员单位,直接或间接养活了几十万人,创造了巨大的经济效益和社会效益。

还是拿破仑·希尔说得好:"要集中精力在能获得最大回报的事情上,别浪费时间在对成功无益的事情上。一次只专心做一件事,全身心地投入并积极地希望它成功。不要让你的思维滑到别的事情、别的需要或别的想法上去。专心于你已经决定做的那个重要项目,放弃其他所有的事。成功的人都会一次专注于一件事情,而不会把注意力分散,结果样样都懂、样样不精。"汪海不仅深谙此理,而且十分专注和敬业,从单一的、微利的鞋业开始,逐步缔造了今天的双星王国。

(二) 当代中国的新民族英雄

1992年,美国中兴公司总裁爱伦先生曾执意要聘请汪海出任他的公司总经理,并提出先给他十分之三的股本和3 000美元的月薪。汪海则婉言谢绝。他说:"我是中国人,我得为我的祖国干!"

汪海说:"真正的企业家首先应该是一个政治家,他应该有自己的思想、理论和观点,而且能把它贯穿到企业中。商战中不能没有精神,不能不要精神,这个精神就是民族精神。精神是一个人、一个企业、一个国家、一个民族的灵魂,精神的丧失,直接导致了我们的企业随波逐流,没有明确的发展目标和方向。"

在举世瞩目的上海APEC年会上,在北京大学、清华大学等高等学府的演讲中,在达沃斯论坛、博鳌论坛、美国微软讲坛上,汪海始终坚持自己清醒的观点,旗帜鲜明地指出:世界上什么矛盾都可以解决,唯有民族矛盾不能解决。发展经济不能忘记政治。当今世界,没有谁会放弃国家利益和民族利益,这是一个不争的事实,我们不能再继续用市场换技术,用资源换外汇,用优惠政策换政绩,用廉价劳动力换投资,用土地换 GDP 了! 汪海的思想见解赢得了对手的敬佩,赢得了民族的尊严。

"振奋民族精神,创造民族品牌,培育民族企业家队伍",这是汪海提出的在市场经济条件下的"新三民主义"。汪海认为,"在这个地球上,无论经济如何一体化,民族利益,永远是一个国家不可放弃的底线。"他主张:"民族企业家首先要爱国,要有民族气节,要有强烈的民族责任感。民族企业家就像战场上的将军、元帅一样,在商战中也代表民族的利益才能打胜仗。"

汪海常说:"我就不信,中国人站着不比外国人矮,躺着不比外国人短,外国人能做到的,中国人更能做到,并能做得更好。"在这种民族自信心和自豪感的鼓舞下,他敢向外国人说"不",敢在美国纽约"脱鞋"打广告,敢向耐克、阿迪达斯和锐步等世界名牌发起挑战。

最有说服力、最让人扬眉吐气的是,2001 年的冬天,耐克公司总裁耐特向中国的汪海主动伸出橄榄枝,邀请汪海通过国际卫星进行对话,畅谈全球鞋业发展的大趋势。汪海认为这个提议很好,有竞争才能有发展,他也正希望与耐克的老总有一番"说鞋论市"的机会。汪海说,我早就等着这一天了。

汪海要与耐克总裁在中央电视台进行对话的消息不胫而走,许多媒体都跃跃欲试,准备目睹这场鞋王争霸的龙虎斗。但是,当中央电视台的卫星转播车从北京出发向青岛方向行驶一半路程时,耐克方面突然打来电话临时变卦了,耐特打算让副总裁出面与汪海对话。汪海听说耐克方面变卦后果断地说:"他要来副总,可以,我也上副总;他要来助理,我也来助理。我是中国胶鞋协会的会长,我双星集团做鞋全世界有名,我为什么要比你耐特低一等? 我跟美国人打了二三十年的交道,从没低过头,这一次也不例外。"

中央电视台的记者非常了解汪海的个性,由于耐克总裁耐特的临时变卦,临阵退缩,这次世界级鞋王的对话只能取消了。这到底是为什么呢? 后来汪海才知道,这次对话的流产是"民族败类"起了作用。

在抗战时期,中国出了那么多汉奸,他们助纣为虐,和日本鬼子一起把中华民族推进灾难的深渊。改革开放后,也有人把"钱"看得高于一切,有"奶"便叫娘,什么民族气节、国家利益都抛在脑后去了。当时,有个了解汪海的中国人是耐克公司的一位副经理,他向耐特谏言说:"希望总裁不要与汪海对话。因为与汪海对话,只能提升双星的知名度,降低耐克的知名度。汪海思维活跃,讲话妙语连珠,况且又是在中国,总裁根本不是他的对手,那样等于咱们给汪海做了陪衬,双星必然在国际上声威大振,而对耐克来说那将带来一次巨大的经营风险。"耐特听信了这位手下人的"忠"言,决定临阵收兵。

在全球经济一体化的今天,在市场争夺已经白热化的今天,民族气节愈发显得重要,汪海作为中国鞋业的"老大",肩上扛着制鞋行业的责任与使命,是永远不会向外国人低头的。他说:"作为企业家如果不想让企业成为世界名牌、世界第一,那么他就不是一个合格的企业家。"

令人可喜可贺的是,中国的消费者以自己的实际行动支持国产品牌。经过十年的努力,到2000年,双星在中国市场的销售量不但超过了耐克,而且还超过了耐克、阿迪达斯和锐步三个世界名牌在中国市场销售量的总和。

中国贸易中心"2000年中国市场质量调查"表明,制鞋行业中"品牌知名度、服务满意度、质量美誉度、市场占有率、2000年市场首选"等五项指标中,双星均列第一位。而在八年前,这五项指标统统被耐克一网打尽了。也就是从那一刻起,汪海就想要有一天打败耐克,中国的市场凭什么总让外国人占领呢?

三十多年的实践证明,汪海以他亲自塑造的驰名中外的"双星名牌"和"规模一流、管理一流、品质一流、服务一流的全世界制鞋企业中管理最好的工厂",为中国争了光,为中华民族争了气,他不愧为当代中国的新民族英雄!

(三)头脑敏锐的政治家

对中国的企业家,特别是国有企业的企业家而言,如何看待四个现代化建设,如何搞好现代化建设,如何看待和创建名牌,如何看待和处理社会主义条件下的经济与政治的关系?这同样是史无前例的重大问题。在解决这些问题的实践中,汪海坚持"实事求是"的原则,同样作出了创造性的贡献。

邓小平同志说:"我们当前以及今后相当长一个历史时期的主要任务是什么?一句话,就是搞现代化建设。能否实现四个现代化,决定着我们国家的命运、民族的命运。在中国的现实条件下,搞好社会主义的四个现代化,就是坚持马克思主义,就是高举毛泽东思想伟大旗帜。你不抓住四个现代化,不从这个实际出发,就是脱离马克思主义,就是空谈马克思主义。社会主义现代化建设是我们当前最大的政治。因为它代表着人民的最大的利益、最根本的利益。"他还说:"我们一定要有自己的拳头产品,一定要创造出中国自己的民族品牌。"对于小平同志的这些教导,汪海不仅心领神会,而且坚决贯彻执行,落实到位。

汪海提出:"创名牌是市场经济当中最大的政治"。这句话是双星市场理论的核心,是双星人的思想基石。名牌作为市场经济的产物,往往是一个国家经济实力的象征。几乎没有脱离经济问题而单纯存在的政治斗争,所以在国家与国家之间、民族与民族之间,乃至集团与集团之间的政治斗争,从历史到今天,说到底都是一次次经济冲突。过去外国人为了掠夺我们的财富,靠坚船利炮来侵略我们,我们是在流血,但不一定能够打垮我们;而当今在市场经济中,外国人靠"牌子"不知不觉地侵蚀我们的国民思想,占领我们的经济领域,取得了他们用坚船利炮所达不到的效果。因此,在当前这场看不见流血、没有硝烟,实则更残酷、更复杂的全球化的大商战中,谁能够创出名牌,谁能够夺取市场,谁就是政治上的最终胜利者。

正是基于这种清醒的思考,汪海领导双星人把创名牌作为政治工作的最终目标,创造性地把政治工作运用到经济建设上来。创名牌就是最好的爱企业、爱岗位;创名牌还是最好的爱国家、爱民族。一个企业能创出中国人自己的名牌,这难道不是最大的爱国主义吗? 名牌是市场经济中的"原子弹",从那样的高度去认识名牌、去发展名牌、去壮大名牌;否则,我们在这场国际大商战中就很难取胜。

双星仅用 10 年时间就走完了耐克用 30 年、阿迪达斯用 70 年所走的路,也从此改变了我国制鞋业 40 年的落后局面,奠定了双星在国内制鞋行业的龙头地位,并于 1995 年在同行业中第一个获得全国驰名商标,也第一次在中国市场上在市场销售额、市场占有率、市场影响力等方面全面超过了耐克、阿迪达斯等国外品牌,创出了真正属于中国人自己的名牌。在占领国内市场的同时,他们从 1993 年以来就以惊人的速度向国外市场扩展,到 1995 年出口创汇已高达 5 000 万美元,在美国的销售总量也达到 1 700 万双。据在美国的抽样调查,平均每 15 个美国人中就有 1 人穿过双星生产的鞋子。在世界头号强国、名牌竞争最激烈的美国市场上，一个发展中国家的民族工业产品能达到如此大的市场影响力是比较罕见的。同时，他们还通过各种形式千方百计地扩大双星在国际市场上的知名度，除美国外，还相继建立了 10 个海外分公司，产品打入 100 多个国家和地区，先后有 200 多家客商与双星建立了贸易伙伴关系，使双星成为国际市场上享有盛誉的制鞋公司。可以说，10 多年的名牌战略，双星人用自己的信念和胆识，创出了民族工业的自豪与骄傲。

作为一个老的国有企业，双星能够在日趋激烈的市场竞争中发展壮大，在经济危机和轮胎"特保案"的不利影响下尽快走出困境，一个重要原因就是双星在市场经济中始终贯穿着市场政治工作，通过领导带头做样子树形象，举办不同主题的讨论教育，开展多种形式的竞赛比武，增强了员工对双星、对总裁的感情，激发了骨干员工的激情和热情，不断创新文化理念、创造管理的新体制和新模式。他们围绕生产经营的难点，做到了政治经济的有机结合，解决了领导骨干"为谁干、怎么干"的思想问题，解决了"企业给我幸福生活，我为企业贡献什么"的问题，使骨干员工变"要我干"为"我要干"，把"感恩总裁、回报双星"化作实际行动，体现在创新上、体现在管理上、体现在成果上，这些效果就是政治工作发挥了重要的保证作用，他们的政治工作不是"假的、空的、虚的"，而是实实在在的。双星的经验证明，政治和经济在市场经济中是客观存在的，是不可分割的，是社会的必然规律和必然现象，只有将政治、经济有机地结合才能发挥巨大的推动作用。

汪海强调指出："政治和经济不能'两张皮'，必须两手抓、两手都要硬。"政治工作和经济工作针对的对象都是人，作为工厂来讲就是"两力"，一是人的生产力，二是不会说话的设备的生产力，而这"两力"必须靠正确的思想作指导，必须发挥人的最大潜能，必须激发员工的热情、激情和干劲。人的思想、意识决定行动方向，人需要精神，也需要利益，政治和经济永远不能"两张皮"，只有两者结合好，才会无往而不胜。

汪海不仅自己带头做思想政治工作，而且要求各级领导班子也要做好思想政治工作。他经常讲："各级领导班子，特别是一把手要发挥团队的核心作用，扑下身子抓管理，带动班子成员做好样子，其行为本身就是思想政治工作。"对

于工厂而言，"哪里有困难，哪里就有领导现场指挥"；"哪里有艰难，有过不去的坎，哪里就有领导做样子，发挥团队精神，拼搏在第一线"；"哪里有失误、有问题，哪里就有团队的核心力量第一时间到现场帮助解决"。带动骨干员工把企业的事当成自己的事来做就是最大的思想政治工作。思想政治工作是看不见、摸不着，但是起到潜移默化的作用，我们所取得的经济成果都有思想政治工作在发挥作用，只要党政一把手认真贯彻落实好集团决策，团队的战斗核心时刻发挥作用，思想政治工作就会转化成经营成果。

（四）聪明睿智的思想理论家

世界著名成功学大师拿破仑·希尔说得好："思考的力量是人类最大的力量，它能建立伟大的王国，也可使王国灭亡。所有的观念、计划、目的及欲望，都起源于思想。思想是所有能量的主宰，能够解决所有的问题。如果你不学习正确的思考，是绝对成就不了杰出的事情的。"汪海之所以能不断前进、不断成功，虽然有多方面的原因，但主要的原因归根结底来源于他的思想和理论，特别是他的企业家思想和市场经济理论。

汪海总裁在三十多年的工作中，把马克思主义、毛泽东思想、邓小平理论与中国改革开放的实践紧密结合，与企业的改革、发展、管理紧密结合，总结并提出了一系列新思想、新观点和新理论。比如，在社会主义市场经济中要"振奋民族精神、创造民族工业品牌、培养民族企业家"的"新三民主义"观；企业家要具备正确的个性、人性、党性的"三性"观；具有中国特色的"双星九九管理法"和在此基础上提升的"ABW管理理论"；关于市场经济的"矛盾论"、市场经济的"红与专"和市场经济的"孝、忠、义"；等等。正是这些融会贯通、深入浅出的思想理论、哲学观点，指导了双星的改革和管理。双星的一切辉煌与成功皆源于汪海的思想和理论。

作为思想理论家的汪海"敢为天下先"、"摸着石头过河"，在不断探索与实践中解决了许多"禁区"内的难题：他第一个提出市场经济的价值观，摸清了企业前进的方向；第一个提出"用好钱就是最好的思想政治工作"，实现了理论突破；第一个提出"市场是检验企业一切工作的标准"，率先进入市场；第一个提出"创名牌是企业最大的政治"，高举民族品牌之旗；第一个提出"干好产品质量就是最大的行善积德"，将"儒、道、佛"优秀传统文化用于现代企业管理，创造了中国自己的管理哲学……

一个思想者一次又一次的破冰之旅，就是一个实践者引领一个民族企业闯出一条生路，从一个胜利走向另一个胜利的创新搏杀。

在此需要特别介绍的，就是汪海创造的"双星市场理论"。双星市场理论的诞生是市场发展的要求，也可以说是被市场逼出来的。

在我国众多的企业家中，比较常见的大体上有两种类型：一种是按"条条"办事，或曰按"红头文件"办事，事事循规蹈矩，不敢越雷池一步；另一种是按个人经验办事，甚至凭个人感觉办事，即所谓"跟着感觉走"。这两种类型，前一种多存在于国有企业，后一种多存在于民营企业。

汪海虽然是国有企业的领导，但他却敢于逆向思维，标新立异，强调指出理论对于搞好改革、搞好国企的重要指导作用，并在实践中创立了一套与众不同的切合企业实际的"双星市场理论"，并在这一理论指导下，创造了"双星王国"的奇迹。

"双星市场理论"的主要闪光点有：市场是企业发展的动力和源泉；市场是企业的最高领导；市场是检验企业一切工作的标准；市场是检验企业的最好天平；用户是上帝，市场夺金牌；市场需要什么，企业生产什么；有人就穿鞋，关键在工作；等着别人给饭吃，不如自己找饭吃；只有疲软的产品，没有疲软的市场；跟着市场走，围着市场转，随着市场变；不找市长找市场；下海进市场，出海闯市场，上山争市场，品牌运作抢市场；瞄准市场定位，瞄准品种变化，瞄准竞争对手；市场是永不停息的战场；市场中的企业家就是战场上的将军……

"双星市场理论"的闪光点曾经让一些经济理论学家惊愕地瞪大眼睛，但汪海却义正词严地说："既然我穿了自己的鞋，就要走自己的路。企业要生存、要发展、要壮大，就只有一条路，即面对市场，把市场作为企业的最高领导，将市场作为检验企业一切工作的标准。谁是企业的官？市场！市场才是企业最大的官！如果一个企业在市场上站不住脚，一切都是空的，一切都是胡扯！"他断言："实践已经证明，双星能有今天，主要得益于我们创立的'双星市场理论'。"

汪海是一位有思想、有理论的企业家，他不仅创立了"双星市场理论"，在其他方面也创立了许多理论成果。从"市场论"、"规律论"、"新猫论"、"ABW论"，到"矛盾论"、"三情论"、"三性论"、"三赢论"、"三品论"、"老虎论"、"大质量论"、"大科技论"、"大创新论"，再到"三七论"、"红专论"、"忠孝论"、"六多论"、"升级论"……

思路决定出路，理论指导实践，在双星发展的每一个紧要关头，总是汪海首先分析实际情况，提出指导性的新观点、新理论，双星才得以三十多年如一日地健康稳定、发展壮大。这些新观点、新理论，集中汇集在汪海编著出版的四部著作中：《市场·企业·创新》《市场·企业·名牌》《潇洒的奥秘——双星》《市场是企业的根》。这四部总计 228.4 万字的理论巨著，涵盖了汪海如下方面的理论：双星改革发展创新论、双星市场政治论、双星市场管理论、双星市场营销论、双星科技管理论、双星质量管理论、双星名牌管理论、双星人才管理论、双星国际市场论、双星财经管理论、双星宏观管理论、双星基础管理论、双星生产管理理论、双星三产管理论等。可见，以上这几部著作，基本上就是企业管理的百科全书。

汪海经常告诫他的员工："没有理论、没有思想的企业是没有希望的企业；没有理论、没有思想的骨干是没有希望的骨干；没有理论、没有思想的员工是没有希望的员工。如果没有好的思想理论，事业就没有方向，不但不能成功，甚至可能惨败。"他不但说得好，而且做得也出类拔萃。

（五）足智多谋、灵活善变的"市场将军"

世界著名企业战略专家约翰·W.蒂兹指出："战略家的任务不在于看清企业目前是什么样子，而在于看清企业将来会成为什么样子。"

中国古代伟大的思想家、政治家、教育家孔子说："人无远虑，必有近忧"。清朝光绪年间著名学者陈澹然亦说："自古不谋万世者，不足谋一时；不谋全局者，不足谋一域。"这就是说，人要是没有长远的考虑，必然会有眼前的忧患。自古以来不考虑长远利益的，就不能谋划好眼前的问题；不能考虑全局利益的，就不能谋划好局部的问题。而长远的、全局的问题，就是战略问题，这是决定企业生死存亡的头等重大问题。

这些专家的话说明：要想做一个成功的企业家，就必须首先成为一个企业

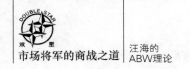
战略家,力求做到高瞻远瞩、着眼未来、胸怀全局、以谋取胜。

汪海深谙此理。他常说:"应想到十年以后企业怎么发展。企业家必须有胆识,做事必须超前,必须敢冒风险。企业家不可能和员工一样,也不可能在领导班子成员都同意时才作决策,等到大家都同意的时候,商机已过,为时已晚,市场如战场就是这个道理。"

汪海从小就有"将军情结",立志长大了到部队当一名将军,报效祖国。可是,命运的安排,让他无奈放弃了将军梦。阴差阳错,转业到地方后,却缔造了双星名牌,成了驰名中外的"市场将军",了却了他多年的"将军情怀"。军旅的生涯使他熟知兵法,并能将"兵战"中的战略战术娴熟地应用于"商战"之中,并屡屡取得惊人的效果。这里先列举汪海谋划的几个精彩战略:

(1)创名牌战略。即放弃解放鞋,生产双星鞋。提出了"弘扬民族精神,创造民族品牌,振兴民族工业"的响亮口号,立志创中国人自己的世界名牌,实践着最早提出名牌、运用名牌、宣传名牌、推广名牌、发展名牌、壮大名牌之路,成为实践"六早"的品牌先驱者。

(2)产业扩张战略。即从给人做鞋到给车做"鞋"(轮胎)。

(3)多元化战略。即以鞋为主(包括人鞋和"车鞋"),多元经营。目前已涉及鞋业、轮胎、服装、机械、热电五大支柱产业和包括印刷、绣品及三产配套在内的八大行业。

(4)国际化战略。即"立足山东,面向全国,冲出亚洲,走向世界"。

(5)西进战略。即在山东省内,生产基地从青岛市的繁华闹区向青岛市郊区和山东省腹地(青岛市的西部)的沂蒙山区老革命根据地转移;在国内,生产基地从山东省向大西部、大西南地区转移。

(6)兼并战略。即通过企业文化的"移植",运用"小鱼吃大鱼"(如兼并华青轮胎)、"快鱼吃慢鱼"、"国企吃国企"(如兼并东风轮胎)的战略,达到救活"休克鱼"的目标。

(7)差异化战略。即指公司在行业内目标市场的竞争中为其产品或服务创造出与众不同的特色或特征。

(8)竞合战略。即既竞争又合作,在竞争中实现"双赢",这是"竞争"的最高层次。

（9）"双鞋联动"战略。即销售"人鞋和服装"与销售"车鞋"联动，进而实现"双鞋联动"，相互促进，达到双赢、扩大销售之目标。

（10）大双星战略。即在统一的"双星"牌子下，在全国各地开辟10个经营战区、60多个经营分公司、5 000多家连锁店。每个战区都有自己的经营网络和工厂，资产都在当地注册，并在当地形成产、供、销"一条龙"的格局。

被全世界誉为"兵学圣典"的《孙子兵法》中也说："用兵之道，以计为首"。"故上兵伐谋，其次伐交，其次伐兵，其下攻城。攻城之法为不得已"。"兵者，诡道也"。"凡战者，以正合，以奇胜"。"攻其无备，出其不意。此兵家之胜，不可先传也"。[①]

这就是说，用兵打仗，先要定计。所以，用兵的上策是以谋略胜敌，其次是通过外交手段取胜，再次是使用武力战胜敌人，最下策是攻城。攻城是不得已而采用的办法。用兵打仗是一种诡诈行为。大凡作战，一般都是以正兵当敌，以奇兵取胜。要在敌人无准备的状态下实施攻击，要在敌人意想不到的情况下采取行动。这些都是军事家取胜的奥妙所在，是不可事先加以具体规定的。

上述这些作战战术，汪海心领神会，运用娴熟。下面列举了汪海谋划和领导的几个精彩战役：

（1）汪海在市场这个不流血的战场上，运用兵法谋略闯关夺隘，避短扬长，屡出奇兵，出奇制胜。最能体现这一特色的，要数他精心谋划并亲自指挥的开拓双星鞋市场的"三大战役"：用重点突破、波浪式推进的战术打赢了第一战役——下海找市场；用敢打近战、恶战、歼灭战的策略打赢了第二战役——出海闯市场；用超前谋划、遣偏师、出奇兵战术打赢了第三战役——上山争市场。

（2）当制鞋行业在发达国家已是"夕阳工业"，在青岛这样的沿海开放城市也难以生存的严峻时刻，汪海遵照"实事求是"的原则，从实际出发，以超前的战略眼光和惊人的"将军"魄力，为双星制定了发展战略"三部曲"（第一部曲：从青岛到山东；第二部曲：从山东到全国；第三部曲：从全国到世界），使双星

---

① 公孙道明：《孙子兵法与三十六计》，广西民族出版社，1995年7月。

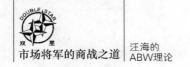

不仅摆脱了困境,而且发展成了举世闻名的双星集团。

(3)1992年8月28日在纽约开新闻发布会期间,面对别有用心记者的挑衅问题,汪海机动灵活、随机应变、变守为攻,当众巧妙"脱鞋"打广告,既宣传了双星品牌,也打击了别有用心者的挑衅,又长了中国人的志气。

(4)1992年秋季,在德国举行的世界第124届国际鞋业博览会上,运用"奇兵战术",打文化牌,设计并举办"东方鞋文化表演",向西方人展示中华民族几千年悠久而灿烂的鞋文化历史,使双星品牌轰动了整个欧洲、传遍了全世界。

(5)1995年科索沃战争爆发,当人们都在关心战争的胜负、战况的进展,竞争对手纷纷撤离之时,汪海感到这将是双星鞋营销的一个大好时机。他抓住科索沃战争的市场空隙,运用"敌退我进"的作战原则,派"兵"(即销售公司)迅速挺进南斯拉夫,塑造了战争期间销售200万双双星鞋的"科索沃神话"。

(6)2000年,世界轮胎十大品牌几乎垄断了美国、欧洲和亚洲市场,而地理条件差、制造业相对落后的非洲却在他们的视野之外。汪海一反双星鞋业所采取的国际化的路子——"先难后易"策略(即先攻以美国、欧洲为代表的主流市场),"攻其无备,出其不意"、"避实击虚,先攻非洲",终于实现了"梦圆非洲"。现在,在非洲的大沙漠上,到处转动着美丽的太阳花——双星轮胎。

……

(六)敢于改革、善于创新的冒险家

美国著名企业家同时又是专门研究创业活动的专家学者戴维·西尔弗在其名著《创业生涯》中指出:"企业家与艺术家有许多共同之处。他们都是问题解决者。艺术家试图通过在画布上表达解决途径来解决生活中的许多问题。企业家竭尽全力将焦点放在一个问题上,不断地表达、再表达已经抓住的问题,直到他已经做好了准备,拿出一幅巨大的画布开始作画。这两种人,艺术家和企业家,都是个人主义者,他们异乎寻常、敏感、富有想象力、热情洋溢、复杂、充满活力,而且富有创造性。"

彼得·德鲁克指出:"企业家必须把各种资源从收益低或收益逐渐降低的领域转移到收益高或收益逐渐增高的领域。他们必须抛开过去,放弃已经存在和已经知道的东西，而创造未来。企业家精神就是创建未来的企业。在这项任务中必然要创新。"另一位管理大师汤姆斯·彼得斯则警告："不创新，就灭亡！"

在汪海办公桌后的墙壁上，挂着全国政协委员、中央民族学院关东升教授为之题写的"敢为天下先"的条幅。这条幅之所言，正是汪海个性的真实写照。汪海常说："个性是企业家的标志，个性与个人崇拜是两个概念，没有个性就没有发展、没有创造。"

在三十多年的风风雨雨中，汪海成功地扮演了六个角色：(1) 敢闯"六关"的市场先行者；(2) 敢砍"六刀"的改革冒险者；(3) 敢于"六早"的品牌先驱者；(4) 敢于"六创"的创新发展者；(5) 做到"六新"的管理奠基者；(6) 做到"六敢"的企业决策者。

汪海自称是"一名普通的鞋匠"。然而，唯其有"敢为天下先"的胆量和气魄，普通的鞋匠干出了并不普通的业绩。他无所畏惧，带领双星人披荆斩棘，在全国同行业中创下了一个又一个"第一"：第一个实现产品百分之百的自营自销；第一个实现企业的横向联合；第一个以企业名义召开全国订货会；第一个破除与上级对口设机构的清规戒律，按市场需要改革企业的机构设置；第一个以企业名义闯入世界博览会；第一个在国外举办中国鞋文化展示与表演；第一个创立了中国自己的世界名牌；第一个制鞋企业改制上市，进入资本市场；第一个实现由单一制鞋企业向轮胎、机械行业的转型，完成了双星从给人做鞋到给汽车做"鞋"的跨越……

正所谓"先行一步，海阔天空"，汪海的超前意识和决策以及"敢为天下先"的性格和作风，大大拓展了双星名牌的发展空间，使企业抓住了机会，赢得了市场。

直到现在，汪海领导的双星人依然永不满足、永不停步。因为市场是不断变化的，没有一个最终的标准。他常说："市场怎样变，我们就怎样变，跟着市场走，围着市场转，随着市场变"，仍然坚持"今天不创新，明天就落后；明天不创新，后天就淘汰"。他千方百计启发干部员工的创新思维，坚持不懈号召全员创新，打商战中创新的人民战争，使双星蒸蒸日上，再攀高峰！

"企业家"最早的定义就是"承担各类冒险活动的人。"所以,从这个意义上讲,"企业家就是冒险家"。汪海是个企业家,自然也就是个冒险家。但是,他不是个盲目的冒险家,而是一个既有胆又有识,既敢于创新又善于创新的冒险家。

(七) 博采众长、自成一家的管理专家

汪海说:"双星事业的发展,内外销市场的开拓靠的就是我们的管理过硬,我们最拿手、最为外界佩服的就是管理,管理是我们克敌制胜,保持竞争不败的一大法宝。"

汪海对中国企业的贡献之一,就是创造了中国自己的管理哲学和管理模式。这个管理哲学和管理模式的集中概括是:古今兼蓄,中外皆学,博采众长,自成一家。

汪海之所以能创造"自成一家"的"ABW 理论",正是坚持了正确的创新"三原则"和"八字方针"。三原则是:继承民族优秀的,借鉴外来先进的,创造自己特色的。八字方针是:博采众长,自成一家。

汪海创造的"ABW 理论"是"四不像"的管理模式。既不是计划经济体制下的管理,也不是完全市场经济体制下的管理;既不追求复古,也不盲目西化。而是综合吸取了古今中外各种管理优势后的新的管理创新,换言之,是一种优势互补的新的管理模式。

汪海在管理上的另一个杰出创造是"九九管理法"。这套崭新的管理方法经纬交织,构成了一个纵横交错、条理清晰的科学管理体系。这套体系使双星在成本管理、人员管理、技术创新等方面都有了标准和规则,也正是这套实用的高效的管理方法,使双星走上了市场化经营管理的轨道,在很多企业还不清楚现代管理是怎么一回事的时候,双星已经运用自如了。

汪海的管理信念是:"只有没管好的企业,没有管不好的企业"。经过三十多年的实践、总结、升华,双星人创造了符合中国国情、符合制造加工业实际、独具特色的管理模式,美国人评价"双星有世界上管理最好的工厂",日本人到双星工厂学习,韩国人开出高薪找汪海总裁"要厂长"。双星凭过硬的管理赢得了市场的认可,赢得了行业的尊重,赢得了外国人的佩服。

（八）锲而不舍、脚踏实地的实干家

"身先士卒、脚踏实地"是汪海一贯的作风。行千里而始于足下，汪海总裁把"路在脚下"这句格言放在自己的办公室，时刻告诫自己踏踏实实做事、认认真真做人。他经常教育大家："领导只有心里想着员工，员工才能心里想着企业。"三十多年来，从当初管理几千人的工厂发展到管理几万人的大集团，汪海总裁有一个作风一直没有改变，那就是一年中多数时间都在工厂和市场。他常常是一身工作服，深入生产车间，一走就是大半天，抓现场管理、抓承包经营、抓产品质量；他常常奔波于市场，一下车就进商场、进连锁店，许多决策就是在这种奔波的途中作出的，许多新产品就是在考察市场的路上开发成功的。

汪海常说："我永远是市场的一个兵。这个兵呢，就是要勤奋，要永远做战士。在市场上应当是永不满足，你一满足了，就要完蛋。另一方面，社会在发展，环境在变化，就必须不断提高自身的素质和水平，去适应这个环境，随着社会向前发展。"

汪海常说的一句口头语是："自己拿自己当骨干。"他不仅这样说，而且也这样做。例如，在进入市场初期，双星"自己给自己出题目"，创出了名牌；在遇到困难时，"自己拿自己当骨干"，渡过了难关；在面对挫折时，始终"自我感觉良好"，调整了心态；在取得成绩时，"自己跟自己过不去"，获得了发展；在创出名牌时，"自己给自己加压力"，取得了成功。这使得拥有 6 万名员工、遍布全国各地的 10 个经营战区、近 50 家生产厂、60 多个经营分公司、5 000 多家连锁店，都是一套管理，都是一个模式，做到了"只有没管好的企业，没有管不好的企业"。

再如，在"大双星"形成过程中，由于工厂的搬迁调整，致使原来工厂接近7 000 人没有活干，这些人怎么办？是推向社会、推给政府？还是自己想办法解决？他们就再一次"自己拿自己当骨干"，主动进行产业结构调整。为了安置这些富余人员，他们"破墙开店、开门开窗、敞开大门、引进院内"，将过去的车间办起了"三产"，并建起了当时名扬岛城，集餐饮、娱乐、桑拿为一体，荟萃世界优秀建筑风格的"双星城"，这在当时的青岛市乃至全国国有企业中都是第一家。从此，"双星"突破了单一制鞋的行业界限，率先闯入了第三产业领域，形

成了一种全方位、多层次的发展格局,逐步成为一个"以鞋为主、多元化发展"的综合性企业集团。

(九) 慷慨激情的鼓动演说家

满身散发着山东大汉味道的汪海,身高体阔,笑声朗朗,一顶标志性的红色帽子下是其质朴而亲切的笑脸,除了那对特有的酒窝外,还有一双充满睿智的、总是笑眯眯的眼睛。

汪海的演说水平在企业家中是一流的,他会在几分钟之内就把你的思维与视线都集中到他身上。因为他的谈话充满机智与思辨色彩,一个个鲜活的故事,一个个含有泥土芳香、具有中国特色的成语和典故,一句句慷慨激昂的争辩,一条条"汪海语录"……让你听得着迷,感到痛快。这里列举两例:

1. 叫响 APEC

新世纪伊始,在举世瞩目的上海 APEC 年会上,汪海作为此次亚太经济联合会会议副主席的身份参加了会议。

会议开始后,主持人说,每位发言人给 10 分钟时间。会议要求每位演讲者会前提交演讲稿,以便于发言时打出字幕。汪海也是发言人之一,可当他参加会议后,又有了新思想,临时决定不用写好的稿子,脱稿演讲。

轮到汪海发言了,他大步走上台,首先把手表放在讲台上,气宇轩昂地开始了脱稿演讲。面对世界经济一体化,一些专家学者和个别高官提出"不要再提民族工业了,中国做世界的加工厂就行了,保持民族的东西,必然影响企业的国际化进程,只有接近和融入国际市场,才能迎合消费者的心理"的错误观点,汪海针锋相对地提出了"民族精神、民族品牌、民族企业家"在这个变革时代的重要性,提出要"振奋民族精神,创造民族品牌,培育民族企业家队伍,以此发展民族工业,振兴民族经济"。汪海所提的这些观点对引导目前中国的意识形态和长远的经济发展具有深刻的现实意义和深远的历史意义。

他向与会者提出了一个全新的观点:"今天不创新,明天就落后;明天不创新,后天就淘汰。"随后以双星的成功案例和发展轨迹,简明扼要地阐释了这一观点。最后,他说:"中国人创名牌的优势在哪里? 中国拥有占世界四分之一人口的大市场,本身就是一个国际化市场。我们有成本优势、有资源优势、有廉价劳动力优势,我们是'龙',我们是'老虎'！与'狼'共舞我们拼不死,更吓不死!"10分钟的时间马上要到了,就在9分59秒时,汪海用手一挥,以一句"我是老虎我怕谁!"结束了发言,会场上响起了雷鸣般的掌声。

会后有报纸评论道,汪海脱稿讲演的水平让人佩服,汪海控制时间的能力让人惊叹,汪海这样既有骨气又有思想的企业家让人感到提气、感到自豪！

2. 汪海在北大

"汪海,是讲故事的高手;汪海,更是创造财富故事的奇人;汪海,成就了双星近百个千万富翁;汪海,把一个不知名的双星,缔造成了世界名牌。你想和王海面对面地探讨如何创造财富吗？你想知道汪海在创造民族品牌过程中那些波澜壮阔的故事吗？你想一睹中国第一代优秀企业家中唯一幸存者的风采吗？……只要你有兴趣、你有问题,同学们,明天下午在图书馆,双星总裁汪海将向我们讲述他的成功之术、财富之道、创品牌之路的不凡经历。"

"不管是在硝烟弥漫的战场上,还是琳琅满目的市场上,我们都要有一种精神,需要一种志气,要将这种精神提高到文化的层面上来,变成一种信仰,这个信仰就是在新的历史时期继承、创造、振奋民族精神的民族文化。"这典型的汪海式的开场白,为他赢得了一阵热烈的掌声。

"有民族精神是必要的,但在商战中还要有谋略。双星鞋最初进入欧洲市场,是借助在德国举行的第124届国际鞋业博览会这个契机。那次展会云集了1 400家制鞋企业,盛况空前,当时中国的企业就我们一家,怎样才能吸引外国商人的眼球呢？越是民族的,越是世界的,我们打出了'中国鞋文化表演'这张牌。这张牌一亮相就引起了巨大的轰动,我们不管走到哪个展馆,人们都伸出大拇指说,CHINA! DOUBLE STAR!"

汪海讲故事的水平的确是一流的,他将会场的气氛推向了高潮。

这时有人递上一张纸条,问汪海是凭借什么法力把一个名不见经传的国企培养成世界名牌的。王海笑着说,"我哪有什么法力？ 一是将中国文化的'儒、佛、道'融到现代企业管理当中;二是我们有一个团结的领导班子,我和王增胜副书记一心一意搞改革、搞创新、抓质量。民族强,则国家强;班子强,则企业强,所以双星是内外合力才成功的。"

　　双星从当时的一个濒临倒闭、以鞋为主的企业到现在,是眼见着一个又一个制鞋企业倒下去的。在"文化大革命"时期,全中国做鞋的企业有 3 000 多家。现在全国制鞋企业,只有双星一家还挂着国有的牌子。为什么那么多的鞋厂都垮了,双星却发展了? 双星的发展有各种因素,但很重要的一点是"文化",就像你们北大一样,是文化起到了非常重要的作用。我提倡干好产品质量就是最大的行善积德,没有行善积德之心不可能创造名牌,任何一种诱惑都可以让名牌一夜之间土崩瓦解。

　　双星作为国有企业发展到现在,是有"独门绝招"的。双星是中国制鞋行业第一个上市的企业,第一块民族品牌,也是出口最多的企业,现在轮胎和鞋业加在一起出口额为 3 亿美元。有同学问我,双星发展到今天,究竟是什么因素起到了关键作用? 其实很简单,还是"文化"。

　　在商战当中,哪个企业创造了适合自己的文化,特别是创造了与世界、与时代相接轨的新文化,这个新文化就能推动这个企业不断地去发展、壮大,去净化这个企业的管理。双星虽然是一个国有企业,但这个国有企业的成功秘密何在? 已经有几个同学提问了,我可以告诉大家,双星现在是三种机制组合:一是办起了 6 000 家双星连锁店,目前全是个体经营;二是所有市场上的公司都是股份制的;三是工厂是国有的。这三种机制同时进行、同时发展,相互不冲撞、不矛盾,而却还能共同发展,靠的是好的管理模式,更重要的是靠企业文化理念的管理。

　　谁说我们中国人管不好企业? 谁说我们比外国人差? 我就不服! 双星的发展证明,中国的企业是卓越的,支撑企业发展的是精神力量。双星每个历史阶段都创造着自己的新文化。这个新文化概括起来就是继承传统优秀的、吸收先进的,不管国内国外的只要是先进的,我们都吸收,创造我们中国人、双星人自己的现代文化。文化是灵魂,是思想,是精神;文化就是生产力,就是竞争力,就是社会竞争的原动力!

　　一个没有品牌意识的老板,培养不出具有品牌意识的员工;没有品牌意识的员工,就创造不出与品牌相匹配的产品。总之,只有每个人都能够自由地发挥创造力,中国的企业才能真正有希望。中国的希望,在于新一代的你们!

......

在掌声中，汪海被北京大学聘任为研究员。

（十）举止适度、风度翩翩的外交家

汪海既是一位优秀企业家，又是一位有相当知名度的外交家。他是继邓小平之后中国第二位"世界风云人物"，是继前苏联主席赫鲁晓夫之后在美国公众面前脱鞋的第二位共产党人。尤其是汪海在美国纽约公众面前脱鞋的惊人之举，既宣传了双星品牌，长了中国人的志气，也回击了别有用心者的挑衅，赢得了美国人的尊重，更展示了他外交家的风采。

1992年的夏天酷热难当，此时的中国也在经受着一场磨难，为再次取得最惠国待遇问题，正与美国展开了一场拉锯战。中美之间的一举一动都变得十分敏感，而就在这个时候，汪海决定要到纽约去开新闻发布会。消息很快传到了新华社驻美国分社社长刘其中那里，他的心立刻悬到了嗓子眼。这不是忙中添乱吗？一个鞋厂你早不来晚不来，偏偏在这个敏感时期来，稍有不慎就有可能影响中美关系，谁能负得起这个责任呢。于是他告诉有关人员，有关双星来美的事，拒不接待。

消息反馈到汪海这儿来了，汪海知道问题的严重性，因为这已经不再是商业问题而是上升到政治问题了。汪海想，非他亲自出马与刘其中商洽此事，不然赴美的计划就将落空。

汪海拨通了跨洋电话，他动情地说，我虽然是个鞋匠，可我知道是企业的利益大还是国家的利益大。我是一个从军队转业到地方的企业家，在战场上我们没有怕过美国人，在商场上我们依然不怕美国人。但我也知道，作为一个代表中国企业来美国开新闻发布会的人，什么该说，什么不该说，请你放心，我汪海只会给中国人增光，决不会给中国人丢脸！

字字铿锵，刘其中已经许久没有听到这样令他感到热血沸腾的话了，他被汪海的慷慨陈词和强烈的爱国之心打动了，破例同意了汪海的要求，新闻发布会将如期在美国召开。

1992年8月28日上午9时，刘其中来到会场，望着进进出出的外国记者，他那颗放下来的心又提起来了。他仍然有些担心汪海，他毕竟不是政治家，能

应对这种局面吗？刘其中心里在打鼓,尽管他对汪海的胆识和口才很佩服,但这可是国内企业首次在美国召开新闻发布会,企业领导人不同于政界人士,外交经验、美国各界的游戏规则都掌握得不多,汪海能行吗？要是闹出外交笑话来事情可就大了。想到此,刘其中的脸上渗出了细密的汗粒。他的目光无意间与汪海相遇了,只见汪海气定神闲,一幅坦然自若的样子,而且还特意朝刘其中微笑着点点头,汪海的举动使刘其中紧张的情绪得到了缓解。

新闻发布会开始了。汪海首先发布了有关双星的商务活动、企业管理方面的五条消息,接着便进入了最紧张的阶段——记者提问。

最初他们提问的是有关双星的规模、基本建设、员工人数等问题,汪海谈笑风生、口若悬河、对答如流,因为双星的一切尽在汪海脑中。刘其中的脸上终于露出了一丝微笑。然而,没过多久,刘其中害怕的事情终于出现了,这让他的心再一次提到了嗓子眼。原来,美国《星岛日报》记者甄荣光提出了敏感问题,"请问中国鞋王,如果美国取消中国最惠国待遇,实施特别 301 条款,你的企业会不会受影响？你对此持何种态度？"刘其中神色紧张地盯着汪海,生怕汪海出现什么闪失。

汪海镇静自若地回答道:"对这个问题,我国政府已经明确态度,我只是个鞋匠,对政治不想多谈。但是作为一个中国人,作为一个国有大企业的负责人,我的回答是:第一,最惠国待遇本身就是对等的,不是哪一方恩赐给哪一方的,贸易是相互的,制裁同样也是相互的。"刘其中听汪海说出这几句很有外交味道的话,终于放下心来。

汪海接着说,"第二,美国如果实施 301 条款,我们企业发展肯定会受影响。但是东方不亮西方亮。美国有 2 亿人,中国却有 12 亿人,整个世界有 50 亿人,市场是巨大的。我们丢个美国市场算不了什么,过去的几十年我们不是也没有进入过美国市场吗？何况如今的世界不同了,中国也不同以往了,我们可以再开拓其他市场,有人就要穿鞋。"说到这儿,汪海哈哈大笑,话锋一转,"可是美国却会因此而丢掉了中国这一世界上最好的、发展潜力最大的市场。"

此时,会场有些骚动,刘其中笑着看看汪海。汪海继续说道:"第三,双星高品质的产品已经赢得了'上帝'的信任和市场的认可,包括被美国民众所喜爱,即使实施 301 条款,我们也照样有办法继续进入美国市场,这不是哪一个人的意志能左右的,而是由市场规律、经济规律所决定的。"

汪海的回答不卑不亢、有理有据、软中带硬,一席话说得台下没有了声音。刘其中得意地昂起了头,直视台下的记者们,心想:这下来了个厉害人,看你们还有什么话说!

一波稍平,一波又起。

"我是纽约《美东时报》的记者威廉·查理。"这位美国人的蓝眼睛里闪动着狡黠和不屑,提了一个更为刁钻的问题:"汪海先生,大家都叫你'中国鞋王',都讲双星鞋品质一流,我冒昧地问一句:您现在脚上穿的皮鞋是双星鞋吗?"

威廉·查理提完这个问题时,脸上呈现得意之色,因为他知道双星是以生产运动鞋著称,汪海脚上穿的却是皮鞋,不得不承认他观察的仔细,在场的人都觉得,这个空子肯定是让他钻着了。

在场的记者和中方的代表们,目光齐刷刷地盯着汪海脚上的那双黑皮鞋。此时的刘其中已经觉得凶多吉少,万一汪海脚上穿的是别国品牌的鞋,特别是耐克的,那笑话可就闹大了。

只见汪海爽朗地大笑着,双眼中闪露出快乐的光芒。他兴奋地说道:"感谢这位记者给我提供了一个宣传双星的好机会。我们中国是礼仪之邦,在公共场合脱鞋是不文明、不礼貌的行为,但是,如果我不满足这位美国朋友的提问,同样是不礼貌的。"

人们听汪海这么一说,不知道他要干什么,都睁大了眼睛望着他。只见汪海弯腰把鞋脱了下来。刘其中见汪海脱鞋想上前阻止,但已经晚了。这怎么行呢?一个堂堂的国企老板在美国公众面前脱鞋,成何体统。

还没等刘其中说话,汪海已将鞋高高地举在了手里,嘴里发出一句带有山东口音的英语:"CHINA DOUBLE STAR!诸位,你们看到鞋底上的双星商标了吧?我穿的是双星鞋。我不穿本国鞋,还配称'中国鞋王'吗?我不仅一年四季都穿双星鞋,连我的员工也都穿我们自己生产的双星鞋。我们要脚踏双星,走向世界。"

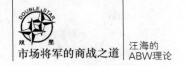

霎时,会场上镁光灯频频闪亮,全场一片哗然。

第二天,汪海手举皮鞋的照片登在了纽约各大报纸的显要位置上。一位外国记者对汪海的脱鞋举动连连感叹,他对汪海说:"在我们的记忆里,你们社会主义国家的共产党人在美国公众面前脱鞋的只有两个人。一个是前苏联主席赫鲁晓夫,那年他在联合国发火,脱下鞋子砸桌子,他要跟美国对着干,显示他超级大国的威力;第二个脱鞋的就是你了。改革开放后的中国人敢于用自己的产品向美国市场挑战,这才是真正的厉害呀!"

一位美籍华人被汪海理直气壮的演讲感染了,她激动地跑上台,握着汪海的手说:"汪海先生,你长了中国人的志气,让我们看到了中国人的自信、中国人的自豪、中国人的自尊,同时也让我们看到了祖国民族工业的希望。我们华侨一定买咱们国货,宣传咱们国货,为祖国争光。"

此时的刘其中激动不已。他亲眼目睹了一位来自祖国商界的战将,勇敢地在美国人面前显示出强大的民族精神。他握住汪海的手久久不放:"老汪,我在纽约五年了,大大小小的新闻发布会参加得不少,今天看到你在这里成功地召开了新闻发布会,真是大长了咱中国人的志气啊!"

刘其中回到办公室后,立即怀着激动的心情向国内发回电讯:汪海其人,百闻不如一见,中国应该多几个汪海!

(十一) 一尘不染、两袖清风的"常青树"

在汪海总裁办公桌对面的墙上,挂着原中国佛教协会赵朴初会长为他书写的"名利淡如水,事业重如山"的楹联。这条楹联之所言,是汪海的做人之道,是汪海的心灵和品德的真实写照。

无论是在国内高等学府的讲坛上,还是在国际高级论坛上,汪海总裁经常谦称自己只是一个"鞋匠",是一个"市场上的列兵",而对外界给他的诸多评论和称谓,如"市场将军"、"风云人物"等,他始终保持着清醒的头脑。

不贪钱财,这是做人的根本,也是企业领导者的必备品质。汪海总裁常说:"企业负责人要常修为企业之德,常思贪欲之害,常怀律己之心。"1996 年,汪海总裁谢绝了美国人"高薪＋股权"的聘请,宣布了自己"跟共产党走不变,一辈子做中国鞋匠不变,结发妻子不变"的"三不变"原则。

汪海总裁这样评价自己，三十多年来，我给自己投两票：一票是优秀共产党员，解决了近十万人的就业、吃饭问题；一票是职业企业家，为国家把"双星"这个品牌做起来了。

改革开放以来，我国中途落马的企业家不在少数，其中，个人私心膨胀，中"糖衣炮弹"落马的不在少数。所谓"糖衣炮弹"，主要就是金钱和女人。汪海之所以能成为三十多年屹立不倒的"常青树"，一个很重要的原因是他没有被"糖衣炮弹"所击中。

汪海说："在中国，要整倒一个改革者，说容易也容易，说不容易也不容易。根据我的经验，有两条我认为非常重要，处理不妥，你自己就先把自己打倒了。一条是你作为企业家，能否抵抗得住金钱的诱惑；一条是与女人的交往要特别注意分寸，也就是说，'别装错兜，别上错床'。而恰恰在这两个方面，他们任何人都抓不住我的把柄。"

汪海经常教育干部："我们要进入市场，要做双星人，使我们的产品成为世界品牌，没有一个好的干部队伍是不行的，一个腐败的干部队伍是带不出一个好的双星人的，只要我们的干部队伍不腐败，双星人不腐败，我相信，我们双星赶超世界名牌，赶超世界水平，不成问题。"

（十二）身心健康、精力充沛的"长寿总裁"

2008 年，有记者曾经问汪海：您今年已经 67 岁了，有没有考虑过退下来以后的生活？有什么打算？

汪海说："怎么说呢，这不是我能打算的，我要能打算的话，我就想实现我的誓言：活过九十九，干到八十八，再补十年差！因为我是'六十多岁的年龄，四十岁的身体，二十岁的思想！'当然，这都是对外宣传，说不定哪天领导说一句：'你下来吧'，我就靠边了。

国有企业没有终身制，宇宙间新陈代谢的客观规律谁也抗拒不了，早晚是要退出的。对我个人来讲顺其自然，明天不让我干，后天就走人。不过，我对双星这个牌子的感情比对我儿子还亲！叫我干，我就要对我的员工负责，对品牌负责，对我的事业负责，我就要干到底！"

汪海说："几十年了，挑我毛病的人不少，什么帽子都给我戴过，我为什么还敢往前闯？因为我相信我是对的。我为什么对？因为我实事求是，我相信党的改革开放政策绝不会变，要搞市场经济，就得实事求是，不实事求是还得受二茬穷！"他喜欢的一句格言是："客观地想，科学地创，认真地做，务实地干，愉快地过，潇洒地活"。

今天的双星，又掀开了历史性发展转折的序幕。在汪海总裁的决策指挥下，在民族精神的鼓舞下，在商战中人民战争的推动下，将继续完善市场经济发展的新路子，创出市场经济发展的新特色，实现"树百年品牌，建百年老店"的宏伟目标，推动双星事业走向新的胜利！再造双星名牌新的辉煌！

三、专家点评

"企业家"这个词最初出现在 16 世纪早期的法语中，是指"领导军事远征的人"。两百年后，法国人开始将这个词的定义扩展到"从事其他种类冒险活动的人"。法国经济学家理查德·坎特龙在其 1755 年出版的《商业概览》一书中将"企业家"定义为"承担经营风险的人"，并解释为"经济的一个组成部分"。后来其他法国经济学家又进一步扩展了"企业家"的定义范围，意指"在建筑、农场和工业方面承担风险的人"，后者又被称为"担风险的资本家"。由此可见，在早期，"企业家与风险资本家是有联系的"。从这个意义上讲，"企业家就是冒险家"。

经过多年的发展和提炼，"企业家"已经成为我国经济体制中不可或缺的组成部分，成为经济学、社会学、管理学、文化学和心理行为学等研究的重要课题。因此，企业家也成为"创新者"、"开拓者"、"套利者"等名词的重要体现者。

美国电子工业专家、经济学家乔治·吉尔德在其著作《企业之魂》中写道："经济增长的关键仅仅是具有创造性的人拥有钞票。"他认为创业者的活力是经济增长最关键的因素。他这样写道："企业家的至关重要的作用同科学家的最重要的作用相似……是创造一个全新的市场和理论。在这一方面，企业家仅仅受到他们自己的想象力和说服力大小的限制。他们像画家一样，面前放着一块空无一物的画布；像诗人一样，面对着一张未写一字的白纸；像具有创造性的艺术家一样，在由自己控制的过程中为世界带来了全新的东西。"①

从工业革命以来，企业家就一直是一群发现人类面临的问题和需求，并寻求解决这些问题、满足这些需求的天才。他们把当代的科技成果转化成产品，变成了社会生产力，并通过"企业"这种社会组织使劳动者的力量和智慧得到施展，从而创造了经济奇迹，推动了社会进步。这种伟大的社会作用的历史功绩，在第三次技术革命出现以来的美国表现得最为突出。因此，在美国，人们从这个角度称"当代企业家是美国的新英雄，是林肯、罗斯福以来美国的新一代英雄"。

上述专家对企业家重要作用的概括和描绘，仅适用于"企业家"这个群体的早期和中期，也就是世界产业革命之后的近代史阶段。这种概括和描绘的共同局限性，就是只看到了企业家作用的"自然属性"，即在发展社会生产力，解决人类面临的问题和需求方面的作用，而忽略了企业家作用的"社会属性"，即企业家不管自己是否意识到，他都必须要为某个民族、某个阶级服务的属性，亦称"民族属性"和"阶级属性"。

自从苏联十月社会主义革命成功之后，世界进入了现代史阶段，特别是在形成了社会主义与资本主义两大阵营后，企业家作用的"社会属性"，即"民族属性"和"阶级属性"就越来越明显了。与此相适应，对进入现代史阶段的企业家来讲，企业家作用的内涵就更加丰富了，对企业家素质和能力的要求也更多、更宽、更高、更严了。

在我国的企业界和学术界，对企业家的定义有多种表述：企业家是领导者，是对一个有组织团体施加影响，以推动其实现目标；企业家是创新者，是在原有基础上通过生产要素的重新组合，创造出新产品、提出新理念的人；企业家是提高企业效率的组织者和推动者；企业家或是资产所有者，或是资产经营者；企业家是克服不确定因素的冒险家；企业家是企业经营管理的专家，配置资源使得企业形成生产能力；企业家是套利者、是创造价值的人；企业家是专门就稀缺资源的配置作出决策的人；企业家是高级的、特殊的人力资本，是企业经营管理者

---

① 〔美〕A.戴维·西尔弗：《企业家——美国的新英雄》，上海译文出版社，1992年3月，第25页。

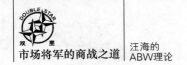
群体……由此可见,企业家并不是只有一个单一的内涵或概念,而是有着多维的、多层次丰富内涵的概念。

在中国的企业家中,汪海以其"敢为他人先"的风格,对企业家的概念、作用、素质和能力作出了既全面又精炼、既形象又生动的描绘和概括。

1995年4月21日,时任中国企业管理协会会长、中国企业家协会会长的袁宝华老前辈为"企业家活动日"发表了《论企业家的修养》一文,提出企业家应该具备十个基本条件,这就是:(1)天下兴亡,匹夫有责;(2)胸怀全局,脚踏实地;(3)艰苦创业,无私奉献;(4)解放思想,开动脑筋;(5)清正廉明,依靠群众;(6)疾恶如仇,从善如流;(7)谦虚谨慎,戒骄戒躁;(8)学而不厌,诲人不倦;(9)丢掉幻想,搏击市场;(10)锲而不舍,刻意创新。

现将袁老提出的这十个基本条件转载于此,诚与汪海总裁和全国企业家共勉!

附 录

布尔什维克的思想者

——国企改革中的共产党人汪海[①]

朱建华

世界共产主义运动是在德国莱茵省的一个叫特里尔的小城起源的。20 世纪 80 年代末的一个秋日,有一位中国共产党人不远万里专程来到特里尔的一条颇具 18 世纪特色的小街上,当他神态庄严地走进卡尔·马克思故居,向这位全世界无产阶级革命领袖行完注目礼之后,便开始了长达两个小时的世纪思索。

这位表情严肃的中国共产党人在回顾了世界无产者艰难而伟大的历史航程之后得出一个结论:中国改革开放的总设计师邓小平同志提出的走中国特色的社会主义道路的理论之所以有强大的生命力,就是因为它抓住了马克思主义的精髓,符合实事求是的原则。他苦苦思考着一个既非常尖锐又不容回避的问题:为什么我们现在有许多人对人类社会发展的真理——马克思的理论感到陌生了? 在市场经济的海洋里,当代的布尔什维克们该怎样把握航向?

当这位名叫汪海的共产党人即将离开那栋三层小楼时,以无比崇敬的心情再次端详门上方的长头发大胡子的马克思肖像,从内心深处发出自己的呼唤,立誓要为先行者们未竟的壮丽事业奋斗终生。

---

① 资料来源:原载于《人民日报》,1999 年 10 月 19 日。

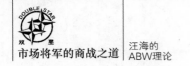

敢"闯"禁区的"将军"

闻名中外的青岛双星集团总裁汪海在商海中的世纪之航是从他自身的思想解放开始的。1995 年,全球最具影响力的名人名录评选机构——美国名人传记协会和美国名人研究所,联合推选汪海为当年的"世界风云人物",这也是中国企业家首次获得这个殊荣。

漫漫改革路。从计划经济走向市场经济,双星经历了最彻底的脱胎换骨!一个成功的企业必然有其成功的奥秘,双星成功的奥秘是什么? 这个奇迹的创造者,被人们誉为"市场将军"的汪海却将这些成绩的取得归结为双星人灵魂深处的一次又一次的思想解放运动。双星的成功首先是政治上的成功。

汪海经常对一些到双星进行思想探秘的来访者说:"要想搞好国有企业,就必须先有胆量冲破思想禁区,高举马克思主义实事求是之剑,斩断怪结,杀开一条血路!"

或许,是某一个晨雾弥漫的清晨;或许,在某一个海风劲吹星光满天的夜晚,这位激流中的思想者站在胶州湾畔的海滩上,一遍又一遍进行着 20 世纪末中国工业经济最深邃、最艰难的理论探索:造成某些国有大中型企业不景气的根本原因难道真是所谓所有制问题吗? 资本主义国家实行私有制,产权该是清晰了吧,为什么照样有大量企业亏损倒闭? 该用一套什么样的思想理论来指导我们今天的国企改革?

曾经参加过抗美援越、经历过硝烟弥漫战场洗礼的汪海说:"琳琅满目的市场就是硝烟弥漫的战场,市场上的企业家就是战场上的将军。"这位豪爽坦荡、睿智幽默的中国共产党人,在经历了一番痛苦的思想搏杀之后,终于放开他那浑厚的男中音,开始了惊世骇俗的思想的歌唱。

不是说反对强调金钱的作用吗? 汪海却说:"用好钱就是最大的政治工作。"不管你如何评说,"名"和"利"都是客观存在,关键是看你怎样去引导;不是反对突出个性吗? 汪海却认为,个性是企业家的标志,个性与个人崇拜是两个概念,没有个性就没有发展、没有创造,否定个性就会成为一个模式;不是不提倡喜新厌旧吗? 汪海却响亮地喊出,搞经济的企业家在市场上就必须要喜新厌旧,市场经济要不断创新,才能取得成功推动历史前进;不是反对骄傲自满吗?汪海却说要骄傲但不要狂妄,骄傲才能自信,没有自信就没有民族精神,我骄傲,但不头脑发热……

双星经济发展的高速源于它有敢于创造的勇敢和思想观念的先进!

创名牌是市场经济中最大的政治

汪海率领他的军团闯市场是高擎爱国主义之旗踏上征程的。名牌是市场经济的必然产物,你既然承认市场经济,就必然承认名牌的存在和作用。正是基于这种清醒的思考,汪海在国家邀请部分企业家参加的一个研讨会上响亮地提出:21 世纪的规划首先应该规划中国人要创出多少自己的牌子,现在国人身上穿着外国牌子,街上跑着外国车子。过去外国人用坚船利炮来侵略,我们是在流血;现在用外国牌子占领民族经济领域,是一场没有硝烟的战争。我们有义务、有责任创出中国人自己的牌子,振兴民族经济!

汪海时常用这样一句朴实的话来教育双星员工:"我们天天讲政治,一个企业这个政治该怎么讲?我认为我们创造一个牌子就是讲政治。马克思曾经说过,战争是政治的集中表现。我们在这场看不见流血实则更残酷、更复杂的全球化的大商战中,创出更多的名牌,就是最大的政治!名牌就是原子弹,创名牌就是造航空母舰,在商战中没有名牌,就是政治上最大的失败!我们天天讲爱国,究竟体现在哪里?一个企业能创出中国人自己的名牌,难道这不是最大的爱国主义吗?"

振兴中华民族,让"实业报国"之旗在双星高高飘扬!

然而,创出一个名牌又谈何容易?哪一个世界名牌不是耗费了几十年的时间?"耐克"用了 30 年,"阿迪达斯"则用了 70 年,双星要用 10 年就创一个名牌,需要何等的努力与付出?

这位"市场将军"高举爱国主义之旗,率领他的军团开始向国际市场发起冲锋。

1986 年,当中国女排在世界排坛连连夺冠,比赛场上国歌高奏、国旗高升之时,汪海为中华民族有这样的巾帼英雄感到自豪。但当他听说中国女排是穿着日本名牌鞋一次次奔赴战场时,他的心感到阵阵刺痛。

这简直是中国制鞋业的耻辱啊!咱中国人站着不比外国人矮,躺着不比外国人短,他们能做到的我们为什么做不到?!

汪海从家里搬到厂里,吃住都在办公室,经过"百日会战",终于让中国女排穿上了双星鞋。

紧接着,汪海又吹响向世界名牌进军的号角,接下了美国布瑞克的"抛尼"、"凯斯"、"布鲁克斯"的订单。三种国际名牌鞋经过 60 多个日日夜夜的奋战,终于第一次在中国全部研制成功,每年返销欧美市场 100 万双。当这次向国际名牌的攻坚战敲响胜利的钟声时,指挥者汪海却又一次病倒了。再顽强的人,弦绷得太紧,总有断的一天。工人们心疼地说:"为了创名牌,我们流的是汗,厂长流的可是血啊!"

汪海康复后,站在一条条生产线旁,又开始做"梦"了。他向职工们宣称:"双星已经完全具备了生产各种国际名牌运动鞋的能力,现在该研制我们自己的足以与国际名牌匹敌的运动鞋了。"

"敢于做梦的人是生活的强者,脑子要海阔天空地想,工作要一丝不苟地干,这就是成功者的诀窍!"汪海眼里闪烁着自信的光。

80 年代中期,一种以"双星"命名的高档运动鞋诞生了。它不但具备了"抛尼"的全部优点,还比"抛尼"更结实、更舒适、更美观。在市场的竞争检验中,成为中国的名牌高档运动鞋……

十年磨一剑。有这样一组数字足以让炎黄子孙扬眉吐气:目前,双星仅每年销往美国的鞋就已达到 1 700 万双。在美国加州大学,平均每 12 个大学生就有 1 人穿过双星鞋。在名牌竞争激烈的美国市场,一个发展中国家的民族工业产品,能达到如此高的市场占有率是极其罕见的。

新时期的共产党人汪海终于实现了他平生的宿愿:全国鞋业市场调查显示,双星品牌的市场影响力及市场占有率均超过了"耐克"、"阿迪达斯"等国外品牌而雄踞榜首,也首次动摇了两大世界名牌在中国维持十余年的霸主地位……

"市场将军"用他创名牌的实践告诉人们:"名牌无终身"。

市场是检验企业一切工作的标准

汪海常常思索这样一个问题:我们过去不承认私有制,现在承认了;过去不承认市场经济,现在也承认了。观念变了,理论不变行吗? 我们必须创造一套新的市场理论指导今天的改革实践。

1998 年 9 月 29 日,双星集团在青岛总部召开了双星进入市场十五周年研讨会。与会者达成一个共识:"市场将军"汪海创造的双星市场理论,是双星人在激烈复杂的市场商战中立于不败之地的法宝和行动指南! 是市场在驱动双星的发展,是市场逼着双星"出城、下乡、上山",是市场逼着企业变,使双星由"四老"企业变为"四新"企业,由一个单一的劳动密集型企业,变为能生产多种名牌运动鞋的名扬国内外的现代企业……

"你的市场意识?""市场是企业发展的动力源泉"。

"你的市场理念?""用户是上帝,市场夺金牌"。

"你的市场态度?""只有疲软的产品,没有疲软的市场"。

"你的市场经济三原则?""市场是企业的最高领导,市场是检验企业一切工作的标准,市场是衡量企业的最好天平。"

当众多探秘者向这位布尔什维克思想者发出连珠炮般的提问时,我们不妨调转视线,去追寻一下这个"市场将军"的机制革命。双星进市场,风雨三十多载。汪海带领双星人革了保守僵化旧观念的命,换了一个新脑袋;革了计划经济旧框框的命,造了一个新机制;革了等、靠、要守业方式的命,创了一个新模式……

汪海建立的是"全员转向市场,全员参与竞争"的机制,从 1993 年开始,双星就开始实施下属单位向集团租赁厂房、土地及其他设备并缴纳折旧费,占用集团的资金缴纳利息。通过这种"国有民营"的改造,每一个企业都成了一个利润中心。集团好比一个太阳系,集团内一百多个企业在自转的同时都围绕着双星这块牌子转。汪海统帅的这支在商战中出生入死的队伍,是一支永远向着太阳的队伍!

汪海建立的是按照市场规律主动运转的机制，又是按照行业规律发展的机制，还是按照市场需求超前的机制。

美国式的规模，日本式的快速应变能力，乡镇企业的经营灵活，股份制、租赁制、国有、民营……形成了独具特色的"双星机制"。

市场变，产品结构不断地变；市场变，经营策略不断地变；市场变，内部机制不断地变。哪里有市场，哪里就有双星生产基地，哪里就有双星连锁店。如今双星形成了强大的国内营销体系，而且主动出击，大踏步走向国际市场！

面对已取得的辉煌，双星人却时刻不忘昔日的坎坷与艰辛。那一年双星集团公司召开一个重要会议，汪海因病不能到会，他在给全体职工起草一封公开信时禁不住淌下了潸潸热泪。难道这位"市场将军"，这位有泪不轻弹的硬汉子，在市场商战中也有过令人心碎的经历吗？

汪海闯市场迈出实业报国第一步是在他担任了青岛橡胶九厂党委书记后开始的。那时的橡胶九厂因产品积压而面临破产，工人们领不到工资，叫天天不应，喊地地不灵。汪海振臂一呼："没有饭吃找饭吃，不靠神仙皇帝，全靠我们自己！"敢为人先的汪海带领他的战士背上鞋子，放开胆子闯市场去了……

在双星发展的历史进程中，每一个转折关头，都有双星市场理论之光导引前进方向，都有汪海和双星人敢为人先的拼杀，因而创下了中国企业界的诸多第一：第一个实施横向经济联合；第一个推行"东部发展，西部开发"战略，实现"出城、下乡、上山"的战略转移；第一个以企业名义在美国举行新闻发布会；第一个在国际博览会上弘扬"东方鞋文化"；第一个创立了家庭化、军事化、道德化、科学化的高层管理；第一个打破"旧三铁"和"新三铁"；第一个实践用市场经济观点强化政治工作；第一个带领企业抛二产转三产"腾笼换鸟"，将一个个鞋厂、一条条生产线迁出城区黄金地段，代之而起的是娱乐城、商业楼、证券公司、保龄球城；第一个提出了"市场无终止，管理无句号"；第一个提出了市场政治、市场理论的哲学观点；第一个实施名牌战略；第一个创出了中国人自己的世界名牌……

作为市场经济的企业家，汪海敢为天下先，敢于创造性思维，敢于超前创新，敢于承担风险，敢于同任何对手竞争的精神，不正是当今我们正在商战之中的共产党人所呼唤的时代精神吗？

总结双星闯市场的经验,正像布尔什维克思想者汪海说的那样:"只有市场,才是检验企业一切工作的标准!"

搞好产品质量是最大的积德行善

伟人马克思、毛泽东、邓小平"实事求是"的理论是指导国有企业改革的强大思想武器。"市场将军"汪海遵循这一原则创造性地提出"干好产品质量就是最大的积德行善"的企管新概念。

1841 年,人类近代工业史上诞生了第一个职业企业家,管理科学从此登上历史舞台。进入 20 世纪,世界上诞生了"现代经营管理理论之父"亨利·法约尔、"工业心理学之父"雨果·芒斯特伯格、"社会系统方法论之父"马克斯·韦伯。我们不禁要问:世界上最大的民族的"经营管理大师"呢?

"继承传统的,借鉴先进的,创造自己的。"生长在齐鲁大地、孔孟之乡的汪海深知博大精深的中国传统文化是最能有效地动员社会资源的一种文化,他无时无刻不在思索圆一个管理之梦。这位布尔什维克的思想者在深深地思考:儒、道、佛是中国古代文化的代表,前人给我们留下了那么多宝贵的文化遗产,就看我们怎么去继承了。传统的东西蕴藏着优秀的思想,他们提倡的道德、觉悟、敬业精神,不就很适用于现代企业管理吗?为此,汪海就在全体员工中灌输中国传统优秀文化,倡导道德管理,以达到企业管理的更高境界。比如,双星的生产基地大多在山区和边远地区,部分职工文化水平低,温饱尚难解决,他们到工厂就为打工赚钱,如何会接受"为人民服务,质量是企业的生命"之类的说教?汪海就提出"干好产品质量就是最大的积德行善"、"企业什么都能改革,唯独质量第一不能改革",要积德,要行善,就要搞好产品质量。这使总裁的心愿与打工者的心愿统一起来了,这个质量管理观点将企业和职工的距离一下子就拉近了。

这是一个敢为天下先的中国共产党人在企业管理文化中的一次努力创新的探索,是对传统经营管理理论的一次突破,是马克思主义实事求是原则在经济工作中最有力的体现,也是中国传统优秀文化和现代企业管理的最佳结合。

1995 年,汪海应邀飞往新加坡,在世界管理论坛上首次阐发将传统文化应用于现代企业管理的观点,这位布尔什维克思想者将马克思实事求是的哲学观点、积德行善的道德观点和双星理论的市场观点有机结合在一起的演讲赢得了一阵又一阵经久不息的掌声。这大概也是美国名人评选权威机构,一群因意识形态不同冷眼看中国的美国学者,也不得不钦佩地将"世界风云人物"的桂冠戴在汪海这位中国共产党人头上的一个重要原因吧?

1999 年 7 月 3 日,汪海接受美国 K2 传媒公司库恩博士的独家专访。

库恩:"你在运营双星集团时是不是用了传统文化?"

汪海:"我们选用了中国儒家、道家、佛家的优秀文化运用到企业管理上,这是我们的创造。不要一说到佛,就是迷信,这是不对的,中国的传统文化与封建迷信是两个不同的领域。"

库恩:"你用的儒家、道家、佛家思想与共产主义有没有冲突?"

汪海:"我认为文化的东西,是一个民族的东西,所以我们就要继承这一优秀文化,这和一个历史阶段的信仰来说,是完全不同的两个概念。能够将中国最优秀的文化融入信仰之中,这也是中国企业家最大的发明与创造!"

库恩:"你是怎样想起来用传统文化的?"

汪海:"是根据马克思的辩证唯物主义,根据小平同志实事求是的理论,根据企业的实际,特别是根据员工的实际,我考虑到,我国的传统文化在历史上促进了人类的进步,对企业来说,完全可以将中国传统文化中优秀的东西运用到企业管理中,让这些文化为市场服务,促进生产力的发展。一切能为我所用的文化都要拿来使用,这就是'实事求是'。"

正是因为其有了深邃的思想、优秀的文化、新颖的观点,"双星管理模式"才在市场商战中独树一帜!

世纪宣言

"客观地想、科学地创、认真地做、务实地干、愉快地过、潇洒地活。"这是一个布尔什维克思想者的世纪宣言!

"市场将军"汪海敢于在美国纽约的新闻发布会上当众脱掉鞋子,举在手上向全世界宣称,要"脚踏双星,走遍世界"! 来自社会主义国家在美国公众面前脱鞋的就两个。一个是前苏联主席赫鲁晓夫在联合国发火,脱下鞋子砸桌子,他要跟美国人对着干,显示他超级大国的威力。第二个脱鞋的就是我们这位商战中的共产党人汪海了。改革开放后的中国人,敢于用自己的产品挑战美国市场,这难道不是这位"市场将军"最大的潇洒吗?

在马克思的故乡德国,在杜塞尔多夫国际鞋业博览会上,双星人的"东方鞋文化"表演轰动整个展馆,也震惊了已连续看了三天的欧洲鞋业报社总编。他主动找到汪海说,我们过去将中国人比作兔子,把欧洲人说成蛇,蛇吓唬兔子,兔子害怕得发抖;今天看到双星鞋文化表演,感到中国人应该是蛇,欧洲人反而成了兔子了。汪海听了开怀大笑说:"先生,你的比喻不恰当,你难道不知道中华民族是巨龙吗?"

扬威世界,为祖国争光! 这是一个坚定的改革者,一个华夏之子献给祖国母亲的最神圣、最丰厚的礼物!

新时期共产党人汪海正用自己的行动实现着他的宣言。

祝布尔什维克思想者们的世纪之战成功。

大 象 无 形

——汪海的民族复兴之象[①]

朱建华

　　自 1840 年鸦片战争,八国联军用坚船利炮打开中国国门,西方帝国主义列强给中华民族带来巨大的灾难。为雪百年国耻,华夏民族怀抱强国梦的无数仁人志士前赴后继、浴血奋战。

　　20 世纪 80 年代,尘封已久的国门又一次被一位世纪老人用有力的双手推开,改革开放的希望求索,激励中华民族又一次走上了复兴之路。

　　世界在变,西方列强的霸主战略却没有变。国门洞开,泥沙俱下,令人眼花缭乱。从百年前的炮火连天到当今没有硝烟的战场,有人徘徊,有人彷徨,有人崇洋媚外,有人固守僵化,也有人盲目进入西方游戏规则而不能自拔。而此时,中国第一代优秀企业家汪海却冷眼看世界,始终保持着一份清醒,面对着来自西方日趋深重的经济侵略,他带领一个有 90 年发展史的民族企业,同古老的中华民族一起又开始了与西方大国新的强权政治、强权经济的生死博弈。这位自称为"鞋匠"的"市场将军",率领他的双星军团,在改革开放的滚滚浪潮中和你死我活的国际商战的厮杀中,成为市场的先行者、改革的冒险者、品牌的先驱者、管理的奠基者、创新的发展者、企业的决策者,创造了市场经济的"双星特色"、"双星体制"、"双星文化"、"双星精神"、"双星模式"、"双星现象",闯出了

---

　　① 资料来源:原载于《人民日报·海外版》,2011 年 9 月 5 日。

一条国有企业进市场的成功之路,擎起了一面鲜艳夺目的民族工业之旗,创造了在市场经济新时期民族工业、民族品牌不断走向成功的旷世奇迹。

民族企业家汪海融入中华民族伟大复兴洪流中创造的民族复兴之象,云蒸霞蔚、气势如虹、光耀华夏、激荡五洲、大象无形……

思想无疆

汪海和他的双星又一次被逼上了绝路。

国际市场原材料价格疯涨,美国政府的轮胎特保案,欧盟的制裁打压,全球产品竞争的进一步加剧,考验着这个既给人做鞋又给汽车做"鞋"的中国民族企业。

这是 2011 年 3 月的一天,"市场将军"汪海突然现身被称为"世界贸易之都"的海湾城市迪拜。在闻名于世的亚特兰蒂斯酒店,刚刚举行过双星轮胎的一个经销商年会。人们不禁诧异,在这种时刻,汪海怎会不顾个人安危只身前往战火纷飞、政治动乱、爆炸恐怖事件频发的中东地区呢?

然而,或许很多人还不知道,冒着生命危险到战场卖"鞋",对这位"鞋匠"来说,这已不是第一次了。早在 20 世纪 90 年代中期科索沃战争期间,汪海就曾置身硝烟弥漫、战火连天、全世界的人都唯恐避之不及的战乱之地,当地人深为眼前这位身材魁梧的中国山东大汉感到惊讶与钦佩。

在飞往纽约曼哈顿的班机上,在奔驰于欧盟国度的汽车里,在胶州湾面向大海的深思中,一个既严峻而又不可回避的问题一次又一次地占据着他的大脑:为什么在中国生产的产品贴上一个外国的牌子就身价倍增?为什么我们中国人一搞出新技术他们就用所谓的知识产权打压?更有甚者,跨国公司不但垄断国际原材料市场、垄断利润,还为抑制我们的产品出口,制定不合理标准并强制我们执行。西方列强的品牌剥削、技术壁垒、反倾销制裁和打压、跨国集团侵略,难道不是当今市场经济条件下压在中华民族身上的"四座大山"吗?

百年抗争,中国共产党人率领饱受苦难的中国人民,推翻了帝国主义、封建主义、官僚资本主义三座大山。而今要实现中华民族的伟大复兴,就必须不断增强危机意识,"中华民族到了最危险的时候",已经到了高唱国歌推翻这四座

大山的时候了！

思想敏锐、一身胆气与豪情的民族企业家汪海率先认识到了这一点，并带领"双星军团"展开了国际商战中的新一轮搏杀。

作为中国布尔什维克的思想者，汪海早在十几年前就对此有过深刻的见解：进入 21 世纪，伴随着所谓世界经济一体化步伐的加快，中国是否有自己的经济发展战略尤为重要，独立的经济对外政策关乎中国的经济发展走向。

然而，当时有少数官员、理论家、经济学家似乎丢弃了"政治经济学"这个共产党人的传家宝，提出世界经济全球化中国做世界的加工厂就行了，不要再提民族工业……

在北大、清华等高等学府的演讲中，在美国微软、APEC 论坛、达沃斯论坛、博鳌论坛上，汪海始终坚持自己清醒的观点，旗帜鲜明地指出：世界上什么矛盾都可以解决，唯有民族矛盾不能解决。发展经济不能忘记政治。当今世界，没有谁会放弃国家利益和民族利益，这是一个不争的事实，我们不能再继续用市场换技术、用资源换外汇、用优惠政策换政绩、用廉价劳动力换投资、用土地换GDP 了！汪海的思想见解赢得了对手的敬佩和民族的尊严。

"振奋民族精神，创造民族品牌，培育民族企业家队伍"，这是汪海提出的在市场经济条件下的"新三民主义"。无论在什么时代，民族精神都是鼓舞人民奋斗的原动力，是一个国家、一个民族崛起的基石；在世界经济全球化的年代，谁经济强盛谁就主导世界。而经济强盛的标志就是民族品牌，民族品牌是民族经济的生死牌，民族品牌体现民族精神，民族品牌体现国家形象，民族品牌体现国家的经济实力。要振奋民族精神，创造民族品牌，就必须大力培养民族企业家队伍。汪海的中华民族之声振聋发聩，令人荡气回肠，闪烁着中国特色独立自主的经济发展战略之光……

改革开放三十多年，是双星辉煌成功的三十多年。一切辉煌与成功皆源于汪海思想无疆。

改革开放没有现成的路可走，邓小平称其为"摸着石头过河"。没有新的理论作指导，改革就无法前行。过去，我们不承认私有制，也不承认市场，更没有名牌……

思想者汪海"敢为天下先",在不断探索与实践中回答了许多"禁区"内的难题:第一个提出了市场经济的价值观,拓清前进方向;第一个提出"用好钱就是最好的思想政治工作",实现理论突破;第一个提出"市场是检验企业一切工作的标准",率先进入市场;第一个提出"创名牌是企业最大的政治",高扬民族品牌之旗;第一个提出"干好产品质量就是最大的积德行善",将"儒、道、佛"优秀传统文化用于现代企业管理,创造了中国自己的管理哲学……

从"市场论"、"规律论"、"新猫论"、"ABW 论",到"矛盾论"、"三情论"、"三性论"、"三赢论"、"三品论"、"老虎论"、"大质量论"、"大科技论"、"大创新论",再到"三七论"、"红专论"、"忠孝论"、"六多论"、"升级论"……

一个思想者一次又一次的破冰之旅,就是一个实践者引领一个民族企业闯出一条生路,从一个胜利走向另一个胜利的创新搏杀。

符合科学规律、符合世界发展规律是汪海思想的内核,理论家汪海的思想无疆,成为他开创民族复兴之象的动力之源!

名牌无境

正确的战略是战争指挥家掌握主动权,取得战争最后胜利的保证。双星在三十多年的商战中,之所以能成为今天的胜利者,得益于"市场将军"汪海最早领会了改革开放总设计师邓小平提出的"我们一定要有自己的拳头产品,一定要创造中国自己的民族品牌"的论断,超前确立了名牌战略,开创了我们中国共产党人创名牌的先导之象,实现了强国之梦的民族振兴之象。

20 世纪 80 年代,当国人尚不知名牌是何概念之时,汪海就提出了"创名牌是市场经济中最大的政治"、"创名牌就是最好的爱国"、"名牌是市场经济的原子弹"的论述,并在《人民日报》上发表文章呼吁"创中国人自己的名牌",成为最早提出名牌的企业家。

这之后,这位"市场将军"脚穿双星鞋跨出国门,开始了名牌无境的世界之旅。第一个在美国纽约举办海外新闻发布会,汪海脱鞋打广告挑战国际市场;第一个在德国举办的世界鞋业博览会上举行东方鞋文化表演,双星品牌轰动世界制鞋业。

　　与体育结缘,是汪海推进名牌战略的又一重要步骤,组建了中国第一家专业羽毛球队俱乐部和双星篮球俱乐部,中国女排的郎平、张蓉芳,中国女篮的郑海霞,中国乒乓球队的蔡振华,中国羽毛球队的李永波等著名运动员都穿过双星鞋驰骋赛场,并赢得比赛的胜利。从 20 世纪 80 年代赞助第一届全国女子足球赛起,先后举办了首届中国足球金鞋奖,支持"马家军"八运会夺冠,两次冠名苏迪曼杯世界羽毛球赛,支持中国登山队勇攀高峰,连续四年赞助全国街舞大赛,赞助支持克利伯帆船赛……都打下了双星的印记。双星品牌随着中国体育事业的发展不断提升。

　　双星鞋业的创牌之路令世人惊叹。80 年代初,从模仿到创新超越,生产出自己设计的中国第一款高档冷粘运动鞋,第一双皮帮 CVO 热硫化鞋,实现了与国际先进制鞋业的接轨。90 年代就达到"生产一代、储备一代、研制一代"的战略发展目标,创建了全国鞋业唯一的国家级技术研发中心,使产品由适应型向轻量化、专业化、舒适卫生、功能保健、环保、休闲等方向转化。最早根据职业特点推出了记者鞋、护士鞋、驾驶鞋、教师鞋等;根据不同人群需要,生产出老人健身鞋、好妈妈鞋、好爸爸鞋,特殊功能的绝缘鞋、钢包头安全鞋、防水鞋,"神六"、"神七"、"神八"航天鞋等,在民族复兴的道路上又迈出坚实的一步。

　　双星人始终坚持了汪海提出的"市场就是硝烟弥漫的战场,谁掌握了先机,谁就赢得了主动权"的发展思路,发挥双星独有的、国际领先的顶尖时尚鞋技术优势,抓住消费者追求靓丽、青春、个性、时尚、休闲的消费趋向,加大夜光、香味、不臭等新产品的开发力度,用新材料、新工艺、新技术,满足了各层次消费者的特定要求。"你有多大脚,我有多大鞋"、"你有多小孩,我有多小鞋"、"一双鞋订单,异型鞋制作",都能够在双星实现。双星已经成功设计研发出 60 种款式、400 多种花色的香味鞋,在全球高端市场上扬中国名牌之威……

　　从给人做鞋到给汽车做"鞋",双星的创牌实践精彩绝伦。一个是行将倒闭的民营轮胎企业,一个是由马来西亚人控股 10 年资不抵债垮台倒闭的国有轮胎企业,小吃大(吸收合并华青轮胎)、快吃慢(涉足轮胎短短三年就快速发展收购东风轮胎),汪海演绎了一个又一个精彩绝伦的传奇故事。双星轮胎已成为国内外响当当的名牌,实现了自主创新,产品向高端跨越。系列超宽断面扁平化轮胎、无内胎子午胎、军胎、彩色轮胎、双色商标轮胎、专业化轮胎、环保轮胎……实现了轮胎产品的专业化、系列化！

2011年6月17日，在泉城济南的双星产品推介会上，一位出租车司机手举铁锤，将一根长长的钢钉钉进双星轮胎内，钢钉拔出后，泼上水竟不漏一点气，引来一阵热烈掌声……

双星的名牌之路不断延伸。进入新世纪，"洋设备"大举进入中国市场，尤其高端设备市场更是难觅民族品牌的产品。具有强烈民族责任感的汪海为此而深深的忧虑，作出了"双星机械要加快技术升级，创造双星自己的核心技术，实现双星制造向双星创造跨越，打造中国最大的机械制造业集团"的战略决策。

从此，双星机械便捷报频传，自己研发了世界第一台四模硫化机，中国第一条具有自主产权的"V"法造型线，中国第一台不锈钢带抛丸清理机，中国最大的树脂混砂机，研发出的清理设备用于神舟六号、神舟七号、嫦娥二号零部件的清理……双星机械创造了30多个行业第一，研发出新产品90多种，其中近70种达到了国内领先水平，30多种填补了国内空白，50多项核心技术获得了国家专利。双星机械装备了中国航空航天、军工、造船、汽车制造、火车机车、重型机床、工程机械等20多个行业，为振兴民族工业和国防工业作出了积极贡献。双星机械在国际竞标中打败了德国、日本等国外行业垄断竞争对手，为国家争了光、为民族争了气。

从1995年双星获得第一个"中国驰名商标"，双星专业运动鞋、双星旅游鞋、双星皮鞋、双星轮胎又相继获得"中国名牌"称号，这是中国橡胶行业唯一拥有四个中国名牌产品的企业，双星品牌价值高达约500亿元！

从创名牌的初级阶段、发展阶段进入高级阶段，双星人靠民族精神的支撑，靠超前正确的决策，靠严格的管理和永不停止的创新，最早创出了中国人自己的名牌，大长中国人的志气，实现了中国民族工业的名牌梦想。

用创民族品牌激发民族精神，用创民族品牌凝聚员工队伍，用创民族品牌占领国际市场，用创民族品牌扬威世界，这难道不是创造了民族复兴之象的民族企业家汪海在民族复兴之路上取得的最大成功吗？

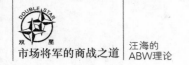
管理无形

双星的成功,首先是机制和管理的成功。

汪海对中国工业的贡献,就是创造了中国自己的管理哲学。当来自西方的不符合中国实际、水土不服的 MBA 管理模式充斥中国企业时,汪海在自己创造的"九九管理法"的基础上,又推出了中国人自己的管理理论"ABW 理论"。

汪海运用中国民族象形文字对 ABW 理论的诠释令人豪气倍增:A 就是中国人称的老大、第一,我们不仅要做中国的老大,还要做世界的第一;B 是 13 亿的大中国、13 亿的大民族、13 亿的大市场,企业家要鞠躬尽瘁去拼搏;W 形似雄鹰展翅,市场企业家要成为不屈不挠、搏击长空的雄鹰。

根植现实,合璧中西,贯通古今,实事求是,弘扬精神,贯穿创新,融市场哲学、管理哲学、社会哲学、人生哲学于一体,这是中华民族所独有的何等宏大的气魄啊!

那么,汪海究竟创造了什么样的符合中国国情、企业实际的市场管理"双星新模式"呢?

"严管理"革了计划经济现场管理脏、乱、差旧习气的命。以"定置、定位、定人"的现场"三定"模式为突破口,坚持"严、高、细"的管理标准,首创了数字跟踪卡,使企业基础管理从静态管理进入动态管理,解决了橡胶行业始终难以解决的老大难问题,以现场管理为突破口,实现了"标准化、军事化、家庭化"管理。

"细管理"革了计划经济只管生产不问资金的旧习惯的命。创出了资金切块,"一单一算,一天一算,分段核算,当天出成本"的资金管理奇迹。在资金切块基础上创造性实施厂币运作,进行"家庭消费式管理",将管理的每个环节都与具体人挂钩,做到"事事有人管,人人都管事",创造了"软橡胶硬管理,硬机械细管理,小商品抠管理"的制造加工业管理新模式。

"用钱管"挑战旧思想、旧观念。创立"质量买单制",对出现质量问题的产品,从员工到领导都按责任大小买单;采取"工资上墙制",当日工资当日公布,当日奖罚当日兑现;对有突出贡献的员工奖彩电、奖房子、奖汽车,每年都奖励

"质量标兵"、"创新能手"、"岗位竞赛明星"、"最佳连锁店经理、营业员"。"用钱管"是市场经济物质和精神最佳结合的管理模式,树立了正义、正气,营造了积极进取的氛围,创出了政治经济相结合的管理新模式。

"诚信管"革了计划经济质量管理"死后验尸"旧模式的命。坚持"质量是干出来的不是检查出来的",创造了将道德观念与产品质量相结合的诚信管理新模式。强化"企业什么都可以改革,唯有质量第一不能改革",第一个将"诚信"作为衡量员工质量意识的道德标准。"质量等于人品,质量等于道德,质量等于良心",双星人用人品、道德、良心筑起双星的质量底线,"人人都做诚信人,说诚信话,做诚信事,守诚信则","人人都是检查员,岗岗都把质量关"。

"用情管"突破了过去不尊重员工的旧思想。"无情的纪律,有情的领导",以情动人、以情感人、以情育人。民主决策、民主管理、民主监督。"员工过生日放一天假,送一个生日蛋糕,提一条合理化建议",建立"电话超市"、"电子阅览室"、"双星幼儿园"等,创造舒适的生活环境,消除职工的后顾之忧。举行各种文艺活动、才艺大赛、文艺汇演,选拔优秀员工到双星教育学院进修等,营造双星全员"人人都学习,人人都发展,员工与企业共生共兴"的文化氛围,创造了企业和员工和谐共处的发展环境。

"承包管"挑战旧体制、旧模式。让员工出资买设备、买原材料、买断生产线,实施承包经营是汪海在国企改革中的一大创举。增强员工质量、资金、成本、降耗意识,实现了"自己管、自己干、自己减、自己降"。由过去工人"仇视"机器,变成现在的把机器当成不说话的伙伴和战友,自觉保养、主动维修,生产效率平均提高30%以上,实现了员工和机器、个人和集体的和谐发展,将马克思的百年梦想变为现实。

汪海的创造实现了企业的管理变"要我管"到"我要管"、"要我干"为"我要干"、安于"平庸人"到力争"当能人"的最高境界!

美国人评价双星是世界上管理最好的工厂,日本人到双星工厂学习,韩国人开出高薪找汪海要厂长。双星凭着过硬的管理赢得了行业的尊重、外国人的钦佩。

这是汪海 ABW 理论与企业生产经营的最好结合,这是文化、管理、体制机制三位一体双星特色管理方法的具体体现,这是中国企业管理模式的新创造、新突破、新飞跃!

双星的实践又一次证明,管理是凝聚人心,企业生存、发展、竞争的成功之本。

双星创造的全钢载重子午胎行驶 30 万公里无损坏,创造的 180 多米的"V法造型线"最大误差不超过 0.15 毫米,制鞋流水线全部取消专职检查员的奇迹,难道不是汪海管理新观点、新理论、新方法、新哲学的成功吗?

一个企业可见一个国家、一个民族的复兴之象。汪海企业文化和企业管理的复兴之路,是一条不拘一格、形神兼容、融化进血液,从不自觉到自觉,从有形到无形的管理创新之路;是引领中国企业前行方向,引领人类进步时代潮流的中国特色社会主义企业管理之路!

大道无边

一艘远行的航船,必定有一个英明的舵手。一个杰出的企业,必定有一位杰出的企业家。

汪海作为中国第一代优秀企业家,是双星名牌的缔造者,是双星事业的核心和灵魂,是双星员工的精神领袖,是民族企业家的杰出代表。

敢为人先的性格,摸着石头过河的胆气,成就汪海创出了民族企业的振兴之道。

汪海是代表一个时代的企业家,在厂长经理的位置上经历了改革开放的全过程。富有胆识和智慧的汪海,勇于投身探索新时期国企改革的振兴之道的破冰实践,开企业聘任制之先河,开企业自行定价之先河,开低成本扩张之先河,开西部开发之先河,开破除干部、工人身份界限之先河,开人才使用不重文凭重能力之先河,开企业发展二产转三产之先河,开国有企业体制改革之先河,开以无形资产盘活有形资产之先河,开制鞋企业品牌运作上市融资之先河,开企业自营进出口之先河,开中国鞋类企业赞助体育事业之先河,开运用传统优秀文化管理企业之先河,开吸纳个体户壮大营销网络之先河,开企业举办全国订货会之先河,开企业与媒体联姻之先河,开鞋类企业进军国际市场之先河……砍

"三铁"、砍机构、砍分配、砍体制、砍掉旧思维、砍掉旧观念,刀刀见血,创出了"国有的壳,市场的体"的"双星新体制",成为国企改革的开道者、改革开放的冒险者。

三十多年前,当人们还不熟悉甚至还不承认市场时,汪海就在恐吓、哭闹、上告甚至暗算,在上级部门施压调查,随时会被罢免的情况下,顶着各种压力,冒着重重风险,率领双星人大胆进入市场。第一个闯市场吃螃蟹、建立自营销售渠道、以企业名义组织召开新闻发布会、大刀阔斧进行适应市场的企业综合配套的机构改革;率先闯"雷区",进行产权制度改革,不惧"官僚势力",走出产业疆界,创造了劳动密集型企业符合市场经济规律的双星市场理论,闯过了下海关(下海进市场)、自营关(自营找到市场)、资金关(借资金发展市场)、联姻关(联姻扩大市场)、转岗关(转岗轻装上市场)、出海关(出海闯荡大市场),"跟着市场走,围着市场转,随着市场变",创出了一条探索中国社会主义市场经济之道,成为市场的先行者。

纵观驾驭双星三十多年的历程,汪海始终认为,在国有制鞋企业全军覆没的大背景下,双星之所以能"一枝独秀"、成功发展,靠的就是一种"为民族争光,为国家争气"的精神和信念,靠的就是振兴民族工业、创造民族品牌的成功探索,最早提出名牌,最早运用名牌,最早宣传名牌,最早推广名牌,最早发展名牌,最早壮大名牌,创出了用民族名牌实现名牌战略的创名牌之道,成为名牌的先驱者。

汪海以高度的民族责任感,将创中华民族文化特色的企业管理哲学和管理理论在计划经济向市场经济的发展中,超前探索和总结市场经济条件下的企业管理理论、方法和模式,推出"中国式的 ABW 管理",使双星成为全球行业一流的中国企业,成为中国式管理的创建者、实践者和奠基者。

双星三十多年的发展历程,就是不断进行理论创新、产品创新、技术创新、管理创新的历程;双星三十多年的成功历史,就是一部不断创新的成功史,就是一段不断自主创新、开拓超越的历程,就是一段不断否定自我、改造自我、打响商战中创新的"人民战争",坚持理论创新、全员创新、团队创新、超越创新、渗透创新,实现了从理论创新到创新意识、创新对象、创新模式、创新组织形式、创新内容的新变化,创出了"双星新现象"。汪海创出了一条不断前进、跨越发展的创新之道,成为创新的发展者。

在原材料不断涨价、日趋激烈的市场竞争中,双星却照样快速发展,原因是汪海超前决策,二十几年前就进行了低成本扩张和品牌运作,20 世纪 90 年代就率先提出了"东部发展,西部开发"的新思路,通过"出城、上山、下乡、出海、越洋",为双星找到了一条新的发展思路。在全国都喊高科技、都上高科技,村镇县都办高科技园区的年代,汪海却出人意料地选择了传统产业的轮胎作为企业发展新的增长点,实现了从给人做鞋到给车做"鞋"的成功跨越……敢进市场、敢于务实、敢于坚持、敢于冒险、敢于实践、敢于决策,汪海提出了所有制是企业发展的重要因素,但决定企业发展和命运的是企业家,创出了企业家是决定因素之道,成为双星市场成功的决策者。

汪海以思想家、政治家、军事家、哲学家、外交家、演讲家的素质履行着民族企业家的职责,企业家的胆量、胆识、胆略,体现着一个决策者的勇气与智慧,让他成为中国改革开放企业史上标志性人物。他在中国传统制造加工业的转型中树立了一面旗帜,他在中国市场经济民族工业发展历程中成为一个典范。

没有老字号得天独厚的条件,没有国家垄断行业的优势,没有合资企业的优厚政策,没有个体乡镇企业的灵活环境,却使一个劳动密集型微利行业的老国企立于不败之地,这难道不是改革者汪海的成功吗?

资产总额由三十年前的不足 1 000 万元增至今天的 60 亿元,销售收入由过去的近 3 000 万元增至现在的 120 亿元,出口创汇由原来的 100 万美元增至 3 亿美元。从一个作坊式工厂发展成为拥有鞋、轮胎、服装、机械、热电、印刷包装、三产配套的 23 个产业和 6 万员工的跨行业、跨地区、跨所有制的综合性特大型企业集团。将"夕阳产业"做成"朝阳产业",这难道不是布尔什维克思想者汪海的成功吗?

走进汪海装饰简朴而清洁的办公室,你会看到在他已经使用了三十年的办公桌上,摆放着从世界各地收集来的古今各异、大小不一的鞋模,体现着他对事业的钟爱,时刻提醒着来访者,这个房间的主人是一个"鞋匠"。举目四望,映入眼帘的是墙壁上挂着的"敢为天下先"、"路在脚下"、"名利淡于水,事业重于山"的书法条幅,彰显出房间主人的性格及人生态度。这位在中国改革开放年代独领风骚三十年的"世界风云人物",却只为自己投下两票:一是市场经济的优秀共产党员;二是市场企业家。

"不进官场走市场"、"永远跟党走"、"民族责任大于天"道出了一个冒险者、一个实践者、一个成功者、一个幸存者的心声,揭示了一个中国长寿企业家屹立不倒的奥秘。

"我们共产党人不做则已,要做就比外国人做得更好!"中国共产党人汪海充满豪气的中华民族之声响彻环宇。

九十年不懈地求索,三十年震惊世界的跨越,双星的成功之道,是符合规律之道,是科学发展之道,是共产党人市场经济的成功之道。

中国布尔什维克市场经营之道大道无边,华夏之子的民族复兴之象大象无形!

后　记

　　我是从事企业战略和经营管理的教学、科研、培训和咨询专家，同时也是中国成功学的创始人。事业的使命促使我对国内外，特别是中国成功企业家的经历、事迹和经验特别感兴趣。其中，引起我关注的第一位就是中国首届二十位优秀企业家中最长寿的企业家——双星集团总裁汪海。

　　对汪海总裁领导双星集团拼搏奋斗的经历、事迹和经验，我关注、跟踪已经二十多年了。在此期间，我既为汪海总裁取得的惊人奇迹而感到高兴和自豪，又对他的品德、精神、魄力、智慧、能力、作风等优秀素质而由衷的敬佩！所以，在我的教学、科研、培训和咨询工作中，他和他创建的双星集团就成了我经常讲授的一个成功案例。由此我就萌生了一个夙愿：力争在有生之年，一定要将汪海总裁的成功经验总结出来，公开出版发行，使之成为中国企业家共同的精神财富！并以此培育、造就出更多的汪海式企业家，塑造出更多的双星式品牌和双星式企业！

　　机会总会垂青"有心人"。2008 年，一个大好机会降临到我的面前。国家为了庆祝改革开放三十周年，宣传这三十年的伟大成就，中国企业联合会、中国企业家协会和《中国企业报》报社联合组织了中国第一次全面研究一位企业家管理思想的著作——《汪海书系》，这个活动由中国企业联合会、中国企业家协会执行副会长冯并、《中国企业报》前总编张来民主持。他们从全国邀请了八九位专家，亲自到双星进行了三天的实地考察，聆听了汪海总裁的亲自介绍，参观了双星五大产业的生产车间，研究了双星出版的书籍、报道和有关资料，后来形成了一套研究成果——《汪海书系》（全三册），由社会科学文献出版社 2010 年 2 月出版发行。

《汪海书系》(全三册)的书名是:(1)《市场是企业的根——全国首届优秀企业家汪海文选》;(2)《引领改革大潮的先行者——全国首届优秀企业家汪海新闻报道选》;(3)《市场经济与理论创新——全国首届优秀企业家汪海思想研究》。全套书系共124.3万字。

在这套书系中,我总结撰写了两篇汪海的经验:一是"做市场企业家——论汪海的企业家思想";二是"求真务实,必得民心——论汪海的实事求是思想"。其中第一篇后又编入我编著的、北京大学出版社出版的教科书《企业战略管理》(第三版)。本教科书目前出了3版,共印了20次,约100 000册,是至今中国同类教科书中印刷次数最多、销量最大的一本教科书。本教科书不仅在中国很受欢迎,而且受到美国的企业界、教育界和出版界的欢迎和重视。应北美商务出版社特邀,我又用英文重新将其改编为《商业战略:新视野》,在美国出版发行。后来,双星集团负责《汪海书系》编辑出版工作的生锡顺副总经理告诉我,我写的两篇经验总结,引起了汪海总裁等集团领导的兴趣和重视,并得到了他们的认可和好评。

在庆祝伟大的中国共产党成立九十周年之际,双星也迎来了辉煌的九十周年。为了庆祝双星辉煌九十周年,全面、系统、深入、具体地总结汪海总裁领导双星创造的成功经验(包括成功的管理经验),不仅具有重大的现实意义,而且具有创新的理论意义和深远的历史意义。

2011年5月,双星集团生锡顺副总经理受汪海总裁的委托,亲赴北京邀请我帮助全面、系统地总结双星三十多年来的管理经验,并力争在双星辉煌九十周年出版发行,向双星辉煌九十周年献礼。

我首先感谢以汪海总裁为核心的双星集团领导的高度信任,将这项艰巨、繁重、急迫、光荣的任务委托给我。这既是一次严峻的挑战,同时也是实现我多年夙愿的一个大好机会,我立誓运用一生积累的智慧、知识、经验和能力,圆满完成这项任务!

经过一年多的紧张工作,多次易稿,本书终于出版了。能在如此短的时间内完成这项艰巨任务,是以这项任务为中心的整个团队、同志和朋友集体努力的结果。

第一，汪海总裁、双星集团的领导骨干和全体员工共同创造的辉煌成就、成功经验和典型实例，为本书提供了既多又好的原始素材；

第二，曾经宣传过汪海总裁和双星成就和经验的作家、编辑、记者的著作、报道，也为本书提供了许多参考素材；

第三，集团党委副书记、总经理王增胜同志对本书的设计和编写提出了许多宝贵意见，集团副总经理生锡顺同志全力抓本书的编著和出版工作，保证了本书编著和出版工作的顺利进行；

第四，集团政宣处郭林处长、陈雪梅处长、孙蔚澎处长和王开良编辑等同志，为本书的编著提供了大量的、丰富的、典型的资料，付出了艰辛的劳动；

第五，我的助理、办公室主任张玉慧女士，为本书的编著和出版做了大量的资料收集、文字整理和审阅校对等工作。

第六，北京大学出版社的领导和叶楠编辑，对本书的编辑出版给予了高度重视，进行了许多创新设计，做了大量周密细致的审阅和修饰等工作，从而有效地保证了本书的质量。

对于上述领导、作家、编辑、记者、同志和朋友为本书所做的各种工作和贡献，我在此一并致以衷心的感谢！

这里我要特别提到的是，中国企业联合会、中国企业家协会创始人和名誉会长、中国企业管理界泰斗、九十多岁高龄的袁宝华老前辈，在双星集团九十周年庆典之际，特别给双星集团全体员工发来了贺信。贺信既对双星集团九十年的辉煌成就和成功经验给予了充分肯定和高度评价，同时希望全国企业界对双星新的管理模式研究、思考和借鉴。在此，我特别对袁老的关心和支持致以衷心的感谢，并祝袁老健康长寿、颐养天年！

由于我的水平和经验有限，加之编著时间仓促，不足之处在所难免，恳请各位企业家、创业者、经理人、管理者、同行专家和广大读者提出宝贵意见！

我的电子信箱是：zxy9780@ yahoo. com. cn。

张秀玉

2012 年 12 月